THE DIARY OF A YOUNG GIRL

安妮日记

〔德〕安妮·弗兰克 著

王晋华 译

百花洲文艺出版社
BAIHUAZHOU LITERATURE AND ART PRESS

图书在版编目（CIP）数据

安妮日记／（德）弗兰克著；王晋华译 . —南昌：
百花洲文艺出版社，2015.7
（胜利译丛）
ISBN 978-7 5500-1446-6

Ⅰ . ①安… Ⅱ . ①弗… ②王… Ⅲ . ①日记体小说–
德国–现代 Ⅳ . ① I516.45

中国版本图书馆 CIP 数据核字（2015）第 154692 号

安妮日记
〔德〕安妮·弗兰克　著
王晋华　译

出 版 人　姚雪雪
责任编辑　游灵通　郝玮刚
特约策划　邱小群
封面设计　汪佳诗
出版发行　百花洲文艺出版社
社　　址　南昌市红谷滩新区世贸路 898 号博能中心 A 座 9 楼
邮　　编　330038
经　　销　全国新华书店
印　　刷　山东德州新华印务有限责任公司
开　　本　890mm×1240mm　1/32
印　　张　9.75
版　　次　2015 年 9 月第 1 版第 1 次印刷
字　　数　181 千字
书　　号　ISBN 978-7-5500-1446-6
定　　价　36.00 元

赣版权登字：05-2015-281

网址　http://www.bhzwy.com
图书若有印装错误，影响阅读，可向承印厂联系调换。

译本序

第二次世界大战期间，德国法西斯搞种族主义，对犹太人进行灭绝人性的大屠杀，前后有六百多万犹太人死于他们的屠刀之下，他们这一臭名昭著的野蛮行径早已是路人皆知。在战后也有不少的电影、电视剧和书籍反映和涉及这方面的题材，可没有哪一部电影、电视剧或是书籍产生过像《安妮日记》这样大的影响。《安妮日记》最早出版于1947年，已经经历了半个多世纪的风风雨雨，可其遍及世界各地的影响非但没有衰减，反而有增长之势。在国内，情形也是这样，到现在《安妮日记》的中文版本已经多达几十种，至少有几十家出版社出版发行了它的中文译本，可读者对这部作品的需求量好像还是有增无减。我们不禁要问，为什么这部不到二十万字的纪实性的日记体作品会吸引一代又一代成千上万的成人读者和青少年读者？它为什么会有这么大的吸引力，或者说它的魅力到底来自哪里呢？

我以为，《安妮日记》的力量来自其真实性，它是对被德国法西斯所蹂躏的人们的两年多藏匿生涯的真实记录，是对作者这位花季少女在这样艰苦、危险的环境中其身心仍然能顽强健康地成长的真实记录。无论是在多么艰苦的环境下，她都能锲而不舍、孜孜不倦地去追求自己心目中的理想，为此，她不断进行着自我批评（心理剖析），顽强刻苦地学习，博览群书，勤奋地练习写作。这里，我们不妨把作者安妮在几天内要学完、读完的东西摘录于此：

目前我有许许多多的事情要做——这听起来似乎很奇怪——我简直没有足够的时间来完成这堆积如山的学习任务。需要我简单地告诉你我所要做的工作吗？到明天我必须读完《伽利略传》的上部，因为书必须要还给图书馆了。昨天才开始看，但我能看完的。下周我想读《十字路口上的巴勒斯坦》和《伽利略传》的下部。昨天我看完了《查理五世》的第一部分，急需把我从中摘录出来的家谱材料和所做的笔记整理出来。接下来，对我从各种书籍中摘选出来的三页外来词汇，我要把它们读会，记熟，背写下来。第四件工作是我的电影明星照片乱得要死，必须整理了。这得用去好几天的时间，而安妮教授呢，就像上面说的，已经忙不过来了，乱就让它再乱一段时间吧。然后，这里还有希腊神话中的人物，忒修斯、俄狄浦斯、珀琉斯、俄耳甫斯、伊阿宋、赫尔库勒斯，这些人物之间的关系和他们的来龙去脉，我都必须一一地理清楚，因为他们的行为、事迹就像是一团乱麻，萦绕在我的脑子里。还应该了解一下古希腊雕塑家米隆和菲狄亚斯的材料，不然的话，我就完全不知道他们俩在整个图景中的位置。对七年战争和九年战争也要这样的处理。现在，我把一切东西都混淆在一起了。唉，像我这样的烂记性又有什么办法呢！我到了八十岁，还不知道会怎么忘事呢！

噢，还有一件事。《圣经》。我需要多久才能读到苏珊娜沐浴的故事呢？还有索多玛和蛾摩拉的罪过又是怎么回事？有多少东西需要学，需要问啊！在此期间，我把普法尔兹的丽泽洛完全丢在一边了。

你看出来了吗，凯蒂，我的工作满得都要溢出来了。

现在，我们谈点别的。你早就知道，我的愿望是有一天成为一位女记者，再后来，成为一位名作家。这一宏伟的理想或是有点狂妄的梦想是否能够实现，还需要时间来证明，不过，我现在就已经有了一些好的题目了。不管怎样，战后我想写一部叫《密室》的书。能否成功还有待实践的证明。不过我的日记就是很好的素材。

　　我还需要完成《凯迪的一生》。我已经想好了故事后来发展的方向……

　　这个故事不是那种胡编乱造的感伤文字，它是以我父亲的生平做蓝本的。

　　从以上的摘录中我们可以看出，安妮绝不仅仅只是一个 15 岁的孩子那么简单，她对欧洲历史、古希腊和古罗马神话，以及《圣经》（以及犹太人在历史上和当时的悲惨遭遇）等都有深刻的了解。她在这方面的知识已经不亚于一个成年人。在写作方面也是如此，在坚持记这部日记的同时，她还写了一些篇幅较长的神话故事，还有这篇在写的《凯迪的一生》。有了这样一段充满危险、充满艰辛的奇特经历，再加上她勤于思考、勤于学习、勤于写作，在花季年龄的她能写出这样的作品也就在情理之中了。

　　笔者在开始时就提到，这部作品既是对藏匿生活的真实记录，也是对安妮自己这两年（从她 13 岁到 15 岁）中身心成长的真实记录。这两条线索并行，贯穿作品的始终，不过，明眼的人都能看得出来，作者最为关注的还是其心灵的成长。作者详细地描述了在这样一个非同寻常的残酷的战争年代，在这样一个各方面都受到极端限制的狭小环境中，她的脆弱的心灵如何一步步地向善、向好，向着自己心目中的目标、向着光明和美好去发展。为此，她不怕做最深刻的自我剖析，愿意把自己成长中的困惑、生理上的欲望和最为真实的自我都倾吐出来。我觉得这部作品最为感人、最为震撼人心的地方就在于此。我们都知道物质的东西终究要消亡或者说是可以被毁灭的，但精神的东西是摧毁不了的，作者安妮在这部作品中表现出的这一心灵的力量就是不朽的、永存的。安妮在剖析自己时，是无私的，一点儿也不给自己留情面，可与此同时又是非常细腻、非常生动的，我们来看下面的这段颇为精彩的描述：

正如我跟你说过许多次的，我这个人是分裂为二的。一面是我的活蹦乱跳的高兴劲儿，我的轻率，我对生活的快乐的感受，最重要的是，欣赏事物之轻松面的能力，我的撒娇卖乖、拥抱、亲吻，还有不太正经的玩笑等，在我看来并没有什么不对。我的这一面通常潜伏着，等待着偷袭我的另一面，更纯洁、深刻、优秀的一面。没有人知道安妮还有好的一面，这也是多数人忍受不了我的主要原因。噢，在一个下午里，我可以是让大家开心的小丑，可这之后的一个月里，大家再看到我，都会觉得我讨厌。实际上，在一个深刻的思想家的眼里，我只是一部浪漫电影——一种消遣，一段滑稽的插曲，一种很快就会被人们忘记的东西：不坏，可也不是那么特别的好。我很不想告诉你这一点，但既然我知道这是实情，为什么我不能向你承认呢？我的较为轻松的、较为肤浅的一面总是偷偷地向我更深沉的那一面侵袭，而且总是得逞。你无法想象我常常是如何尝试着想推开这个轻浮的安妮，把她打下去，藏起来。可总是做不到，而且我知道这是为什么。

我担心通常了解我这一面的人发现我会有另一面，更好、更美的一面。我担心他们会取笑我，认为我荒唐可笑、多愁善感，再也不把我当回事了。我已经习惯了不被当回事，可那只是那个"轻浮"的安妮习惯了这一点，能忍受这一点；那个"深刻"的安妮太弱了，她不行。如果我强迫这个好的安妮上台亮相，哪怕只是十五分钟，一到该她说话的时候，她会像一只蚌一样闭合起来，而让那个轻浮的安妮来表演。在我还没有意识到的时候，她就已经不见踪影了。

所以，这个好安妮在有人的时候，永远看不见。她从来也不肯露面，尽管在我一个人的时候她几乎总是在台上。我确切地知道，我想成为什么样的，我的内心是什么样的。可不幸的是，我只有在一个人时才是那个样子。我认为自己的内心快乐，而别人却从外在认为我快乐，其原因也许就在这里，不，我确信这就是原因。我是受着那个内在的、更为纯洁的安妮的指引，但是在外表上，我只是一只喜欢嬉闹的小山羊，在被拴着的时候，不断拉扯着绳索的小山羊。

就像我告诉你的，我说出来的常常并不是我真实的感受，所以我就有了追男孩子、卖弄风情、耍小聪明和爱读爱情故事的名声。乐天派的安妮在那里大笑，给出轻率的回答，耸耸肩膀，装作她什么也不在乎的样子。而那个好静的安妮的反应则刚好相反。如果我是完全诚实的话，我就得承认我是在乎的，我正在非常努力地改变自己，可是我总是碰到一个更为强大的敌人。

我的内心在哭泣，"你看看吧，这就是你的下场。你被反对的意见、不满的目光、嘲讽的脸色和讨厌你的人包围着，这都是因为你不听你好的一面的劝告。"请相信我，凯蒂，我想去听，可并不奏效，因为如果我静下来，认真起来，每个人都会认为我又在演戏，于是我不得不用玩笑的话来替自己解围。那个时候，我甚至不敢跟我自己家里的人说话，他们会以为我病了，给我拿来阿司匹林和镇静剂，摸摸我的前额和脖子，看是不是发烧了，问我是不是肚子难受，数落我又在闹情绪，直到我再也忍受不住了，因为每当人们一围着我不放时，我就生气，就伤心，最后我的整个人就反了过来，我的坏安妮到了外面，好安妮到了里面。不过，我还是在一直努力寻找着自己的路，立志成长为自己所憧憬、所想望的……

我认为，这部作品的魅力主要就在于此，在于对一个正在成长中的青少年的心理逐渐走向成熟的真实、生动的描述。安妮心灵中的美好的东西，也是我们每个人所追求、所向往的。安妮崇尚自由，热爱生命，热爱大自然，追求内心的快乐和安宁，追求理想，追求友谊和真正的爱情。人类对这些方面的追求是永远不会终止的，所以《安妮日记》这部作品也会存在下去，直到永远。

王晋华

于中北大学外语系

2015 年 1 月 25 日

1942年6月12日　星期五

　　我想信任你，把什么都告诉你，我还从没有这样信任过谁，希望你能不断地给予我巨大的安慰和支持。

　　[1942 年 9 月 28 日安妮对这则日记添加了补白：

　　到目前为止，你（指日记本）对我确实是个极大的安慰，还有凯蒂也是，我定期给她写信。这种记日记的方式太好啦，现在，我每天几乎都等不及能在你上面写点什么的那个时候的到来，哦，我真庆幸有你陪伴我！]

安妮

1942年6月14日　星期日

　　我将从我得到你的那一刻写起，也就是我看见你和别的生日礼物一起躺在桌子上的那一刻（他们买你的时候我也跟着，不过那不算）。

　　6 月 12 日星期五那天，我 6 点钟就醒了，这不奇怪，因为那天是我的生日。可那个时候我还不该起床，只好忍住好奇，挨到 7 点差一刻才起来。我再也等不及了，便走进餐室，莫提（那只猫咪）迎上来亲热地蹭我的腿。

　　七点刚过，我去看了爸爸妈妈后就到客厅打开我的礼物，你最先映入我的眼帘，或许也是我最心爱的礼物。随后我看见一束玫瑰花、几枝牡丹和一盆植物。爸爸妈妈送了我一件蓝色的衬衫，一盒棋具，一瓶葡萄汁，一副字谜卡，一罐冷霜，2.5盾零花钱和一张两本书的购物礼券。我还得到了一本书《暗箱》（但玛格特已经有这本书了，所以我把它换成了别的东西）、一盘自制的饼干（当然是我自己烤的啦，现在我烤点心的水平可真不赖），妈妈还给了我很多糖果和一块草莓馅饼。还有一封奶奶写的信，来得不迟不早，赶得正好。

随后汉妮莉来叫我，我们一起去上学。课间休息时，我把饼干分给老师和同学，然后又接着上课。直到五点我才回到家，因为我又和班上其他人一起去了体育馆。（我的肩膀和臀部很容易脱臼，所以不能参加运动。）不过大家玩什么，由我这个寿星说了算，我给他们选了排球。打完球后，大家又在我身边围成圈跳舞，唱生日快乐歌。我到家时，姗妮·莱德曼已经在家里了。伊尔丝·瓦格纳、汉妮莉·哥斯拉尔和杰奎琳·范·马森从体育馆和我一起回家，我们是同班同学，汉妮莉和姗妮是我最好的两个朋友。人们看见我们在一起就会说："安妮、汉妮和姗妮来啦。"杰奎琳·范·马森是我上了犹太中学才认识的，现在她也是我最好的朋友。伊尔丝是汉妮莉最好的朋友，而姗妮在另一所学校上学，在那里有她自己的朋友。

她们送给我了一本漂亮的书——《尼德兰人传说故事集》，可是弄错了，送的是第二卷，我用另外两本书换来了第一卷。海伦阿姨送了我一副字谜卡片，斯蒂芬尼阿姨送给我一枚可爱的胸针，蕾尼阿姨送了一本非常奇妙的书：《黛茜上山记》。

今天早晨我躺在浴缸里想，如果我有一只像"铃丁丁"（Rin Tin Tin）那样的狗，该有多好。我也要叫它铃丁丁，还要把它带到学校去，如果天气好的话，它可以待在传达室里或自行车棚里。

安妮

1942年6月15日　星期一

星期天下午我举办了生日聚会。班上同学迷死了铃丁丁的电影。我得到了两枚胸针、一张藏书票和两本书。我要说说学校和班上的事情，就从我的同学开始吧。

贝蒂·布罗门达尔看上去有些寒酸，我想多半是这样吧。她住在阿姆斯特丹西部一条僻静的街上，没人知道那条街在哪儿。她成绩很好，可那只是因为她学习很努力，而不是她聪明。她是个挺文静的女孩。

杰奎琳·范·马森大概要算我最好的朋友了，不过我从来没有过真正的朋友。一开始我以为杰奎琳会成为这种朋友，可我完全想错啦。

D. Q.（对那些不想提到真名的人，我用缩写字母代替姓名）是很神经质的女孩，丢三落四，结果老师总是给她布置额外的家庭作业作为处罚。她脾气不错，尤其是对 G. Z.。

E. S. 话太多了，烦得很。她问你事情时老爱摸你头发，要不就摆弄你的纽扣。听说她受不了我，我才不在乎，我也不怎么喜欢她呢。

亨妮·密特斯是个性格开朗的好女孩，就是嗓门有点大，我们在室外玩耍时她真的很幼稚。亨妮有个朋友，叫蓓普，又脏又粗俗，对她有很不好的影响，真不幸。

对 J. R.，我可以写上一整本书来讲她。J 是个讨厌、鬼鬼祟祟、高傲自大、两面三刀、喜欢嚼舌根的人，她自以为很成熟。杰奎琳简直被她迷得团团转，真可耻。J 很容易生气，动不动就哭鼻子，最要命的是还极爱炫耀。J 小姐永远是正确的。她很有钱，满满一柜子漂亮的连衣裙，可穿在她身上都显得太老气。她以为自己多漂亮，她想错啦。我们俩谁都受不了对方。

伊尔丝·瓦格纳是个性格开朗的好女孩，不过也吹毛求疵得够呛，为了一件小事，可以整天在那儿唉声叹气。伊尔丝很喜欢我。她很聪明，就是有点儿懒。

汉妮莉·哥斯拉尔，在学校大家也叫她莱丝，她这人有点怪怪的。她很害羞，在外人面前难得说几句话，可在家里却想说啥说啥。不管你给她讲什么，她都会告诉她妈妈。不过，她总是心里怎么想，嘴上就怎么说，最近我越来越欣赏她了。

南妮·范·普拉格茜加是个既好玩又懂事的小女孩。我觉得她很不错。她很聪明。对于她我就不多说啦。

埃菲耶·德·荣在我看来棒极了。虽然她才十二岁，可真像个淑女，把我当小孩似的看待。她也很乐于助人，我喜欢她。

G. Z. 是我们班最美丽的女孩。她有一张漂亮的脸蛋，可人却有点笨。我想她可能要留级了，当然我没告诉她。（稍晚一些时候安妮添加了补白：让我十分惊讶的是，G. Z. 竟然没有留级。）

坐在 G. Z. 旁边的是十二个女孩中的最后一个，那就是我。

关于男生，要说的太多啦，或者，说穿了，也没有那么多。

对我爱慕的人很多，毛里斯·科斯特就是一个，可是他也挺烦的。

萨利·施普林格心里不干净，听说已经彻底堕落啦。不过我认为他不错，是挺有意思的一个人。

埃米耶尔·波威特是 G. Z. 的爱慕者，但她并不喜欢他。他这人很无聊。

罗伯·科恩曾经喜欢过我，可我再也受不了他了。他是个令人讨厌、虚伪、爱撒谎、整天哭哭啼啼又自认为了不起的小傻瓜。

马克斯·范·德维尔德来自梅登布利克的一家农场，不过正像玛格特说的，这个从农场来的孩子很不错。

赫尔曼·库普曼也很龌龊，跟约佩·德·比尔一样。后者是个调情老手，整天想着追女孩。

利奥·布罗姆是约佩·德·比尔最要好的朋友，可被他下流的思想给带坏啦。

　　阿尔伯特·德·梅斯基塔来自蒙台梭利学校，他跳了一级。他真的很聪明。利奥·斯莱格和他来自同一所学校，可没他聪明。

　　鲁·施托佩蒙是个矮小、愚笨的男孩，今年年中从阿尔梅罗市转到我们学校的。

　　C. N. 总是做些他不该做的事。

　　雅克·科赛鲁特坐在我们后面，在 C 的旁边，我们（G. 和我）差点笑死。

　　哈利·沙普是班上最规矩的男生。他很可爱。

　　沃纳·约瑟夫也很不错，但最近发生了太多变故，让他变得太静了点儿，不像从前那么有趣了。

　　山姆·所罗门是个来自贫民区的臭小子。一个名副其实的调皮蛋（他喜欢我！）。

　　艾佩·里姆很是一本正经，不过也是个臭小子。

安妮

1942年6月20日　星期六

　　对我这样的人来说，写日记还是件新鲜事。不只是因为从前我没写过，还因为我觉得，不管我自己还是别人今后都不会对一个十三岁女生的胡思乱想感兴趣。不过没关系，我就喜欢写写画画，最要紧的是，我心里憋着好多话想说出来呢。

　　"纸比人更有耐心。"在我心情有点沮丧的时候，我想起了这句话。那天我坐在家，双手托腮，无精打采，不知该就这样待着还是出门去。

最后我留在原地，在那儿认真思考了一番。真的，纸的确更有耐心，何况我也不打算给任何人看这本硬皮笔记本——说得好听点叫"日记本"，除非我找到一个真正的朋友，可就算是那样，也不会有太大的不同。

现在可说到点儿上啦，我干吗非得写日记不可呢？因为我没有知心朋友。

这里我想解释一下，因为谁会相信一个十三岁的女孩子会觉得自己在这个世界上孤单呢。说来也奇怪。我有亲爱的父母和一个十六岁的姐姐，有大约三十个算得上朋友的人；有一大堆喜欢我的男生，他们爱慕的眼神就没法从我身上移开，为了瞟我一眼，经常在课堂上掏出一面小破镜子照来照去；我有深爱我的亲人、亲戚和一个温馨的家。表面上我好像啥都不缺，可就缺一个知心朋友。和朋友们在一起时，我想的尽是怎样好玩儿，说的尽是些日常的琐事。问题也就出在这儿，我们无法变得更亲近。我们相互间不能推心置腹，也许是我缺乏自信吧。可不管怪谁，情况就是这样，尽管我也非常遗憾，可我也无法改变。所以，我开始写日记。

现在，我长期以来想象自己有个知心朋友的念头进一步升华。我不愿意像大多数人那样马马虎虎地记些流水账，我要把日记当成我的知心朋友——这个朋友，我就叫她凯蒂吧。

要是我就这样没头没脑地讲起来，谁也听不懂我和凯蒂在谈什么，所以我得简单说说我的情况，虽然我讨厌这种介绍。

我的爸爸是我所见过的世界上最好的爸爸，他三十六岁时才和二十五岁的妈妈结婚。我姐姐玛格特 1926 年在德国美因河畔的法兰克福出生。我是 1929 年 6 月 12 日出生，在法兰克福生活到四岁。因为我们是犹太人，爸爸 1933 年移民到了荷兰，当时他被任命为荷兰欧佩克达公司总经理，这家公司的产品用于制造果酱。我妈妈伊迪丝·霍兰德·弗兰克 1933 年 9 月跟爸爸一起来到荷兰，玛格特和我被送到德国的亚琛市跟外婆一起生活。该年 12 月玛格特到了荷兰，我是在来年的 2 月份来的，当时四岁的我被他们重重搁在桌子上，好像我是送给玛格特的一件生日礼物似的。

不久我进了蒙台梭利幼儿园。在那里我待到六岁，然后上一年级。我六年级的老师是库珀鲁斯夫人，她也是校长。毕业时我们伤心地道别，都流了泪，因为我进了犹太中学，玛格特也在那儿上学。

我们的心里还有着牵挂，因为我们留在德国的亲人仍在希特勒的反犹太人法令下遭受痛苦。1938 年大屠杀后我的两个舅舅逃到美国避难，年迈的外婆来到荷兰和我们一起生活。那时她七十三岁。

1940 年 5 月后，我们的好日子就少了：先是战争，然后是协约投降，随后德国人来了，犹太人的麻烦从此开始。一道又一道的反犹太人法令让我们的自由受到极严厉的限制：犹太人必须佩戴黄色的星；犹太人必须交出自行车；犹太人禁止乘电车，也不准开车，包括私家车；犹太人只能在下午三点到五点之间购物，只能进出他们自己经营的理发店和美容院；犹太人在晚上八点以后到早晨六点以前禁止外出；犹太人禁止上戏院、电影院和进出其他娱乐场所，禁止使用游泳池、网球场、曲棍球场或其他体育场所；犹太人禁止划船，禁止参加任何公开的体育比赛；晚上八点以后犹太人不能在自家或朋友的花园里闲坐；犹太人不能到基督教徒的家中拜访；犹太人必须上犹太学校；等等。你不能这样，你不能那样，可我们还得继续生活。杰奎琳总是对我说："我现在什么也不敢做了，做什么都害怕是犯禁。"

1941 年夏天，外婆生病了，必须做手术，所以我没怎么顾上过生日。1940 年我的生日也没能好好过，因为荷兰刚打完仗。1942 年 1 月外婆去世。没有人知道我多么想念她，多么爱她。庆祝我 1942 年的生日，是想为前几次生日做些补偿，我的蜡烛中有一支是为外婆点亮的。

我们一家四口过得还不错，就这样迎来了今天这个日子——1942 年 6 月 20 号，从这一天起我要认真写下我的每一篇日记。

安妮

1942年6月20日　星期六

　　我这就正式开始写日记啦。这会儿多安静啊，正好适合写作。爸爸妈妈都出去了，玛格特和几个年轻人到她的朋友特雷斯家去打乒乓球。最近我也经常打乒乓球。我们打得真够多，所以我们五个女孩成立了一个俱乐部，名叫"小熊座减二"。这个傻乎乎的名字可是闹了笑话才得来的。本来我们想给俱乐部起个特别点儿的名字，因为我们有五个人，就想到了小熊座；我们以为它有五颗星，结果弄错了，它和大熊座一样有七颗星，这就是"减二"的由来。伊尔丝·瓦格纳有一副乒乓球拍，只要我们想打，随时可以占用他们家的大餐厅。我们五个"球员"都爱吃冰淇淋，尤其是夏天，打乒乓球很热，我们一打完就去拜访附近对犹太人营业的"奥西斯"（绿洲之意——译者注）或"特尔斐"冷饮店。我们早就不用担心身上的钱不够了——大多数时候奥西斯的生意都很好，所以我们总能从熟人或我们的追求者里，找到几个大方的小伙子请客，他们请我们吃的冰淇淋，比我们平时一个星期吃上的还多。

　　你也许有点吃惊吧，我这么小的年纪就在谈论追求者的事了。这是好事还是坏事，要看情况而定，不过这种不良现象在我们学校还真普遍。只要哪个男生跟我搭讪，问能不能和我一起骑车回家，在我跟他聊上一会儿后，我敢肯定十有八九他会被我迷住，眼睛像被胶粘住一样尽往我身上盯。可惜这热情来得快冷得也快，因为我对他那热烈的注视连看也不想看，踩着脚踏板快活地一溜烟就去了。如果情况变得很糟，他们一个劲儿东拉西扯，还说些什么"请爸爸允许"这类话，我就把车头轻轻一歪，故意让书包掉在地上，结果那个小伙子不得不跳下车，拾起书包递给我，趁这当儿我已经转移话题了。这些算是老实的。不用说，还有那些抛飞吻的、想挽你胳膊的，不过他们绝对打错了算盘。这时我会跳下车子，拒绝他们的陪伴，要不就装出受了侮辱的样子，毫不含糊地告诉他们各回各的家，别缠着我。好啦，今天就写到这里，我们已经建立了友谊的基础。明天再聊。

安妮

1942年7月21日　星期日

·

亲爱的凯蒂：

我们全班都提心吊胆，因为马上要开班会啦，老师将宣布谁升级谁留级。班上一半的同学都在打赌。坐在 G. Z. 和我后面的两个男生 C. N. 和雅克·科赛鲁特，都快让我们笑死了。他俩把整个假期存的零用钱都用来打赌，从早到晚都在说"你升得了""我不行""你行的""不，我不行"。G. 用哀求的目光望着他们，我大发脾气，都没法让他俩安静下来。要叫我说的话，班上有那么多笨蛋，恐怕四分之一的人都得留级，可这也难说，因为老师是世上最捉摸不定的人。不过也许这次刚好能把该留的都留了级。我对自己和我的女友们并不太担心。

我们会通过的。我唯一有点儿信心不足的是数学。不管怎样，我们能做的只是等待。在结果出来前，我们会互相打气，让彼此莫灰心。

我和所有的老师都挺合得来。我们有九位老师，七位男老师，两位女老师。教我们数学的基辛先生是个守旧的老夫子，很长时间来对我非常恼火，因为我上课总爱讲话。在几次警告无效后，他给我布置了额外的家庭作业：一篇题为《话匣子》的作文。《话匣子》，这怎么写呢？等回头再考虑吧，我想。我在笔记本上潦草地记下了题目，塞进书包，然后努力保持镇静。

那天晚上，写完其他作业后，我的目光停在了笔记本里的那个作文标题上。我一边咬着笔尖一边思考。谁都会拿这题目东拉西扯、稀稀拉拉地写上几句，但要写得巧妙就要提出令人信服的理由，证明说话的必要性。我想啊想啊，突然想出了一个主意。我写满了基辛先生要求的三页纸，自己非常满意。我辩解说爱讲话是女人的天性，我会努力克制，可要想彻底改掉它却不可能，因为我妈妈即便没有我的话多，却至少跟我一样爱说话，对这种遗传的性格特点，能有什么办法改变呢？

基辛先生看了我的作文笑得很开心，但当下一节课我又在底下说话时，他给我布置了第二篇作文。这次的题目是《一个不可救药的话匣子》。我写好交了上去，整整两堂课基辛先生没发什么牢骚。然而，第三节课上，他终于忍不住了："安妮·弗兰克，作为上课说话的惩罚，请你再写一篇作文，题目是《呱呱呱呱，唠叨小姐开讲啦》。"

全班大笑起来。我也只好跟着笑，虽然话匣子的作文让我几乎绞尽脑汁，再也没有灵感了。现在得想点有创意的新东西才行。我的朋友姗妮对诗歌很精通，她提议帮我的忙，把这篇作文写成一首诗。我高兴得跳起来。基辛先生用这个荒谬的题目让我出丑，现在我敢说他自己要成笑柄了。诗写好了，真是妙极啦！它写的是鸭妈妈、天鹅爸爸和三只鸭宝宝的故事，因为鸭宝宝们嘎嘎嘎地叫个不停，天鹅爸爸把他们啄死了。幸好基辛先生一眼看出这是个笑话。他在班上读了那首诗，还加上点评，后来又给其他几个班也读了。从那以后，基辛先生允许我上课讲话，不再罚我写作文。而且，基辛先生现在也很喜欢开玩笑了。

安妮

1942年6月24日　星期三

亲爱的凯蒂：

天气热极了。人人都热得喘吁吁的，更倒霉的是，这么热的天气我到哪儿都只能步行。现在我才明白坐电车是件多么惬意的事，可犹太人再也不准享受这样的待遇；我们自己的两条腿足够用。昨天午休时我到让·卢肯街去看牙医。我们学校位于斯塔德斯蒂默图林，到那里要走很长一段路。下午我趴在课桌上都快睡着了。幸好，有人主动给我拿了点喝的东西。那个牙医的助手真是个好人。

我们唯一可用的交通工具是渡船。我们请求约瑟夫—伊色雷阿卡德运河边的摆渡人搭我们过河，他同意了。我们犹太人落到今天这个地步，不是荷兰人的错。

我希望自己不用上学。我的自行车在复活节假期被人偷了，妈妈的车又被爸爸托付给我们的基督徒朋友保管了。谢天谢地，暑假快到了，再过一星期我的痛苦就到头啦。

昨天早晨发生了一件意想不到的事。我经过自行车棚时，听见有人叫我。我回头一瞧，原来是昨天晚上我在朋友威尔玛家见过的一个漂亮男孩。他是威尔玛的姑表兄弟。我一直觉得威尔玛人很好，她的确不错，可她整天谈的都是男孩子，听得人厌烦。那个叫我的男孩走过来，忸忸怩怩地介绍说，他叫赫洛·西尔伯格。我有点吃惊，不知他想干什么，不过我很快就明白了。他问能不能陪我去上学。"要是咱俩顺路，我就跟你走。"我回答说。于是我们就一同走了。赫洛十六岁，会讲各种有趣的故事。

今天早晨他又等我一起上学，我希望从现在开始，他天天这么做。

安妮

1942年7月1日　星期三

亲爱的凯蒂：

　　说实话直到今天我才有空给你写信。星期四一整天我都和朋友们在一起，星期五家里有客人，所以就拖到了今天。

　　赫洛和我上星期已经混熟了，他给我讲了很多他的事情。他原来住在德国西部城市盖尔森基兴，现在和他祖父母生活在一起。他父母在比利时，但他不可能去那里。赫洛以前有个女朋友叫厄苏拉。我也认识她。她可爱极了，也无聊透了。赫洛认识了我，才发觉跟厄苏拉在一起多没劲。我就像他的兴奋剂。一个人有多大的用处，看来你自己还真不知道啊！

　　杰奎琳星期六晚上住在我们家，星期天下午到汉妮莉家去了，我无聊死了。

　　那天晚上赫洛说好要来我家的，可六点钟左右他打来电话，是我接的。他说："我是赫洛·西尔伯格。请问可以和安妮讲话吗？"

　　"哦，赫洛，我就是安妮。"

　　"嗯，安妮，你好吗？"

　　"我很好，谢谢。"

　　"真的很抱歉，今晚不能来你家了，可我很想跟你谈谈。我十分钟后过来接你好吗？"

　　"好的，一会见！"

　　我挂了电话，迅速换好衣裳，整理好头发。把头探出窗外张望，心里紧张极了。终于他出现了。可奇怪的是，我竟然没有冲下楼，而是静静地等着他按响门铃。我下楼开了门，他一见我就直截了当地说：

"安妮，我奶奶说你年纪太小，我不能老过来找你。她还说我该去洛温巴赫家，可你大概也知道我不再和厄苏拉一起出去玩了。"

"我不清楚。怎么回事？你们两个吵架了吗？"

"没有，根本没那回事。我告诉厄苏拉我们俩不合适，最好别走在一起了，不过还是欢迎她来我家，也希望她欢迎我去他们家。实际上我以为厄苏拉和别的男孩好上啦，所以才这样对她。但她没有。于是我叔叔叫我跟她道歉，我当然不愿意，因此我们就分了手。不过这只是其中的一个原因。

现在我奶奶想让我和厄苏拉约会，而不是和你，我可不同意，也不会这么干。老人的想法有时真的很过时，不过我不必都听他们的。我需要我的爷爷奶奶换个角度想，他们也需要我。从现在起到星期三晚上我都有空。是这样的，我爷爷奶奶给我报了个雕刻班，可实际上我却去了一个犹太复国主义者参加的俱乐部。他们不让我去，他们反对犹太复国主义。我也不是什么狂热分子，就是感兴趣。不过，最近俱乐部简直一团糟，我打算退出了。下星期三是我最后一次参加集会。这就是说星期三晚上、星期六下午和晚上，还有星期天下午我都可以见你了，也许还会有更多的时间呢。"

"可要是你爷爷奶奶反对呢，你不该背着他们来。"

"不是说情场如战场，任何手段都可行吗？"

这时我们经过了布兰克沃特书店，彼得·思琪弗和另外两个男孩在店里。彼得向我问好，这是很久以来他第一次这么做，我心里美滋滋的。

星期一晚上赫洛到我家见爸爸妈妈。我买了一块蛋糕和一些糖果，还准备了茶、点心和书。但赫洛和我都不喜欢规规矩矩坐在家里。于是我们出去散步，直到八点十分他才把我送回家。爸爸很生气，说我不按时回家太不像话。我不得不答应以后八点差十分一定回家。赫洛邀我星期六去他家。

威尔玛告诉我有天晚上赫洛在她家玩，她问他："你最喜欢谁，厄苏拉还是安妮？"

他回答说："这不关你的事。"

可临走时他又说（那天晚上他们俩没再讲过话）："好吧，我更喜欢安妮，别告诉任何人，再见！"说罢一溜烟出了门。

从赫洛的一言一行，我都可以看出他爱上我了，生活里有些变化也不错。玛格特会说赫洛非常适合我，我也这么想。可这远远不够呢。妈妈对他赞不绝口："一个帅气的男孩，又懂事又有礼貌。"我很高兴他这么讨人喜欢。只有我的女友们例外。赫洛说她们太幼稚，他说得对。杰奎琳还在拿他和我打趣，可我并没有爱上他，真的没有。我可以跟男孩子交朋友，没人会在乎这一点。

妈妈总是问我以后想嫁给谁，我敢说她肯定猜不到是彼得，因为我亲口告诉她别往那上面想，镇定得连眼皮都没眨一下。我爱彼得，胜过爱任何人，我安慰自己说，他只是为了掩饰对我的感情，才和别的女孩子搅在一起；也许他以为我在和赫洛谈恋爱，我们可没有啊。赫洛只是朋友，或者像妈妈说的，一个护花使者。

安妮

1942年7月5日　星期日

亲爱的凯蒂：

星期五在犹太剧院按期举行了升级典礼。我的成绩不算太差。有一门课得了 D，数学得了 C-，还有两个 B+、两个 B-，其余的都是 B。爸爸妈妈都很高兴，说到成绩，他们和别的家长态度不一样。他们才不担心我学习的好坏呢，只要我身体健康，过得开心，别老跟他们顶嘴就行。只要这三件事做到了，其他的一切都可以顺其自然。

我和他们正好相反，我可不想成为一个差等生。犹太中学录取我是有条件的。本来我应该在蒙台梭利学校读七年级，但后来犹太人的孩子只能上犹太人学校，我们费了很多口舌，才说服埃尔泰先生接收我和莱丝·哥斯拉尔。莱丝也通过了，只是得补考几何。

可怜的莱丝。她在家做功课真不容易：她的小妹妹嘉比，一个被宠坏的两岁小女孩，整天在她房间里玩耍。只要嘉比有丁点儿不满意，就会大哭大叫，而只要莱丝没照看好她，哥斯拉尔太太就会大喊大叫。结果莱丝根本没法做作业，照这样下去，她上那些辅导课又有什么用呢？哥斯拉尔这家子也真够呛。哥斯拉尔太太的父母住在他们隔壁，但在他们家吃饭。他们有一个女仆、一个小不点，哥斯拉尔先生总是心不在焉、见不到人影，哥斯拉尔太太成天神经兮兮、脾气暴躁，还又怀上了个孩子。莱丝这样笨手笨脚的人，在这种家庭里怎么招架得住！

姐姐也拿到了成绩单，像往常一样优异。如果学校评优等生的话，她肯定当之无愧。她太聪明啦。

爸爸最近常常待在家，因为在办公室里没事可做。一个人发现自己变得多余了，这种感觉一定很糟糕。克莱曼先生接管了欧佩克达公司，库格勒先生接管了吉斯公司——1941年成立的一家经营香料及香料替代品的公司。

几天前，我们在附近的广场散步时，爸爸开始提到藏匿的事情。他说与外界隔绝后，我们的日子会变得很难熬。我问他为什么现在提这事。

"唉，安妮，"他回答道，"你知道这一年多来，我们都在把衣服、食物和家具转移到别人家去。我们不想让这些财产落到德国人手里，更不想让我们自己被抓走。所以我们要主动离开，而不是坐等他们来抓人。"

"那是什么时候，爸爸？"他说得那么郑重其事，我吓坏了。

"别担心。我们会把一切安排好的，现在抓紧时间，先享受着这自由、无羁缚的生活吧。"

谈话就这么结束了。哦，但愿爸爸说的那种可怕的日子离我们还很遥远。

门铃响了，是赫洛。就写到这里吧。

安妮

1942年7月8日　星期三

亲爱的凯蒂：

从星期天早上到现在，好像过了许多年似的。发生了这么多事情，整个世界仿佛突然天翻地覆了。可是你瞧，凯蒂，我还活着，爸爸说这是最要紧的事情。我还活得好好的，但不要问我在哪里，又是怎么过的。我今天说的话，你可能一句都听不懂，那就让我从星期天下午发生的事给你讲起吧。

三点钟（赫洛离开了，但说好他随后再来），门铃响了。我没听见，我在阳台上，在阳光下懒洋洋地看着书。过了一会儿玛格特在厨房门口出现了，神情非常不安。"爸爸收到了党卫队送来的召集令，"她低声说，"妈妈去见凡·达恩先生了。"（凡·达恩先生是爸爸的生意合伙人，也是他的好朋友。）

我惊呆了。召集令，谁都知道那意味着什么。集中营和凄凉的牢房的场景，在我脑海中一幕幕闪过。怎么能让爸爸去那种地方呢？"他当然不会去的，"我们坐在客厅等候时，玛格特肯定地说，"妈妈去问凡·达恩先生，我们能不能明天就搬到藏身的地方。凡·达恩一家会和我们一起去住。我们总共七个人。"随后是沉默。我们都说不出话了。想到爸爸去犹太人医院探望病人，现在根本不知道情况怎样了；等妈妈等得这么久，天又这么热，要担心的事太多了——这一切使我们变得默不作声。

突然门铃又响了。"是赫洛。"我说。

"别开门！"玛格特大声阻止我。不过她根本没必要这么做，因为我们听见妈妈和范·达恩先生在楼下跟赫洛说话，随后他们两人走了进来，门在身后关上了。每次门铃一响，我和玛格特就会蹑手蹑脚，轮番到楼下去看是不是爸爸回来了，除了他谁也不让进来。后来凡·达恩先生想单独和妈妈谈话，把我们俩支出了房间。

我们坐在卧室里时，玛格特告诉我召集令不是给爸爸，是给她的。这又让我吓了一跳，我哭起来。玛格特十六岁了，显然他们想把这个年龄的女孩单独送走。谢天谢地，她不会去的，妈妈亲口这么说的；爸爸告诉我要躲起来时，一定也是这个意思。躲起来……我们会往哪儿躲呢？在城里，还是在乡下，在房子里。还是破旧的木棚里？什么时候？什么地方？怎么躲藏？……这些问题我都不该问，可它们就像走马灯一样在我脑子里打着转。

玛格特和我开始把我们最重要的物品装进书包里。我塞进去的第一件东西就是日记本，然后是卷发器、课本、一把梳子和一些旧信件。明知道我们就要藏起来过日子啦，我却尽装了些什么稀奇古怪的东西，可我并不觉得这有什么错。对我来说回忆比衣裳更重要。

五点左右，爸爸终于回来了。我们打电话给克莱曼先生问他晚上能不能来一趟。凡·达恩先生去找梅普了。梅普来了，装了满满一口袋鞋子、裙子、夹克衫、内衣和袜子走，还告诉我们晚上会再来一趟。随后家里安静下来，我们谁都不想吃东西。天还是很热，一切都让人觉得怪怪的。

我们楼上的大房间租给了戈尔德施米特先生，一个三十多岁、离了婚的男人。这天晚上他显然无事可做，尽管我们一再礼貌地暗示，他仍然待到十点才上楼去。

十一点，梅普和让·吉斯来了。梅普从 1933 年起就在父亲的公司上班，现在是我们亲密的朋友，她丈夫让也是。鞋子、袜子、书和内衣又一次消失在梅普的包里和让的深深的口袋里。他们俩离开时已经十一点半了。

我累坏了，虽然知道这是我最后一晚睡在自己的床上，但还是倒头就睡着了，一觉睡到第二天早晨五点半妈妈叫我才醒。幸好天气没有星期六那么热，一场暖烘烘的雨下了一整天。

我们四个人都裹在一层又一层衣服里，看上去好像要在冰箱里过夜似的，只有这样我们才能尽量多带些衣服。像我们这种处境的犹太人，没有谁敢带着装满衣服的箱子出门。我穿了两件汗衫、三条内裤、一件连衣裙，外面再套一条短裙、一件夹克衫、一件雨衣、两双袜子、笨重的鞋子、一顶帽子、一条围巾，还有很多别的东西。还没出门，我就憋得喘不过气来，可谁有工夫关心我的感受呢？

玛格特的书包里塞满了课本，随后她推出自行车，由梅普带路，骑上车消失在巨大的未知世界中。反正我是这么想的，因为对我们藏身的地方我还一无所知。

七点半钟，我们出发，门在身后关上了。我心爱的猫咪莫提，是和我告别的唯一的生灵。我们给戈尔德施米特先生留了一张字条，请他将莫提送给好心的愿意照看它的邻居。

那收得光秃秃的床铺，桌上吃剩的早餐，厨房里留给莫提的一磅肉——所有这些都给人造成我们匆匆离去的印象。但我们根本顾不上这些。我们只想走出那个家，逃得远远的，安全到达我们的目的地。其他一切都不重要了。

明天再聊。

安妮

1942年7月9日　星期四

亲爱的凯蒂:

　　我们就这样在瓢泼大雨中走着，爸爸、妈妈和我，每个人背着一个书包，提着一只购物袋，书包和袋子里装着各种各样的物品，装得太满，都快膨出来了。路上那些赶早上班的人向我们投来同情的目光；从他们脸上你能看出他们很抱歉，因为不能为我们提供任何交通工具；我们衣服上这颗耀眼的黄星说明了一切。

　　我们上路后，爸爸妈妈才把藏身的计划一点一滴告诉了我。几个月来我们不断把家具和衣裳从家里搬走，能搬多少搬多少。我们原定7月16日搬到藏身的地方，由于接到玛格特的召集令，计划不得不提前十天进行，所以我们那边的房间还有些乱，只好将就一下了。

　　藏身的地方位于爸爸的办公楼内。这对外人来说有点不好理解，不过我会解释的。爸爸办公室的工作人员不多，只有库格勒先生、克莱曼先生、梅普和一位二十三岁的打字员贝普·沃斯库勒，他们都知道我们要来。但贝普的爸爸沃斯库勒先生和跟他一起在仓库工作的两个助手，还不知情。

　　我给你描述一下这幢办公楼吧。底楼的大仓库是用来作加工间和储藏室用的，它里面被分成好些不同的房间，比如商品储藏室，研磨肉桂、丁香和胡椒替代品的磨粉室。

　　仓库门旁边还有一扇门，是从外面进入办公室的入口。进门后，你得再过一道中门，才看见一段楼梯，楼梯顶上又是一道门，门上镶的毛玻璃上写着"办公室"几个黑色的字。这就是前办公室，它宽敞明亮、设备齐全，贝普、梅普和克莱曼先生白天就在这里工作。穿过一个小隔间（这里放着保险柜、衣柜和一只大橱柜），就来到了又小又暗、不透气的后办公室。库格勒先生和凡·达恩先生以前合用这间办公室，现在只有库格勒先生一个人了。也可以穿过小过道，从一扇玻璃门直接进入到这里，但玻璃门得从里面打开，从外面是很难开的。从这间办公室出来，穿过一条狭长的过道，经过储煤仓，再上四级楼梯，你就来到私人办公室了，这是整幢办公楼最"豪华"的房间。雅致的桃花心木家具，油毡地板上铺着一张张小地毯、一台收音机、一盏工艺台灯，每样东西都漂亮极了。隔壁是间宽敞的厨房，里面有台热水器和两只煤气灶，它旁边是浴室。这就是二楼。

从二楼的过道走上一段木楼梯就来到了三楼。楼顶是一个楼梯间，左右两边各有一扇门。左边的门通向储藏室和阁楼（位于办公楼的前部）。还有一段又长又陡的荷兰式楼梯，通向另一扇临街的门。

楼梯间右边的门通向"密室"（位于办公楼后部）。谁也想不到，在这扇灰色的不起眼的门背后藏着这么多房间。门口有一小级台阶，上了台阶就到密室里面。正对着门又是一段很陡的楼梯。左边是一条窄窄的过道，通向弗兰克一家的起居室兼卧室。在它隔壁的小房间，是弗兰克家两位小姐的卧室兼书房。楼梯右边是洗手间，没有窗户但有一个洗脸池。角落里的一扇门通向厕所，另一扇门则通向玛格特和我的房间。走上楼梯，打开顶端的门，你会惊讶地发现，坐落在运河边上这幢古老的房屋里竟有如此宽敞明亮的房间。房间里有一个火炉（因为它曾是库格勒先生的实验室）和一个水槽。这里就是凡·达恩夫妇的卧室兼厨房，也是我们共用的客厅、饭厅和书房。一间很小的过道间将用作彼得·凡·达恩的卧室。此外，和办公楼前面一样，这里也有顶楼和阁楼。你瞧，那就是。现在我把整个可爱的密室给你介绍完啦！

安妮

1942年7月10日　星期五

亲爱的凯蒂:

　　这样啰啰嗦嗦地给你介绍我们的住处,你大概听烦了吧,可我还是觉得你应该知道我最后是在哪儿安下身的。至于怎么安身的,你从我后面的信中就会了解。

　　不过,还是让我接着讲吧,我还没讲完呢。我们到了王子运河街263号后,梅普马上过来,带我们穿过二楼长长的过道,沿木楼梯来到三楼的密室。随后她关上门走了,只把我们留在里面。玛格特已经骑车先到了,正在等我们。

　　我们的起居室里和其他房间里都堆满了东西,乱得没法形容。过去几个月来一批批送到这里的纸箱,全都堆在地上和床上。小房间里的床单和被褥从地板一直摞到了天花板。如果我们晚上想睡在铺好的床铺上,就得动手清理这个烂摊子。妈妈和玛格特一动也动不了。她们躺在光溜溜的床垫上,又累又伤心,总之糟透了。可爸爸和我,我们家两个出色的"清洁工",立即开始干了起来。

　　整整一天,我们都在拆打包的箱子,把东西放进橱柜,往墙上钉钉子,把乱糟糟的房间收拾整洁,直到晚上累得精疲力尽,才倒在干干净净的床铺上。这一天我们都没吃一口热饭,可我们毫不在意;妈妈和玛格特太累、太紧张,吃不下东西,爸爸和我又太忙了。

　　星期四早上,我们接着干头天晚上撂下的活。贝普和梅普带着我们的配给券去杂货店买东西,爸爸继续修补遮光屏,我们擦洗厨房的地板,这一天又从早忙到晚。直到前天,星期三,我才有空想想我人生中发生的这场巨变。从我来到密室,第一次有时间和你聊一会儿,告诉你这些事情，弄明白对于我来说已经发生了什么，还会发生些什么。

安妮

1942年7月11日　星期六

亲爱的凯蒂：

爸爸、妈妈和玛格特还是不习惯威斯特陶伦大钟的鸣声，它每隔十五分钟就报一次时。我已经习惯了，一开始我就喜欢它，那声音多令人安心啊，尤其在夜里。你一定想听我说说现在这种藏起来的感觉。怎么说呢，其实我心里也不清楚。我不指望在这幢楼里找到家的感觉，可我也不讨厌这儿。我们就像在一幢陌生的公寓里度假。用这种方式看目前的处境，确实有些怪，可事情就是这样的啊。密室是一个理想的避难所，这里也许有点潮湿，地势还有点向一边倒的感觉，但整个阿姆斯特丹，不，整个荷兰可能都再找不到这么舒适的藏身之地了。

我们的卧室现在还很简陋，什么装饰也没有，墙壁光秃秃的。不过感谢爸爸，他把我所有的明信片和我收集的电影明星照片都提前带来，还带了一把刷子和一瓶胶水。我把明信片和照片都贴到墙上。现在墙壁看上去漂亮多了。等凡·达恩先生来了后，我们就可以用阁楼上的木料做橱柜和其他小用品了。

玛格特和妈妈的精神恢复了些。昨天妈妈感觉还不错，竟然可以做豌豆汤，这是她来这里后头一回做汤。可随后她到楼下说话，把煮汤的事忘得精光。豆子全烧焦了，粘在锅底，怎么刮也刮不下来。

昨天晚上我们四个人到楼下的私人办公室去收听英国广播。我害怕极了，唯恐被人发现，一个劲儿恳求爸爸送我回楼上。妈妈知道我很不安，陪我一起上去了。不管我们做什么，都怕被邻居听见或看见。我们到这里的第一天就缝了窗帘。可说实话，那叫什么窗帘啊，因为我们除了花花绿绿、形状和质地参差不齐的零碎布条，什么也没有；爸爸和我用很不专业的缝纫技术，把这些布条歪歪扭扭地缝到一起，就算是窗帘。我们把这些"艺术品"钉在窗户上，希望到重见天日那一天它们都不会掉下来。

我们这幢楼房的右边是克格公司的分部，它的总部在荷兰赞丹市；左边是一家家具厂。尽管下班后那些房子里就没人了，可我们发出的声音还是可能透过墙壁被人听到。玛格特得了重感冒，我们却不许她晚上咳嗽，还给她服了大量的可待因（用鸦片制成的止痛镇咳药——译者注）。

凡·达恩一家星期二来，这让我有了盼头。等他们来了后，这里会有趣得多，也不会这么静悄悄了。一到晚上和半夜，这里就静得我心里发慌，如果这些帮助我们的朋友有一个愿意睡在这儿，要我为他做什么都行。

不过，怎么说这里也不算太糟，好歹我们还能在这儿做饭，还能在爸爸的办公室里听收音机。

克莱曼先生、梅普，还有贝普·沃斯库勒给了我们莫大的帮助。我们已经把一筐筐大黄、草莓和樱桃装进了罐头，所以眼下还不会闲得无聊。何况还有大量书籍可供阅读，我们还打算买许多游戏和娱乐器具。当然啦，窗子外面看都别想看一眼，更不要说走出去了。保持安静也是必须的，以免被楼下的人听见。

昨天我们全都忙得不亦乐乎。库格勒先生拿来两柳条箱樱桃，让我们去掉樱桃核后做罐头用。我们计划好了，等箱子空了就用它们做个书架。

有人在叫我了。

安妮

［1942 年 9 月 29 日安妮对这则日记添加了补白：

不能到外面去，这让我有说不出的难受。更让我害怕的是，我们藏身的地方万一被人发现了，我们会被枪打死的。天哪，这景象想起来真是可怕极了。］

1942年7月12日　星期日

亲爱的凯蒂：

上个月大家都对我很好，因为我过生日，可我还是感到妈妈和玛格特一天天地跟我疏远了。今天我干活很卖力，他们夸奖了我，可才过了五分钟，就对我挑起刺来。

他们对待我，和他们对玛格特是多么的不同啊。举个例说吧，那天因为玛格特弄坏了吸尘器，我们的灯都不亮了。妈妈却说："噢，玛格特，看来你还不习惯干这活儿，不然就不会使劲拽插头绳子。"玛格特咕哝了几句，这事儿就这么算了。

今天下午，我想把妈妈写的购物清单上字迹潦草的地方重写一下，她不仅不同意，还痛骂了我一顿，弄得全家人都为这事大动肝火。

我跟他们合不来，在过去的几星期里我对这一点看得更清楚了。我们在一起时都很感情用事，而我自己更是这样。他们总是说，我们四个人能待在一起多么幸福，我们相处得多么融洽。根本没有人替我想一想，我一点儿也感受不到他们说的融洽。

爸爸是唯一理解我的人，虽然他常常帮妈妈和玛格特说话。还有一件我不能忍受的事情是听他们在外人面前谈论我，说我怎么大喊大叫，说我的行为举止多么没教养。他们还不时地谈起莫提，根本不管我受不受得了。莫提是我心头的痛，我无时无刻不惦记着她，可谁又知道我是这么想念她呢。一想起这些，我的眼里就饱含泪水。哦，亲爱的莫提，我爱她爱得做梦都盼着她能回到我们身边来。

我有那么多的梦想，却不得不面对现实，要在这里生活到战争结束为止。我们不能越雷池一步，仅有的来客就是梅普，她的丈夫让，贝普·沃斯库勒，沃斯库勒先生，库格勒先生，克莱曼先生和他太太，虽然她害怕太危险了至今还没来看过我们。

安妮

[1942 年 9 月安妮对这则日记添加了补白：

爸爸总是那么和蔼可亲，对我是那么包容理解。要是我们俩能推心置腹、痛痛快快地谈一次，该多好啊，可我一跟他说话就忍不住掉眼泪。在我这个年龄这是免不了的吧。我恨不得把所有的时间都用来写作，可真要那样又会无聊的。

到现在为止，我的日记都是记的心里话。我还没有写出过什么有趣的、日后可以读给大家听的东西。今后我要少写点多愁善感的东西，多关心现实。]

1942年8月14日　星期五

亲爱的凯蒂：

我把你丢下一个月了，日子一天天过得那么平淡乏味，我几乎找不到什么新鲜的、值得写的东西。7 月 13 日凡·达恩一家来了。我们本以为他们 14 日才来，但从 13 日到 16 日，德国人不断给犹太人发召集令，弄得人心惶惶，反正早一天总比晚一天好吧，所以他们提前一天来了。

彼得·凡·达恩是早晨九点半到的（我们还在吃早饭）。彼得快十六岁了，是个腼腆、笨手笨脚的男孩，所以别太把他的到来当回事儿。凡·达恩夫妇小时后也到了。

最好笑的是，凡·达恩太太的帽盒里装了一只便壶。"没有便壶我就找不到家的感觉。"她大声说，一边在她的沙发床底下给便壶找了个固定位置。凡·达恩先生倒没带便壶，却在胳膊下面吃力地夹着一张折叠茶几。

从他们来那天开始，我们大家就在一起吃饭，不出三天，我们七个人就好像是一个大家庭了。不用说，凡·达恩讲了许多我们离开后发生的事，他们毕竟在外面的世界多待了一个星期。我们最感兴趣的是关于我们的房子和戈尔德施密特先生的情况。

凡·达恩先生告诉我们："星期一早上九点，戈尔德施密特先生打来电话，问我能不能过去一趟。我马上赶过去了，戈尔德施密特见了我一副惊慌失措的样子。他给我看了你们留的便条。按你们的嘱托，他说打算把猫送给邻居，我告诉他这主意不错。由于他害怕房子会被搜查，我们仔细地查看了房间，把里里外外给拾掇整齐了，桌上吃剩的早餐给清理了。突然我看见书桌上有本记事簿，上面写着马斯特里赫特的一个地址。虽然我明知这是故意放在那里的，还是装出又惊又怕的样子，请戈尔德施密特先生把这张会惹麻烦的纸给烧掉了。我指天发誓，说我压根儿不知道你们去哪儿了，不过那个地址让我想起了什么。'戈尔德施密特先生，'我说，'我知道这地址是咋回事儿了。大约半年前，有个高级军官到办公室来找弗兰克先生。他俩好像是一块儿长大的。他答应只要弗兰克先生需要，就会帮他。我记起来了，他就驻扎在马斯特里赫特。我想这位军官说话是算数的，一定在想法让他们一家先到比利时，再到瑞士。如果弗兰克的朋友问起来，你这样说一点儿事也没有。当然，马斯特里赫特就别提了。'说完这些我就走了。看来你们的朋友都相信了我的话，后来我碰到好几个人都这么对我说的。"

我们觉得这个故事好玩极了，当凡·达恩先生讲了另一些人的传言，他们的想象力简直惊人，我们更是笑了个够。比如，有一个住得和我们不远的人家说，他们亲眼看见我们四个人大清晨骑着自行车离开了，而另一个女人非常肯定地说，我们是半夜被一辆军车送走的。

安妮

1942年8月21日　星期五

亲爱的凯蒂：

"密室"现在真的成了一个秘密的家了。

为了找出私藏的自行车，很多房子被德国人搜查。库格勒先生想了个主意，如果在密室入口处做一个书柜，用活动的铰链固定，可以像门一样开关，肯定不错。沃斯库勒先生负责这个木工活儿（他已经知道我们七个人藏在这儿，还帮了不少忙）。

现在我们要到楼下去，就必须躬起身子往下跳。前三天，我们的头不断撞在低矮的门沿上，额头被碰得大包小包的。后来彼得用毛巾包了木屑钉在门框上。让我们看看这个垫子管不管用吧！

我最近没怎么学习。我给自己放假放到九月。爸爸打算到时候辅导我，当然得先准备好课本。

我们的生活一成不变。彼得今天洗了头，不过这没什么好说的。凡·达恩先生和我总是闹别扭。妈妈一直把我当成小孩子，真让人受不了。除此之外，情况还不错。我觉得彼得还是一点儿也不招人喜欢。他讨厌死了，整天躺在床上，偶尔起来做点木工活，又回去呼呼大睡。真是个呆子!

今天早晨妈妈又狠狠训了我一顿,我们俩对什么事都意见相反。还是爸爸最贴心,他有时也会为我头痛,可从来不超过五分钟。

外面的天气真好,一个美丽的夏日,我们抛开一切烦恼,躺在阁楼的折叠床上,懒洋洋地尽情享受这美好的时光。

安妮

[1942年9月21日安妮对这则日记添加了补白:

凡·达恩先生最近对我好极了。我虽然什么也没说,心里却美滋滋的。]

1942年9月2日　星期三

亲爱的凯蒂:

凡·达恩先生和他太太大吵了一架。我从没见过这样吵架的,爸爸妈妈绝不会像他们一样互相大吼大叫。争吵的原因不过是些鸡毛蒜皮、不值一提的小事。可有什么法子呢,各人有各人的脾气嘛。

最难过的当然是彼得啦,他夹在中间眼睁睁看两个大人吵架,谁也不拿他当回事儿。他太敏感,又太懒惰。昨天他发现他的舌头是青的,不是粉红色的,急得坐立不安。不过这反常的现象来得快也去得快。今天他的脖子发僵,所以裹了一条厚厚的围巾。他老人家不是抱怨腰痛,就是抱怨心痛,还有肾脏和肝脏也成问题。他是个地道的疑病症患者!(真有这种毛病的人,是吧?)

妈妈和凡·达恩太太处得也不太好,经常为一点小事磕磕碰碰。举个小例子吧，凡·达恩太太把她自己的三条床单从我们共用的衣橱里拿走了。她说妈妈的床单完全够大家用了。要是她发现妈妈也学着她干，一定会大吃一惊吧。

还有呢，因为吃饭用的是凡·达恩家的餐具，没用我们的，凡·达恩太太恼火极了。她就是想不通我们的餐具都上哪儿去了。其实就在她眼皮底下——在阁楼上的纸板箱里，而箱子放在一大堆欧佩克达公司的广告材料后面。只要我们一直躲在这儿，那些盘子就休想被取出来。这样也好，因为我老摔坏东西！昨天我又打碎了凡·达恩太太的一只汤碗。

"啊！"她恼羞成怒地大叫道，"你就不能小心点儿吗？我可只剩这一个碗啦。"

请记住，凯蒂，这是两位女士用糟糕的荷兰语说话（我不敢评论先生们，那太冒犯他们了）。如果你听见她们蹩脚的发音，你会笑破肚皮的。我们已经懒得纠正她们了，这一点儿用也没有。所以，凡是我引用妈妈或凡·达恩太太说的话，我都会使用正确的荷兰语，不再鹦鹉学舌，把她们的错误重复一遍了。

上星期，我们平淡乏味的生活里增添了一段小插曲。起因是彼得和一本关于女人的书。我给你解释下吧，玛格特和彼得几乎可以阅读库格勒先生借来的每一本书。可大人们却偏偏把这本书扣下了。这下彼得好奇得不得了。那本书究竟有什么不能看的呢？于是他趁着他妈妈在楼下说话，把书拿走了，带着战利品躲到了阁楼上。连着两天都没事。凡·达恩太太对此心知肚明，可什么也不说，直到被凡·达恩先生发现了。他大发雷霆，把书抢走，以为这就了事啦。谁知他完全低估了儿子的好奇心。彼得对他这番虚张声势根本不来气，千方百计要把这本有趣的书弄回来，读完剩下的部分。

与此同时，凡·达恩太太想知道妈妈对这事怎么看。妈妈说这本书确实不适合玛格特，但让她读其他的书并没有坏处。

"你瞧，凡·达恩太太，"妈妈说，"玛格特和彼得的情况不同。首先，玛格特是女孩子，女孩总是比男孩早熟；其次，她已经读了很多严肃的书，对那些不该看的东西不会感兴趣；最后，玛格特又聪明又懂事，她在那么优秀的学校上四年级，这就说明问题了。"

凡·达恩太太虽然同意妈妈的话，可还是认为，让年轻人读那些为成年人写的书在原则上是不对的。

就在大家为这事发表意见的当儿，彼得找到了一个好时机。一到晚上七点半，大家都去私人办公室听广播，谁也顾不上他和那本书了，他便又带着他的宝贝悄悄溜到阁楼上。八点半，他该下来了，可他一头栽进书里忘了时间，结果下楼的时候，正好碰见他爸爸回房间。接下来的一幕可想而知啦：在一记耳光、一顿拳头和一番争夺之后，那本宝贝书躺到了桌上，而彼得则逃到阁楼去了。

事情就这样持续到我们吃饭的时候。彼得一直待在楼上，谁也没去管他；看来他只好饿着肚子去睡觉了。我们正吃着东西，愉快地聊着天，冷不防听到一声刺耳的口哨声。我们放下叉子，面面相觑，吓得脸都发白了。

接着我们听见彼得的声音从烟囱里传来："我决不下楼！"

凡·达恩先生从椅子上跳起来，餐巾落到地板上，脸涨得通红，只听他大喊道："别太过分了！"

爸爸担心再闹下去会出什么意外，一把揪住凡·达恩先生的胳膊，和他一起上了阁楼。一阵反抗和踢打之后，彼得回到自己房间把门关上了，我们继续吃饭。

凡·达恩太太想给她的宝贝儿子留一片面包，凡·达恩先生坚决不准："他要不马上认错，就让他睡阁楼！"

我们反对说，罚他挨饿足够了，要是他感冒了怎么办，我们可没法给他请医生啊。

彼得没认错，又回到了阁楼上。

凡·达恩先生决定再也不管了，因为第二天早晨他看见彼得的床有人睡过。七点钟彼得又上了阁楼，但在爸爸的好言劝说下，他终于下楼来了。整整三天，彼得板着脸，不说一句话，随后一切又恢复了正常。

安妮

1942年9月21日 星期一

亲爱的凯蒂：

今天我要告诉你一些关于密室的新闻。我的沙发床上面安了一盏灯，以后半夜间轰炸声响起来时，我拉一下绳子灯就亮了。可眼下我还不能用它，因为我们的窗户白天夜里都开着一条缝。

凡·达恩家的男同胞做了一个很实用的木纹食品柜，还装了真正的纱门。这个漂亮的柜子先放在彼得的房间里，后来为了空气流通搬到阁楼上。原先放柜子的地方，现在放了一个架子。我建议彼得把他的桌子挪到架子底下，找块漂亮的小地毯当桌布。这样他的小窝就更舒适了，虽然我可不想睡那儿。

凡·达恩太太简直让人受不了。一个劲儿责怪我在楼上喋喋不休，可有什么法子呢，我一张嘴，话就会像豆子样往外蹦！这位太太现在有了一个新把戏，一到该她洗碗的时候就用上了：只要锅里还剩一点点食物，她就摆在那里任它发臭，也不倒进盘子里，她这样做无非是想逃避洗碗的责任罢了。到了下午，玛格特不得不洗一大堆锅碗瓢盆，这位太太就会大惊小怪地说："哦，可怜的玛格特，你事情真多！"

库格勒先生每隔一周就会带几本给我这个年龄女孩看的书。我对《无忧的约普》系列故事着迷得要命。我喜欢西西·范·马斯费尔特（荷兰女作家，儿童文学作家，她的书对安妮影响很大——译者注）写的每一本小说。《最快活的夏季》这本书我已经看了四遍，可书里那些有趣的段落还是让我一读就想笑。

爸爸和我最近在整理家谱，他边干活边给我讲每个人的情况。我开始学功课了。我在法语上用了不少工夫，每天都死记硬背五个不规则动词。谁让我把学校里学的差不多忘光了呢。

彼得很不情愿地学着英语。我们已经弄到了一些课本，我还从家里带了许多笔记本、铅笔、橡皮擦和标签贴。皮姆（爸爸的昵称）让我教他荷兰语。我很乐意，条件是他得教我法语和其他科目。不过他也太差劲了，总是犯些你想都想不到的错误！

我有时会收听伦敦播出的荷兰语节目。伯恩哈德亲王最近宣布，朱莉安娜公主明年一月要生小宝宝了，我觉得这消息太棒了。不过大家对我这么喜欢荷兰王室的新闻，都有些不理解。

几天前的晚上，我成了大家谈论的话题。大家一致认为，我是个浅薄无知的孩子。我可不想到了十四五岁还这么无知，所以第二天我学习得特别用心。他们还谈了我看书的事，这也不准我看，那也不让我读。比如妈妈正在看的《丈夫，妻子和仆人》，就不准我看（玛格特却可以看！）。他们说得等我的思想变得更成熟，像我的天才姐姐一样，才能看。随后，他们又谈起我对哲学、心理学和生理学的无知（我赶紧翻开词典查这些词语的意思！）。说实话，我对这些东西真的一无所知。不过走着瞧，明年我就不一样啦！

我过冬的衣裳只有一件长袖连衣裙和三件羊毛开衫，好可怕。爸爸同意我织一件白色的毛衣，毛线不是很好看，只要暖和就行。我们的一些衣服保存在朋友那里，可惜得等战争结束才能穿了，当然啦，如果那时它们还在的话。

我刚好写完有关凡·达恩太太那段话，她就走进了房间。我啪的一声，合上了日记本。

"噢，安妮，我能看一眼吗？"

"不行，凡·达恩太太。"

"就看看最后一页好吗？"

"不，最后一页也不行，凡·达恩太太。"

天哪，我差点吓死啦。因为最后一页上正好写的是批评她的话。

每天都会发生些事情，可我实在太累了，懒得把它们都记下来。

安妮

1942年9月25日　星期五

亲爱的凯蒂：

爸爸有个叫德瑞尔的朋友，七十多岁，又病又穷，聋得吓人。可他身边还有个比他小二十七岁，和他一样穷得要命的累赘老婆。她胳膊上、手上和脚上，戴满了真真假假的镯子和戒指，这些都是过去生活还富裕的时候留下的。这位德瑞尔先生给爸爸添了很多麻烦。我真佩服他跟这可怜的老人打电话时那天大的耐心。我们还住在家里时，妈妈曾劝他把留声机放在电话旁边，让它每三分钟重复一次"好的，德瑞尔先生"或"不行，德瑞尔先生"。因为爸爸又长又耐心的答复，那老头一句也听不懂。

今天德瑞尔先生给办公室打来电话，问库格勒先生能不能去看看他。库格勒先生心情不太好，说他会让梅普过去，后来梅普把见面取消了。德瑞尔太太又打来三次电话，可大家已经告诉他们梅普整个下午都不在办公室，梅普只好模仿贝普的声音接电话。结果从楼下到楼上，大家都笑坏了。现在每次电话铃响，贝普就会说："是德瑞尔太太！"梅普忍不住发笑，结果电话那头的人就会听到一阵咯咯的不礼貌的笑声。你能想象这情景吗？这真是世界上最棒的办公室。老板和职员都好玩儿极了！

　　晚上我有时会上楼去和凡·达恩夫妇聊一会儿。我们一起吃着"樟脑丸饼干"（因为饼干放在搁了樟脑丸的衣柜里），聊得很开心。最近我们谈的话题和彼得有关。我告诉他们彼得老拍我的脸，我很不喜欢。他们俩完全用一副成人的口气对我说，我能不能像喜欢哥哥一样喜欢彼得，因为他就像对妹妹一样爱护我。"噢，不行！"我回答道，其实我心里想的是"哎哟，我才不干呢！"幸好没说出口！我又说彼得有点儿木讷，可能因为太害羞了。和女孩子接触太少的男孩，通常都这样。

　　我不得不说"密室委员会"（我们这里男士们的机构）太有创意啦。听听他们想出来的好办法吧：为了把消息传递给布洛克斯先生（他是欧佩克达公司的销售代理，也是冒险为我们藏东西的一个朋友！），他们先给公司的顾客——西兰岛（丹麦最大的岛——译者注）南部的一位店主打一封信，要他填好表格后，用随信附上的信封寄回。那个信封上有爸爸事先写好的地址。信从西兰岛一寄回来，表格就被取出来，换成爸爸亲手写的信。这样布洛克斯读到爸爸的信时，一点儿破绽也看不出来。他们选择西兰岛的那个省，是因为那儿离比利时近，信件很容易混过边境。何况如果没有特许通行证的话，谁也去不了那儿。像布洛克斯那样一个普通的销售员，是不可能拿到特许通行证的。

　　昨晚爸爸睡觉的时候东倒西歪，又从床上跌下来了。他说脚冷，我把自己的睡袜给了他。结果五分钟后他把袜子扔到地上，又把毯子拉过头顶，因为灯光让他心烦。灯关上后，他才小心翼翼地把头伸出来。他这番折腾真笑人。随后我们聊起了玛格特和彼得，彼得说玛格特是个"爱管闲事的人"。爸爸的声音从被子里传来："爱管闲事的大妈。"

　　莫西，彼得带来的猫，现在对我越来越友好了，不过我还是有点怕她。

安妮

1942年9月27日　星期日

亲爱的凯蒂：

　　妈妈和我今天进行了一场所谓的"讨论"，可说着说着我就流眼泪了，太讨厌啦。但我实在忍不住啊。爸爸一直对我很好，也非常理解我。每当这种时候我一点儿也受不了妈妈。我在她眼里简直就像个陌生人，连我对那些最普通的事情是怎么想的，她都搞不清楚。

　　我们谈起女佣的话题，谈到是不是该像现在这样叫她们"家政服务员"。妈妈说等战争结束后，大家肯定都会这么叫。我不同意她的看法。结果她就说我老在那里谈"以后怎样"，还做出一副大小姐的样子，虽然我根本没有。我不觉得谈论空中楼阁有什么不对的，只要你别太当真就是了。幸亏爸爸总是站在我这边。

　　我和玛格特的关系处得也不好。尽管我们没像楼上的那一家子大吵大闹过，但也并不那么融洽。玛格特和妈妈的性格，跟我的简直格格不入。我对我的女友们都比对妈妈更了解。真遗憾，不是吗？

　　不知第几次了，凡·达恩太太又板起一张脸。她真是个喜怒无常的人，她把自己的东西一件件不断地搬走并锁起来。对凡·达恩太太这种"搞失踪"的行为，妈妈真该用同样的方法报复一下，不然太不公平了。

　　有些人，比如凡·达恩夫妇，他们不仅特别喜欢管教自家的孩子，还以管教别人的孩子为乐。玛格特是不需要他们那一套的，她天生就听话、善良、聪明、完美极了，可我跟她一比，就浑身都是缺点了。一次又一次，房间里充满了凡·达恩先生的警告和我毫不服气的反驳。多亏爸爸妈妈总是护着我，为我辩解，不然的话，我准得脸不红心不跳地跟凡·达恩先生吵一番。他们老是叫我少说点话，管好自己的事，谦虚一些，可那些条条框框我根本做不到。虽然爸爸妈妈对我期望并不太高，可要不是爸爸那么有耐心，我早就不指望能达到他们的要求了。

吃饭的时候，要是我少吃了一口讨厌的蔬菜，多吃了点土豆，凡·达恩夫妇，尤其是凡·达恩太太就看不惯了，觉得我太娇生惯养。"别老吃土豆呀，安妮，吃些青菜吧。"

"不，谢谢，"我回答说，"我只想吃土豆。"

"蔬菜对你身体有好处，你妈妈也这么说。多吃些吧。"凡·达恩太太固执地劝着，直到爸爸打断她，说我有权拒绝不喜欢吃的东西。

这下凡·达恩太太恼羞成怒了："你真该在我们家长大，我们对孩子可不是这么教的。我看你们的教育有问题，安妮实在是被惯坏了。我才不许她这样呢，安妮要是我的女儿……"

"安妮要是我的女儿……"——每次她发表长篇大论的演说，都会以这句话作为开场白和结束语。谢天谢地，我才不要做她的女儿呢！

还是接着谈教育孩子的话题吧。昨天凡·达恩太太发表完她小小的演讲之后，大家沉默了一会儿。随后爸爸说："我觉得，安妮很懂事，至少她学会了不打断你没完没了的说教。至于多吃蔬菜的事，我得说有些人是锅笑壶黑。"

凡·达恩太太像泄了气的皮球。不用说，"锅"是指她自己，因为她晚上不吃豆子和别的甘蓝类蔬菜，她说吃了会"放气"。难道我不会找同样的理由吗？真是个笨蛋，对吧？不管怎样，希望她再也不好意思说我啦。

你要是看见凡·达恩太太的脸一下子涨得通红，才好笑呢。我就不会像她那样，她背地里为这事儿恼火得很。

安妮

1942年9月28日　星期一

亲爱的凯蒂：

　　昨天我还没写完就不得不停笔。我巴不得马上告诉你我们的另一场争吵，不过还是先说说我的看法吧。大人们动不动就为了芝麻大的事儿吵嘴，这真让人觉得稀奇。我一直以为吵架是孩子们干的事，等他们长大了就不会了。当然啦，有时发生争执是免不了的。但在我们这里，连日常的交流简直也变成了口角。本来我满可以对这种事情习以为常，可我做不到，永远做不到，因为几乎每一场"争论"都是针对我的。（他们把这叫"争论"而不是"争吵"，可这有什么区别呢！）

　　他们把我说得一无是处：我的行为，我的性格，我的仪态举止；从头到脚没一处不被指指点点，说三道四。刺耳的批评和高声的叱责，经常劈头盖脸落在我身上。只因为他们是高高在上的长辈，我就该默默忍耐。我才不会呢！我才不要忍气吞声呢。我要让他们明白安妮·弗兰克不是三岁大的小毛孩。让他们睁大眼睛闭上嘴，弄清楚应该管好他们自己的言谈举止，而不是我的。看他们还会不会那样教训我，又简单又粗野地对待我！一次又一次，他们的粗鲁，凡·达恩太太的愚蠢，所有这一切……让我惊得目瞪口呆。不过，等我习惯了他们这套——这不会等太久的——我就会以牙还牙，让他们也感受感受，看他们还会不会是这副腔调！我真像凡·达恩家说的那样，没礼貌，任性，倔强，爱出风头，愚蠢，懒惰（还有好多好多缺点）吗？不，当然不是。我知道自己有缺点，可他们也太夸大了吧！凯蒂，你不知道，他们这样责备和嘲笑我，我真的气坏了。这股怒火早晚会爆发的，等着瞧吧。

好啦，关于争吵的事说得够多了，你该厌烦了吧。不过我还想给你讲讲我们吃饭时的一场对话，有趣得很。

我们不知不觉谈到了皮姆，说他多么谦虚，多么和蔼。这一点恐怕人人都得承认，连傻子也不会怀疑。这时凡·达恩太太（随便你谈什么她都要插一嘴）突然说道："我也很谦虚、很温和呀，比我丈夫好多了！"

你听过比这更可笑的话吗？这话本身就证明了她一点儿也不够谦虚！

凡·达恩先生觉得既然他太太提到了自己，有必要作一番解释，他平静地回答："我不想谦虚，也不想温和。依我看啊，你争强好胜可占了不少便宜！"随后他转过脸对我说，"不要太谦虚、太温和了，安妮，这对你一点儿好处也没有。"

妈妈同意他的观点。不过凡·达恩太太照例又要发表一番高见。这次她没直接针对我，而是对爸爸妈妈说："你们的人生观太奇怪了，所以才会这样教育安妮。我像她这么大的时候，事情可不是这样的。我看不是时代变了，而是你们这个现代家庭太与众不同了！"

她这番话直接攻击了妈妈教育子女的方法，而妈妈也不是第一次为自己辩解了。凡·达恩太太的脸涨得通红，这使她很难堪。爱脸红的人生起气来会更冲动，结果也会更快地败给对手。

妈妈却面不改色，一心只想快点结束这场讨论，她想了一下，回答道："说实话，凡·达恩太太，我认为一个人还是不要过分谦虚才好。我丈夫、玛格特还有彼得都是特别谦虚的人。而你丈夫、安妮和我，虽然说不上跟他们刚好相反，但也不会随随便便受人摆布。"

凡·达恩太太嚷起来："噢，弗兰克太太，我不明白你的意思！我说自己谦虚，难道说错了吗？你怎么能说我喜欢摆布别人呢？"

"我没说你喜欢摆布别人，可也不能说你是个谦虚的人。"

"我真想知道我怎么摆布别人了！在这儿我要是不照顾好自己，就会饿死，谁也帮不了我。可这并不表明我就没有你丈夫那么谦虚了。"

对这种荒唐的辩解，妈妈除了一笑了之还有啥办法呢。可这种态度更惹恼了凡·达恩太太。天生没一点口才的她，偏要强词夺理地争辩，一会儿德语，一会儿荷兰语，最后连自己都搞不清在说什么了，无奈之下她才从椅子上站起来，准备离开房间。就在这当儿，她的目光落到了我身上。你真该瞧瞧她那副德性！我也够倒霉啦，凡·达恩太太回头瞧的时候，我正摇头晃脑，又嘲讽又同情地看着她。我不是有意这么做的，刚才听她的演说太专心，听得忘形了。凡·达恩太太转过身来，对我一顿训斥。她说着下流、粗俗的德国话，难听死了，活像个肥胖的红脸泼妇。那场面真好看。如果我会画画，一定把她的样子画下来。这个没头脑的女人，蠢得叫我吃惊！从这件事我懂得了一个道理：只有在和一个人有过一场激烈的交锋之后，你才会了解这个人，才能对他的性格做出正确的判断！

安妮

1942年9月29日　星期二

亲爱的凯蒂：

躲起来生活，会遇到多少的怪事儿啊！想想吧，我们洗澡竟没有浴缸，只能坐在洗衣桶里洗。这还不算，因为只有办公室（我是说整个楼下）才有热水，我们七个人不得不轮流享用这宝贵的机会。既然我们的性格各不相同，何况对这种事谁都会有几分害羞，我们洗澡的地方也不一样。彼得选的是厨房，尽管那里有一扇玻璃门。每到他洗澡时，他就会依次走到我们面前打招呼，叫我们半小时内不要打厨房外面经过；他认为这样足够了。凡·达恩先生在自己房间里洗，为了安全起见，他宁可不嫌麻烦地把热水从楼下提到楼上。凡·达恩太太到现在还没洗过澡，她还在考虑哪个地方最合适。爸爸在他的私人办公室里洗，妈妈躲在厨房火炉的挡板后面洗。玛格特和我选中了前办公室。那里一到星期六下午就拉上了窗帘，我们只好摸黑瞎搓一气，这时我们其中的一个负责望风的就透过窗帘缝隙，好奇地窥视着外面来来往往、有趣的行人打发时间。

不过现在我不再喜欢那地方了，从上周开始我就在寻找一个更舒适的角落。彼得给我出了个主意，叫我把桶搬到那个宽敞的办公室洗手间里。这样我就可以坐在里面，开着灯，锁上门，把水尽情往身上倒，不用人帮忙，也不用担心被人看见。星期天，我第一次使用了这个可爱的"浴室"，虽然感觉有点儿不习惯，但还是很满意。

上星期三水暖工在楼下干活，他把办公室厕所里的水管移到过道里，以防严寒的冬天管子被冻坏。水暖工的"来访"令人很不愉快。我们不仅一整天都不能开水龙头，连上厕所也得忍着。我告诉你我们是怎么解决这个问题的，虽然这听起来有点儿不雅，但我可没那么假正经。我们一到密室的那天，爸爸和我就用罐头瓶子做了个临时应急用的便壶。水暖工在楼下忙活的时候，这个玻璃罐子派上了用场，我们白天就用这个罐子解决问题。不过在我看来，这还算不上什么困难的事，最恼火的是你必须一动不动地坐着，一句话也不能说。你根本想象不到这对"呱呱小姐"来说有多难受。平时我们还能悄悄讲话，现在不能说话、不能走动，更是难熬十倍。

一连三天坐下来，我的屁股又疼又僵。多亏晚上还能做操放松一下。

安妮

1942年10月1日　星期四

亲爱的凯蒂：

　　昨天我吓惨啦。八点的时候门铃突然响了。我以为有人找上门来，你明白我指的是谁。后来大家都肯定地说，不是有人搞恶作剧，就是邮差干的，我才放下了心。

　　这里的生活安静极了。莱文索恩先生是个小个子犹太药剂师，在厨房为库格勒先生工作。他对这幢楼房很熟悉，我们一直很担心他突然冒出个念头，想进来看看曾经的实验室。所以我们安静得像一群小耗子。谁能想到三个月前那么活泼好动的安妮，现在竟可以一动不动连续坐好几个小时？还有什么她做不到的呢？

　　9月29日是凡·达恩太太的生日。我们虽然没热烈地庆贺，可还是送了她鲜花和小礼物，还准备了一桌丰盛的食物。她丈夫送了她一束康乃馨，这似乎是他们家的传统。

　　我顺便再说点凡·达恩太太的事吧。她竟然在爸爸面前卖弄风情，真让人气恼。她摸他的脸和头，把裙子撩得高高的，说些一点儿也不好笑的"俏皮话"，千方百计想吸引爸爸注意。幸好爸爸根本不觉得她可爱、有魅力，对她的挑逗没什么反应。不过你知道，我是个爱嫉妒的人，对她的这种调情，实在看不惯。再说啦，我妈妈就不会对凡·达恩先生这么做的，这话我是当着凡·达恩太太的面说的。

　　彼得有时也很好玩儿。我们有个共同点：都喜欢乔装打扮，这给大家增添了不少乐子。一天晚上，我们又化上妆出现在大家面前：彼得穿着她妈妈的紧身连衣裙，戴一顶女帽；我穿着他的西装，戴着鸭舌帽。

大人们都笑得前仰后合，我们也开心得不得了。

贝普从毕海夫百货公司给我和玛格特买了两条新裙子。布料难看得吓人，像是装土豆的麻袋。这种货色百货公司在战前是不敢卖的，可玛格特那条竟要价 24 盾，我的是 7.75 盾。

还有件让人期盼的事呢：贝普给玛格特、彼得和我订了一套速记函授教程。等着瞧吧，到明年这个时候我们就是速记高手啦。不管怎么说，会用密码写东西真的挺好玩儿。

我的左手食指痛得要命，所以不能熨衣裳了。

真幸运！

凡·达恩先生希望吃饭时我坐在他旁边，因为他看不惯玛格特吃得那么少。有点变化也不错，正合我的意。外面院子里老是有只小黑猫在游荡，让我总想起我亲爱的莫提。还有个理由让我乐于接受改变座位的提议，那就是妈妈总是喜欢找我的茬儿，特别是吃饭的时候。现在让玛格特去听她唠叨吧，或者说平息她的唠叨吧，因为妈妈是不会对玛格特说挖苦话的。这怎么可能呢，在她眼里，玛格特简直就是个完美的圣人！最近我经常这样嘲笑她，玛格特为此很气恼。也许这能教她懂得做人不要那么虚伪。她早该改改她的德性啦。

我讲个特别逗的笑话，来结束这篇大杂烩日记吧。这是凡·达恩先生说的笑话：

什么东西走路咔嚓咔嚓九百九十九下，然后啪嗒一下？

有一条腿是畸形的蜈蚣。

拜拜。

安妮

1942年10月3日　星期六

亲爱的凯蒂：

昨天每个人都在尽情取笑我，因为我挨着凡·达恩先生躺在床上。"这个年龄！真不害臊！"他们说了很多这种话，真蠢。我永远不可能像他们说的那样，想跟凡·达恩先生睡觉。

妈妈和我昨天又吵了一架，事情都是她挑起的。她却跟爸爸告我的状，把过错都推在我身上，还哭了起来，弄得我也哭了，我本来就头痛得要命。后来我对爸爸说我更爱他而不是妈妈，他回答说这只不过是我一时的气话，我可不那么认为。我真受不了妈妈，所以我得随时控制情绪，不要冲她发火，即使气得想扇她耳光也要保持平静。我不知道为什么这么讨厌她。爸爸说妈妈不舒服的时候，我应该主动关心她，我才不想这么做呢，因为我根本不爱她。我可以想象妈妈有一天会死去，却无法想象爸爸也会死。我真卑鄙，可我就这么想的啊。希望妈妈永远不要读到这些话，不要读到我写下的任何东西。

我获得许可可以多看几本成人看的书了。眼下我忙着读妮可·凡·祖赫特伦写的《伊娃的青春》。我觉得它和专门写给少女看的书没什么不同。伊娃以为孩子像苹果一样长在树上，成熟后就被鹳鸟衔去送给他们的母亲。可伊娃看见女友的猫生小猫崽时，小猫从大猫的身体里出来，于是她想，猫也像鸡一样会生蛋和孵蛋；妈妈想要孩子时就到楼上去生蛋，再从蛋里孵出宝宝来。孩子孵出来后，妈妈因为一直蹲着简直都累坏了。有段时间，伊娃也想要个孩子。她找来一条羊毛围巾铺在地上，好让蛋落在上面，然后她蹲下来使劲用力，还学母鸡咯咯地叫唤，可等了半天，连蛋的影子都没有。过了好久，终于有什么掉下来了，但那不是蛋，而是一根香肠样的东西！伊娃很不好意思，以为自己生病了。这故事真好玩儿，是吗？这本书还讲了那些在街上出卖肉体，换取金钱的女人的故事。我要是像那样站在男人面前，会无地自容。此外，书里还提到伊娃来月经了。啊，真希望我也快点来月经，这样我就真的长大了。

爸爸又在那里嘟囔着吓唬我，说要把日记本拿走。太可怕啦！从现在起，我要把它藏起来。

安妮

1942年10月7日　星期三

亲爱的凯蒂：

我幻想着……

我到了瑞士。爸爸和我睡在一个房间。男孩们的书房变成了客厅，我在那里接待客人。他们给我带来了很多新家具，有茶几、书桌、扶手椅和沙发床。每样东西都那么棒。我高兴极了。几天后，爸爸给了我150盾，当然是换成了瑞士的钱，可我还是喜欢叫它们盾。爸爸说我可以用它们买我需要的一切。（此外，我每周都得到1盾零用钱，可以买我想要的任何东西。）我和伯恩德一起出去买东西啦，我们买了：

> 3件贴身棉内衣，每件0.50盾，共1.50盾；
>
> 3条棉底裤，每条0.50盾，共1.50盾；
>
> 3件羊毛贴身衣，每件0.75盾，共2.25盾；
>
> 3条羊毛底裤，每条0.75盾，共2.25盾；

2 件衬裙，每件 0.50 盾，共 1.00 盾；

2 个文胸（最小号），每个 0.50 盾，共 1.00 盾；

5 件睡衣，每件 0.50 盾，共 2.50 盾；

1 件夏季睡袍，每件 2.50 盾；

1 件冬季睡袍，每件 3.00 盾；

2 件女式短睡衣，每件 0.75 盾，共 1.50 盾；

1 个小枕头，每个 1.00 盾；

1 双轻便拖鞋，每双 1.00 盾；

1 双棉拖鞋，每双 1.50 盾；

1 双夏天的鞋（上学穿），每双 1.50 盾；

1 双夏天的鞋（正式场合穿），每双 2.00 盾；

1 双冬天的鞋（上学穿），每双 2.50 盾；

1 双冬天的鞋（正式场合穿），每双 3.00 盾；

2 条围裙，每条 0.50 盾，共 1.00 盾；

25 条手帕，每条 0.05 盾，共 1.00 盾；

4 双长筒丝袜，每双 0.75 盾，共 3.00 盾；

4 双及膝长袜，每双 0.50 盾，共 2.00 盾；

4 双短袜，每双 0.25 盾，共 1.00 盾；

4 双厚长筒袜，每双 1.00 盾，共 4.00 盾；

3 股白纱线（织内衣和帽子），共 1.50 盾；

3 股蓝纱线（织毛衣和裙子），共 1.50 盾；

3 股花线（织帽子和围巾），共 1.50 盾；

若干围巾、腰带、领饰和纽扣，共 1.25 盾；

　　加上 2 件上学穿的连衣裙（夏天），2 件上学穿的连衣裙（冬天），2 件高档连衣裙（夏天），2 件高档连衣裙（冬天），1 件夏季短裙，1 件高档冬季短裙，1 件上学穿的冬季短裙，1 件雨衣，1 件夏季外套，1 件冬季外套，2 顶有边帽，2 顶无边帽。总计 108 盾。

再加上 2 个钱包，1 套溜冰服，1 双溜冰鞋，1 套化妆品（包括粉饼、粉底霜、洁面霜、防晒霜、棉花、急救包、胭脂、口红、眉笔、浴用盐、爽身粉、古龙香水、肥皂、粉扑）。

最后加上 4 件毛衣（每件 1.50 盾）、4 件女式衬衣（每件 1.00 盾）、零杂物品（每项 10.00 盾）以及书籍和礼品（每样 4.50 盾）。

安妮

1942年10月9日　星期五

亲爱的凯蒂：

今天只有一些可怕的、令人沮丧的消息告诉你。我们的犹太人朋友和熟人，正在被大批地带走。盖世太保对他们野蛮极了，用运牲口的货车把他们押到德伦特（荷兰东部一省份——译者注）的威斯特伯克大集中营去；他们把所有的犹太人都往那里送。梅普给我们讲了那些企图逃跑的人们的情况。那个集中营可怕得很。人们几乎什么吃的也没有，更不要说喝的了，每天只提供一个钟头的饮用水，几千人共用一个厕所、一个洗脸池。男人女人睡在同一间屋子里，妇女和儿童都被剃成光头。逃跑是不可能的；有许多看守，而且被剃光的脑袋也给他们打上了鲜明的记号。

如果在荷兰都这么糟糕，那些被德国人送到更远、更荒凉地方去的犹太人，又是怎样的呢？我们猜他们大部分都被杀害了。英国电台说他们被毒气毒死了。那也许是死得最快的方法吧。

我害怕极了。梅普讲的这些事情那么恐怖，那么令人心碎，连她也感到惊慌不安。她告诉我们，几天前，盖世太保把一个瘸腿的犹太老妇人撂在她家门口，他们找车子去了。那个老太太被刺眼的探照灯和头顶上扫射英国飞机的枪炮声吓坏了。梅普却不敢让她进屋。没人敢这么做。被德国人抓住受罚可不是好玩儿的。

贝普的心情也不好，她的男朋友被送到德国去了。每次飞机从头顶飞过，她都害怕炸弹会一股脑儿扔在伯图斯的头上。"哦，别担心，他可没那么走运"或"一颗炸弹就全搞定啦"，这时候还对她开这种玩笑实在太过分了。不光是伯图斯一个人被送到德国服劳役，每天都有一车又一车的年轻男人被带走。火车在小站停车时有些人想趁机逃跑，但只有很少人能逃脱，找地方躲了起来。

我这篇悲伤的日记还没写完呢。你听说过"人质"吗？这是对抵抗分子的最新惩罚方式。你想不出比这更恐怖的事了。优秀的市民——那些无辜的人们——被抓起来等待枪毙。如果盖世太保找不到真正的捣蛋分子，就随便抓五个人质，让他们背靠墙站成一排……然后他们的死讯被登在报纸上，叫做"致命事故"。

自称为"优秀人种"的德国人，我竟是他们当中的一员！不，这不是真的。希特勒早就剥夺了我们的国籍。对犹太人来说，这个世界上再没有比德国人更大的敌人了。

安妮

1942年10月14日　星期三

亲爱的凯蒂：

我忙坏啦。昨天翻译了一章《美丽的莉芙迈丝》，还摘抄了很多书里的词汇，然后做了一道讨厌的数学题，又翻译了三页法语语法。今天学了法语语法和历史。我实在不想每天做那些可怕的数学题了。爸爸也认为它们非常的烦。

虽然比起爸爸来，我的数学稍好一点，可其实我们两个都不怎么样，经常得请玛格特帮忙。我还在努力学速记，我喜欢这门课。玛格特、彼得和我三个人中，我的进步最大。

我读了《风暴的家庭》。它很不错，但比不上《无忧的约普》系列。这两本书里有些相同的字眼，不过这不奇怪，是同一个作者的手笔嘛。西西·凡·马斯费尔特真是个了不起的作家。以后我一定也让我的孩子们读她写的书。

另外，我还读了很多科尔纳写的剧本。我喜欢他写的东西，例如《海德薇格》《来自不来梅的堂兄弟》《家庭女教师》《绿色的多米诺骨牌》等等。

妈妈、玛格特和我现在又成为好朋友了。就要这样做才对。昨晚玛格特和我头挨着头躺在我的床上。挤得要命，可是也很好玩儿。她问我能不能偶尔看看我的日记。

"有些部分可以看。"我说，然后我问能不能看她的。她也同意我看她的日记。

接着我们聊起了未来，我问她长大后想干什么。她神神秘秘的，不肯说。我猜可能是老师一类的职业吧，不过，我也不太肯定，只是觉得有可能罢了。我真是太爱管闲事啦。

今天早上我把彼得从他的床上赶走，自个儿躺在上面。他很生气，不过我才不管呢。他应该时常对我更好点儿才对。不说别的，昨晚我还给了他一个苹果呢。

我曾问玛格特我是不是很丑。她说我很可爱，眼睛很漂亮。她说得有点儿含糊，不是吗？

好啦，下次再聊吧！

安妮

又及：今天早上我们都称了体重。玛格特现在132磅，妈妈136磅，爸爸155磅，安妮96磅，彼得148磅，凡·达恩太太117磅，凡·达恩先生165磅。我来这里3个月重了19磅。很不错，不是吗？

1942年10月20日　星期二

亲爱的凯蒂：

我的手还在发抖，尽管受到惊吓已经过去两个小时了。我得说明一下，这幢楼房有五个灭火器。有个木匠（随便你管他叫什么）要来灌灭火器，办公室的人真傻，忘了告诉我们。结果我们都没保持安静，直到我听到从楼梯间传来的敲击声（透过活动书架）。我马上想到可能是那个木匠，赶忙去告诉贝普（她和我们在一起吃午饭），现在她不能回到楼下。爸爸和我在门口守着，听那个人什么时候离开。大约干了一刻钟活儿后，他把锤子和其他工具放在书架上（我们猜测！），然后拼命敲门。我们吓得脸都白了。莫非他听见了什么可疑的声音，想检查这个神秘兮兮的书架吗？多半是的，因为他不停地又敲又拉，又推又摇。

想到这个陌生人就快发现我们藏身的宝地，我差点吓晕了。正当我以为这下日子到头啦，我们听见了克莱曼的声音："开门，是我。"我们立即给他开了门。这究竟是怎么回事？

原来固定书架的挂钩被卡住了，没人能进来告诉我们木匠要来。木匠走了后，克莱曼先生上来叫贝普，才发现门打不开了。我悬着的心终于放了下来。在我想象中，那个想闯进密室来的人，不断长啊长啊，直到变成一个巨人，变成世界上最残忍的法西斯分子。可怕极了！幸好一切正常，至少这一回是一场虚惊。

　　星期一我们这里欢乐极了，梅普和让来和我们一起过夜。玛格特和我晚上睡在爸妈的房间里，这样他们俩就可以睡我们的床了。晚餐十分可口，是特意为他们准备的。这场聚会被暂时打断了一下，爸爸的灯短路了，我们顿时陷入黑暗中。怎么办？保险丝倒有，可装保险丝的盒子在房子后面黑黢黢的仓库里，摸黑去那儿可不是件愉快的事。不过，男士们还是大着胆子去了，十分钟后我们收起了蜡烛。

　　今天早晨我起得很早。让已经穿好了衣服。因为八点半要赶去上班，他八点钟就上楼吃了早饭。我进房间的时候，梅普正忙着穿衣裳，我看见她穿的贴身内衣和我骑车时穿的一样。玛格特和我也匆匆穿好衣服上了楼，比我们平时要早一些。我们高高兴兴吃完饭，梅普就下楼了。外面在下大雨，她很庆幸用不着骑车上班了。爸爸和我整理了床铺，随后我学了五个不规则法语动词。真用功，不是吗？

　　玛格特和彼得在我们的房间里看书，莫西挨着玛格特，蜷缩在沙发上。我记完了单词，也和他们一起看书。我读的是《森林永远歌唱》，非常优美的一本书，感觉与众不同。我快看完了。

　　下个星期该贝普来和我们一起过夜啦。

安妮

1942年10月29日　星期四

亲爱的凯蒂：

　　我着急得要命。爸爸生病了，满身的疹子，还发着高烧，好像在出麻疹。想想吧，我们都不能为他请医生！妈妈让他出了很多汗，希望这样可以退烧。

今天早上梅普对我们说凡·达恩家里的家具全被搬走了。我们还没告诉凡·达恩太太。她最近有些神经质，我们可不想听她唉声叹气，念叨她抛下的那些漂亮的餐具和精致的桌椅。我们的很多好东西也丢下了。可现在抱怨这些有什么用呢？

爸爸想让我开始读黑贝尔和其他德国名作家的书。我现在看德语书看得很顺畅了，虽然还是喜欢念出声，不习惯默读（但我会习惯的），可还过得去吧。爸爸从书柜里取下了歌德和席勒的剧本，打算每天晚上读一点给我听。我们已经开始读《唐·卡洛斯》了。妈妈也学爸爸的样子，把她的祈祷书塞在我手里。为礼貌起见，我读了几段德语的祈祷文。它们听起来当然很动听，却无法打动我。为什么她要强迫我虔诚呢？

明天我们要头一次给炉子生火了。烟囱恐怕有好多年都没打扫过，房间里没准会烟雾弥漫。希望那东西还通风！

安妮

1942年11月2日　星期一

亲爱的凯蒂：

星期五晚上贝普在我们这里过夜。很有意思，可她喝了些酒，睡得不太好。除此以外，没什么特别值得一提的。我昨天晚上头痛得厉害，一早就睡了。玛格特又开始惹我生气了。

今天早上我给办公室整理一盒索引卡片，它们从桌上掉下来，全搞混了。不一会儿我就快发疯啦。我叫玛格特和彼得帮忙，他们两个都懒得来，于是，我把卡片搁了起来，自己也不干了。

我才没那么傻，把这种事儿全包揽在自己身上！

安妮

又及：我忘了提一件重要的事，可能我马上要来月经了。因为最近我常常发现内裤上有白色的污迹，妈妈说估计就快来了。我都等不及啦。这可是件大事啊。糟糕的是我竟然没有卫生巾用，现在也不可能买到。我也不能用妈妈的卫生棉条，只有生过孩子的女人才能用。

〔1944 年 1 月 22 日安妮对这则日记添加了补白：

我再也不能写这样的东西了。

现在重读一年半前写的日记，我为自己的幼稚和单纯感到惊讶。说心里话，虽然我很希望还像从前那么单纯，但我知道永远不可能了。对我自己情绪的变化，对玛格特和爸妈的评论，我记忆犹新，仿佛它们是我昨天才记下来的。但对别的事我也写得那么率直，这让我有些没想到。重读它们我真的很难为情，因为在我记忆中好像不是这么回事儿，回忆比现实要愉快得多。可我的日记却写得这么粗俗。不过，再也不会这样啦。

我能理解自己想家的心情，以及思念莫提的心情。自从躲到这里以后，我会时而朦胧，时而清晰地期盼着有人能完全信任我，爱我（包括身体的爱抚）。这种渴望时强时弱，可从没有消逝过。〕

1942年11月5日　星期四

亲爱的凯蒂：

英国人终于在非洲打了几场胜仗，斯大林格勒到现在也没沦陷。今天早上男人们都很高兴，我们喝了咖啡和茶。此外没什么特别值得提及的。

　　这星期我读了很多书，但没怎么做功课。事情就该是这样的。这才是成功之路，对吧。

　　妈妈和我最近处得还不错，可我们永远不能心有灵犀。爸爸虽然很少谈他的感情，但他会一直是我最贴心的人。我们生火取暖已经有几天了，屋子里还满是烟雾。要是有暖气就好啦，这么想的可能不光我一个人吧。玛格特真是个讨厌鬼（简直没法形容她），从早到晚都惹人生气。

安妮

1942年11月7日　星期六

亲爱的凯蒂：

　　妈妈最近有些烦躁，这对我来说，可不是好兆头。爸爸妈妈从不责备玛格特，却把什么事都怪在我身上，这难道只是巧合吗？举个例说吧，昨天晚上，玛格特在看一本插图很漂亮的书。过了会儿她起身把书放在一边，我正好没事，就拿起来看上面的插图。玛格特回来了，看见她的书在我手中，皱起眉头，生气地叫我还给她。我还想再看会儿，可玛格特就不让，这时妈妈插嘴说："玛格特在看那本书，还给她。"

　　爸爸进来了，根本没问怎么回事，就以为玛格特受了冤枉，狠狠地对我说："我倒想瞧瞧你会怎么样，要是玛格特拿了你的书！"

　　我一下子泄气了，扔下书，"怒气冲冲地"（按他们的说法）离开了房间。其实我没有怒气冲冲的，只是很伤心罢了。

爸爸没了解情况就做出判断是不对的。我本来会很快把书还给玛格特，如果爸爸妈妈不插进来，忙着帮她说话，好像她受了天大的委屈似的。

妈妈当然是要帮玛格特说话的。她俩总是互相帮衬着。我早就习惯了，把妈妈的责备只当耳旁风，对玛格特的喜怒无常也装作没看见。我爱她们，只因为她们是妈妈和姐姐，但我并不爱她们这两个人本身。对我来说，她们就是去跳河，也没多大关系。爸爸就不一样啦，看到他对玛格特偏心，不管她做什么都赞成，对她赞不绝口，亲热地拥抱她，我就感到一阵阵钻心的痛，因为爸爸是我最爱的人。我干什么都学爸爸的样，这世上没有人比爸爸更让我牵挂了。可他却一点儿不觉得他对玛格特和我的态度不一样。玛格特确实天性聪明、听话，又那么漂亮和优秀，但我也不该被忽视呀。可在这个家里我总是小丑，是捣蛋鬼。我为自己的过错受着双倍惩罚：不仅挨他们的骂，自己也觉得无可救药。爸爸对我那种漫不经心的爱，和那些所谓的严肃的谈话，再也不能让我满足了。我想从爸爸那里得到的感情是他不可能给的。我不嫉妒玛格特，从来没有，也不羡慕她的聪明和美貌。我只是希望爸爸真心爱我，不是因为我是他的女儿，而因为我就是我，是安妮自己。

我总想粘着爸爸，因为我对妈妈越来越看不惯了，只有跟爸爸保持亲近，我心中那最后一缕家的感觉才不会完全消逝。他不明白，有时我必须发泄对妈妈的不满。他不想谈这些，只要一说到妈妈的短处他就回避。可妈妈呢，缺点又实在太多啦，真让我头痛。我不知该怎么办才好。我不能成天忍受她的粗心、她的挖苦，还有她那副铁石心肠，我更受不了她把什么过错都推在我身上。

我的性格和妈妈正好相反，所以总免不了吵嘴。我不想评价她，我没有那个资格。我只不过想把她当一位母亲看待，但她对于我算不上母亲——我得自己做我的母亲。我和他们越来越疏远。我走我自己的路，总有一天他们会发现我走对了。这是没办法的事，因为这个我必须叫"妈妈"的女人，与我心目中理想的母亲和妻子的形象，差得实在太远了。

我常常对自己说，不要学妈妈不好的地方。我希望只看到她的优点，希望她的不足在我自己身上得到弥补。但希望终归是希望，最要命的是爸爸和妈妈竟一点儿也不觉得他们有什么不足，不知道我对他们有多么失望。世界上到底有没有真正能让孩子们快乐的父母呢？

有时我觉得这是上帝在有意考验我，考验我的现在和将来。我得靠自己成长为一个优秀的人，没有人可以给我做榜样，也没人能给我提建议，不过这样也好，我最终会变得更强大。

除了我还有谁会读这些日记呢？除了我自己，谁还能给我安慰呢？我内心多么渴望安慰，我常常感到自己很软弱，而不是坚强。我明白自己辜负了大家的期望，每天都决心做得更好一点儿。

他们对我的态度常常自相矛盾。今天还说安妮是个懂事的女孩，有权知道一切，明天又说安妮是个笨蛋，什么也不懂，她知道的那些东西都是从书本上读来的！我已经不是个孩子了，也不是被宠坏了的小宝贝，怎么能随便做什么都被人嘲笑。我有自己的想法、计划和理想，只是现在还说不清楚罢了。

天哪。我脑子里乱极了，一到晚上我一个人时，还有白天我得忍受那些讨厌的人和事时，就会这样。他们总是误解我的意思。这就是我更愿意写日记的原因——我想开始就开始，想结束就结束，凯蒂对我永远都那么有耐心。我答应过她，不管发生什么事，都要坚持走下去，找到我自己的路，忍住不流泪。我真的希望这样做有帮助，当然，更希望有个爱我的人给我鼓励，哪怕一次也好。

不要责备我，我和别人一样，有时忍耐到极限，也会爆发的。

安妮

1942年11月9日　星期一

亲爱的凯蒂：

　　昨天是彼得的生日，他十六岁了。我八点就上了楼，和彼得一起看他的生日礼物。他收到了一副棋盘游戏、一把剃须刀和一个打火机。他不怎么抽烟，实际上一点儿也不抽，但打火机真的很棒。

　　中午一点，凡·达恩先生告诉我们英国人已经到达了突尼斯、阿尔及尔、卡萨布兰卡和奥兰。这消息太令人振奋啦。

　　"这是结束的开始。"大家都这么说，但英国首相丘吉尔（他在英国一定也听到人们这么说）却在广播里宣告："这不是结束，甚至不是结束的开始。不过，也许这是开始的结束。"你能听出这些说法有什么不同吗？不管怎样，我们有理由乐观。俄国的斯大林格勒已经被围困三个月了，还是没有落到德国人手中。

　　现在我给你讲讲密室的食物供应情况吧。（先说明一下，楼上住的都是些真正的馋鬼。）

　　我们的面包每天由克莱曼先生的朋友，一位好心的面包师送到楼下。当然啦，面包没有从前在家里那么多，但也足够了。我们还从黑市上购买食品配给券，价格一直在涨，已经从27盾涨到了33盾。那只不过是些印了字的纸片啊！

　　为了有足够的食物储备，我们贮存了几百听罐头，还买了三百磅豆子。这不光是给我们自己吃的，也给办公室员工吃。我们把麻袋装的豆子，用钩子挂在密室入口处的过道里。可它们太沉，有的袋子已经裂缝了。于是我们决定把豆子搬到阁楼上，彼得承担了这个重任。总共有六袋豆子，其中五袋都被他完好无损地搬上去了，就在他忙着搬最后一袋时，袋子破了，褐色的豆子像一股洪水，不，像雹子一样滚出来，在空中飞溅，洒得满楼梯都是。袋子里装了整整五十磅豆子，响声大得惊人。楼下的人都以为房子要塌下来砸在头顶上了。彼得先是傻了眼，随后看见我站在楼梯底下，像一座小岛，淹没在豆子的汪洋中，褐色的波浪拍打着我的腿和脚，他忍不住哈哈大笑起来。我们马上开始捡豆子，可它们那么小，又滑溜溜的，简直无孔不入。现在我们每次上楼去，就会弯下腰，四处搜寻，然后交给凡·达恩太太满满一捧从地上拾起来的豆子。

我差点忘了说，爸爸的病已经好了。

安妮

又及：刚才听广播说，阿尔及尔被攻下了，摩洛哥、卡萨布兰卡和奥兰几天前已经在英军手中。现在我们等着突尼斯的消息。

1942年11月11日

亲爱的凯蒂：

好消息！密室将迎来第八个成员啦！

这是真的，我们一直觉得这里有足够的地方和食物，可以再多藏一个人，只是担心这会给库格勒先生和克莱曼先生增加负担。但我们听到的犹太人受的迫害，一天比一天更恐怖，所以爸爸试探了一下他们两人的口气。他们都认为这个主意不错。"要说危险的话，七个人和八个人都是一样的。"他们说得对。既然这么定了，我们便坐下来，在心里把熟人仔细想了一遍，想找一个能融入我们这个大家庭的合适的人。这并不太难。爸爸否定了凡·达恩家所有的亲戚，最后我们选中了一个叫阿尔弗雷德·杜塞尔的牙医。他和一个迷人的、信基督教的女子住在一起，那个女子比他年轻得多。他们大概还没结婚，不过那不重要。我们都觉得他性格安静，很有教养，从我们的初步了解来看，他是个好人。梅普对他很熟悉，由她做好必要的安排。杜塞尔先生将睡在玛格特和我的房间里，玛格特只好睡折叠床啦。（杜塞尔先生来了后，玛格特睡在她们父母的房间里——原注。）我们会请杜塞尔先生带一些填补蛀牙的东西来。

安妮

1942年11月12日　星期四

亲爱的凯蒂：

梅普给我们讲了她去见杜塞尔医生的事。她一进房间，杜塞尔医生就问她知道有什么地方可以躲起来吗。她说倒是有这样一个地方，杜塞尔听了高兴极了。梅普告诉他，要想躲起来就要尽快，最好是星期六。可他却说那根本不可能，因为他得整理病历，结清账户，还得给几个病人看病。今天早上我们听梅普说了这些话，都认为他这样拖延很不明智。他做这些事，难免要向很多人解释，而我们认为对这些人是应该保密的。梅普又到杜塞尔那里，劝他星期六过来，但他说真的不行，现在初步定在了星期一。

杜塞尔医生对我们的提议竟一点儿都不积极，让我觉得很奇怪。如果他在大街上被抓走了，他的病历和病人对他来说还有什么用吗？为什么要耽搁呢？要我说啊，爸爸这么迁就他，真愚蠢。

就这样啦，没别的新闻了。

安妮

1942年11月17日　星期二

亲爱的凯蒂：

　　杜塞尔先生来了。一切都很顺利。梅普告诉他上午十一点在邮局前面某个地方等待，有人会来找他。他按时到了指定地点，克莱曼先生走过来，说他等的那个人不能来了，让他到办公室去见梅普。然后克莱曼先生乘电车回办公室，杜塞尔先生在后面步行。

　　十一点二十分，杜塞尔敲开了办公室的门。梅普让他脱下外套，这样就没人看见那颗黄星了，随后把他带到私人办公室，在那里他和克莱曼先生一直待到清洁女工离开。梅普借口私人办公室有别的用途，把杜塞尔领上楼，打开活动书架，进了密室，杜塞尔先生一脸惊讶。

　　与此同时，我们七个人围坐在餐桌边，等待这位新加入我们大家庭的成员，准备用咖啡和法国干邑迎接他。梅普先把他带到了弗兰克一家的房间。他马上认出了我们的家具，可还不知道我们就在楼上。当梅普告诉他后，他吃惊得差点没晕倒。幸亏梅普没再吊他胃口，把他领上了楼。杜塞尔先生一屁股坐在椅子上，目瞪口呆地盯着我们，半天说不出话来，好像要从我们脸上看出什么名堂。随后他结结巴巴地问道："可，可是……你们不是在比利时么？那个军官、汽车，没来吗？你们逃跑没成功吗？"

　　我们给他讲了事情的全部经过，说我们为了迷惑德国人，还有那些想打听我们下落的人，故意散布了关于军官和汽车的谣言。杜塞尔先生对这个妙计佩服得说不出话来。随后他参观了密室其余的部分，发现我们这个可爱的藏身处竟如此实用，除了惊奇地左顾右盼，简直不知该做什么好了。我们一起吃了午饭。他小睡一会儿之后，和我们一起喝了茶，把梅普提前带来的一些行李整理好。这么一来，他总算有了些家的感觉，特别是当我们把一份打印好的"密室守则"（凡·达恩家制作）给他看了之后。

"密室"简介和指南

一个为犹太人和流离失所者提供膳宿的独特的临时机构。

全年开放。位于美丽、安静、树木环绕的阿姆斯特丹市中心，附近无私人住宅。可乘13路、17路电车抵达，也可以开车或骑自行车。对于那些已被德国当局禁用上述交通工具的人们，可步行到达。随时提供带家具和不带家具的客房和套房，供应三餐，亦可自便。

房租：免费。

饮食：低脂肪。

浴室及多处内外墙提供自来水（抱歉，不能洗澡）。温暖舒适的柴火炉可用于取暖。

私人收音机可直接收听伦敦、纽约、特拉维夫等地的及其他许多城市的电台。下午6:00以后向所有房客开放，但禁止收听德国广播，播放古典音乐时例外。绝对禁止收听德国新闻（不论来自于哪个电台），绝对禁止向他人传播此类新闻。

休息时间：晚上10:00至早上7:30；星期天延长至早上10:15。特殊情况下，房客白天的休息时间也需统一安排，谨遵管理部门指示。为确保所有人的安全，必须严格遵守规定的休息时间！！！

自由活动：任何人不得外出，除非有进一步的通知。

语言使用：任何时候都必须轻声说话。只能使用文明人的语言，因此禁止说德语。

阅读和放松：禁止读德国书籍，古典作品和学术著作例外。其他书籍可任选。

健身操：每天锻炼。

唱歌：仅能在下午6:00以后小声唱。

电影：需事先安排。

　　课程：每周一次速记课。英语、法语、数学和历史课全天均可学习。听课者以授课方式支付课时费，例如，教授荷兰语。

　　小型家庭宠物由单独的部门照顾（害虫除外，需申请特别许可证）。

　　用餐时间：

　　早餐，每天早上 9：00，星期日和节假日大约上午 11：30；

　　午餐，少量而清淡，13：15 至 13：45；

　　晚餐，冷餐或热餐，就餐时间依新闻广播时间而定。

　　对帮助者的义务：房客应当随时做好参与办公室工作的准备。

　　沐浴：星期天早上 9:00 以后所有房客均可使用洗衣桶。卫生间、厨房、私人办公室和前办公室均可用作浴室，各人自便。

　　酒精：仅供医用。

　　完。

安妮

1942年11月19日　　星期四

亲爱的凯蒂：

　　像我们大家所期望的那样，杜塞尔先生是个很好的人，他一点儿也不在乎和我合用一个房间。说实话，我不太情愿让陌生人用我的东西，但有的时候我们必须作出牺牲，我很高兴做这样一个小小的牺牲。爸爸说："只要能多救一个朋友，别的事情都不重要了。"他说得太对啦。

　　杜塞尔先生来到这里的第一天，问了我各种各样的问题。比如，清洁女工什么时候来办公室，什么时候能用洗手间，什么时候可以上厕所。很好笑是吧，可对于我们，这些都不是小事儿。白天我们不能吵闹，以免被楼下的人听见；如果有人在外面干活，比如那个清洁工，就得格外小心。我耐心地给杜塞尔先生解释着这一切，他理解得那么慢，真让我吃惊。每件事他都要问两遍，可还是记不住。他大概被这突如其来的变化弄昏了头，等过一阵就会好的。除此以外，别的都还顺利。

杜塞尔给我们讲了很多外面的事情，我们和外面的世界已经隔离得那么久了，而他带来的都是令人心碎的消息。数不清的朋友和熟人被带走，遭受可怕的厄运。每天晚上，绿色和灰色的军车在大街上一辆辆驶过。警察挨家挨户敲门，询问里面有没有犹太人住，如果有，立即全家带走；如果没有，又接着查另一家。除了躲起来的，没人能逃出他们的魔掌。他们常常带着名单四处抓人，所到之处总是可以大捞一把；还提供赏金，告发一个人可以得很多钱。这就像古代买卖奴隶一样。我这么说没有贬低犹太人的意思，实在是太悲惨了。每到晚上，我常常透过夜色，看到一长队一长队无辜的、善良的人，带着哭泣的孩子不停地往前走着，几个看守的家伙对他们呼来喝去，任意欺凌打骂，直至他们倒在地上，无人能幸免。病人、老人、孩子、婴儿和孕妇，所有人都朝着死亡行进。

我们真幸运，能躲在这儿，远离暴行。如果不是因为牵挂那些我们无力帮助的、心爱的朋友们的命运，根本无需去想这些痛苦的事情。当我最亲爱的朋友在外面某个地方，被折磨得筋疲力尽，倒在地上的时候，我却睡在温暖的床上，这让我有一种负疚感。

想到我昔日的好友们，现在落到人间最凶残的恶魔手中，任凭摆布，我不寒而栗。

这一切都只因他们是犹太人。

安妮

1942年11月20日　星期五

亲爱的凯蒂：

真不知该怎么办才好。到目前为止，我们听到的关于犹太人的消息很少，我们也尽量保持乐观。梅普有时会提到某个朋友的遭遇，妈妈和凡·达恩太太听了就会哭起来，所以她觉得还是少说为好。现在杜塞尔先生来了，我们就接二连三地问他，而他讲的一切是那么恐怖和可怕，我们想忘也忘不掉。也许等这些事在我们脑海里的印象淡薄了之后，我们又会像原来一样有说有笑。如果一直像现在这样闷闷不乐，对我们自己和外面那些人有什么好处呢？把密室变成一个忧伤的"囚室"，有什么意义呢？

不管做什么，我都会想起那些被抓走的人。我会突然忍住笑声，为自己这么高兴感到羞耻。可难道我要整天哭哭啼啼过日子吗？不，我做不到。沮丧会过去的。

除了这些，还有个人的烦恼，和我刚才讲的那些痛苦与不幸比起来，它们太微不足道了。可我还是要告诉你，最近我觉得自己很孤独，内心空荡荡的，被巨大的空虚包围着。过去我很少想这些，因为我心里装的全是朋友和玩乐。现在却不是想我听到的各种惨事，就是想我自己。我想了好久，总算明白了，不管爸爸对我多好，也代替不了我以前的世界。说到感情的事，妈妈和玛格特在我心中早就没有位置了。

我为什么要用这些傻话来烦你呢？凯蒂，我知道自己太不懂得感恩了，老是受到指责，还要想这么多悲哀的事，简直令我晕头转向！

安妮

1942年11月29日　星期六

亲爱的凯蒂：

　　我们用电用得太多了，超过了配给量。现在不得不拼命省着用，但还是有可能停电。两个星期黑灯瞎火，这可不是闹着玩儿的，不是吗？不过谁说得准呢，也许要不了那么久！每天下午四点或四点半一过，光线就暗得要命，我们只好想出各种奇招来消磨时间：猜谜语，摸黑做健身操，讲英语或法语，评论书籍……但过不了多久，这些都让人腻烦了。昨天我发现了一个新的消遣方式：用一副高倍望远镜偷看附近亮着灯的人家。白天我们的窗帘甚至开一条缝也不行，但天一黑就不要紧了。

　　我没想到邻居们会这么有趣，至少我们的邻居是这样。我看见几个人在吃晚饭，有一家人在拍家庭电影，街对面一个牙医正在给一个吓坏了的老太婆看牙。

　　听说杜塞尔先生跟孩子们处得很好，很喜欢他们，但没想到他其实是个一味要求别人循规蹈矩的老迁夫子，说教起来没完没了让人难以忍受。由于我不得不荣幸地（！）和他老人家分享我那间小得可怜的屋子，而且我又被大家公认是三个年轻人里表现最差的，所以我要么小心翼翼，免得那些老生常谈的训斥和告诫一股脑儿落在我身上，要么对他的唠叨装作没听见。如果杜塞尔先生不搬弄是非，如果他没有偏偏选中妈妈当听众，我这么做倒还管用。可杜塞尔先生一批评我，妈妈就会添油加醋，把我再狠狠训一通。这还没完呢，要是运气够"好"的话，接下来的五分钟，没准还得听凡·达恩太太说长论短！

　　真的，像我这样"没教养的坏孩子"，生活在一个吹毛求疵的大家庭里，成为大家注意的中心，可真的不好过。

一到晚上躺在床上时，我就想起加在我身上的数不清的过错、莫须有的缺点，我被这些乱七八糟的事情弄糊涂了，不知该笑还是该哭，这全看心情的好坏。然后我一边迷迷糊糊快要睡着了，一边还在想些稀奇古怪的念头：我希望现在这个我不是我自己，不是我想象中的自己，我希望我做的一切比现在好，不，比想象中的我做得更好。

噢，亲爱的凯蒂，我把你也弄糊涂了吧。原谅我，在这个缺食少穿的非常时期，我不想把我写的东西随便划掉，浪费纸张是可耻的。所以我想劝你对我上面那些话就别再读了，更不要追根究底非弄明白不可，因为你永远不可能弄明白的！

安妮

1942年12月7日　星期一

亲爱的凯蒂：

今年的光明节和圣尼古拉节差一天就重合了。光明节我们过得不太热闹，只互相送了些小礼物，点了蜡烛。因为蜡烛短缺，我们只点了十分钟，不过只要我们唱了圣歌就可以了。凡·达恩先生用木头做了一个光明节烛台（犹太教仪式用的一种枝形烛台——译者注），他想得真周到。

星期六的圣尼古拉节好玩得多。晚饭时贝普和梅普忙着跟爸爸窃窃私语，我们猜一定在商量什么好事，好奇得不得了。果然，八点钟，我们一个接一个下了楼，穿过黑黢黢的过道（我害怕得发抖，只想安全地回到楼上！）到了那个小隔间。这个房间没有窗户，我们让灯都亮起来。随后爸爸打开了大橱柜的门。

"啊，太棒啦！"我们齐声喊道。

柜子角落里有一个装饰着彩纸的大篮子，还有黑彼得的面具。

我们很快提着篮子上了楼。篮子里装着给每个人的小礼物，还各配了一首诗。对圣尼古拉节这些诗你都很熟悉了，我就不在这里讲给你听啦。

我得到了一个丘比娃娃，爸爸得到了一副书夹，其余的我就不提了。不管怎么说，这主意很棒，我们八个人还从没庆祝过圣尼古拉节呢，这真是个不错的开始。

安妮

又及：我们也给楼下每个人送了礼物，给梅普和贝普送现金很合适，给其他人送的都是从过去那些好日子留下的东西。

今天我们听说凡·达恩先生的烟灰缸、杜塞尔先生的相框和爸爸的书夹，都出自沃斯库勒先生的手艺。一个人竟有这么灵巧的双手，真神奇！

1942年12月10日　星期四

亲爱的凯蒂：

凡·达恩先生以前做过肉类、香肠和香料生意。他对香料非常了解，公司因此雇用了他，现在他做香肠的手艺也派上了用场，真让我们高兴。

我们买了很多肉（当然是从黑市买的），打算储备起来，以供不时之需。凡·达恩先生要把它们做成好几种不同的香肠。看他做香肠真好玩儿：先把肉块放进绞肉机里绞碎，要绞两至三次；然后把配料加到碎肉里，再用一根长管子把拌好的肉料灌进肠衣。中午我们吃了些小香肠加泡菜，但那些装罐头的香肠必须先晾干，于是我们从天花板上吊了一根杆子，把香肠挂上去。现在每个人走进房间，看见摇来晃去的香肠都忍不住大笑。那样子真滑稽。

厨房里一片混乱。凡·达恩先生穿着他妻子的围裙，看上去更胖了，他忙着摆弄那些肉。血糊糊的手、红彤彤的脸和污迹斑斑的围裙，使他看上去活像个屠夫。凡·达恩太太一心几用：又是拿着书学荷兰语，又是搅拌锅里的汤，又是瞧她丈夫弄肉，还不忘唉声叹气抱怨她受伤的肋骨。上了年纪的（！）女人想减掉屁股上的脂肪，就得受这种罪！杜塞尔的一只眼睛发炎了，他坐在火炉边往眼睛上敷甘菊茶。皮姆为了享受从窗帘缝隙透进来的一缕阳光，不得不把椅子挪来挪去，免得挡了路。风湿一定又在折磨他，因为他弯着腰，一脸痛苦地盯着凡·达恩先生忙碌。他让我想起在贫民区看到的那些年迈的病人。彼得和猫咪莫西在房间里追着玩儿。妈妈、玛格特和我在剥煮土豆的皮。不过你猜得到，我们谁也没好好干，眼睛都忙着瞅凡·达恩先生呢。

杜塞尔的"牙科门诊"开张啦。为了找点乐子，让我讲讲他给第一个病人看病的情况吧。

妈妈在熨衣裳。凡·达恩太太坐在屋子中间的椅子上，成了第一个病号。杜塞尔像模像样地打开箱子，又向我们要了些古龙香水做消毒剂用，要了些凡士林当蜡用。他查看了凡·达恩太太的牙齿，发现有两颗坏牙，他一碰，凡·达恩太太就龇牙咧嘴，发出嗷嗷的叫声。在一番漫长仔细的检查后（对凡·达恩太太来说很漫长，实际只用了两分钟），杜塞尔开始把坏牙钻空。凡·达恩太太可没想他这么干，她使劲地挥胳膊蹬腿，结果杜塞尔一松手，探针卡在了凡·达恩太太牙齿里……这才是火上浇油呢！凡·达恩太太一阵猛烈的乱踢乱打，一边惨叫着（当一件工具卡在你嘴里，你叫得要多惨有多惨），想把那玩意儿弄出来，反而让它嵌得更深。杜塞尔双手叉腰，平静地看着这一幕，其余的看客哈哈大笑。说实话，我们这么做很不应该；换了我，一定会叫得更凶。一番拳打脚踢、声嘶力竭的折腾后，凡·达恩太太终于把那东西拔出来了。杜塞尔先生立即接着干活，一副若无其事的样子。这次他动作很快，没让凡·达恩太太瞎折腾。不过，他这辈子也没见过这么多人帮忙吧，至少有两个助手：凡·达恩先生和我干得很出色。这整个场景，就像中世纪的一幅版画——《庸医出诊记》。只是病人可没那么好的耐心，她还得照看"她的汤""她的菜"。但有一点可以肯定：要凡·达恩太太再当一回病号，那得等上些日子啦！

安妮

1942年12月13日 星期日

亲爱的凯蒂：

我坐在前办公室，这里很舒服，挂着厚厚的窗帘，我透过窗帘缝隙偷看外面。光线有些昏暗，但还看得见给你写信。

看外面来来往往的行人真有意思。他们一个个都走得急匆匆，差点没摔倒。那些骑自行车的人，你根本来不及看清楚，就嗖地一下过去了。住这附近的人看上去不太体面。孩子们特别邋遢，你都不想用手指尖碰一下他们。这是些拖着鼻涕的真正的贫民窟孩子。他们说的话我一句也听不懂。

昨天下午，我和玛格特洗澡时，我问她："要是我们拿根钓鱼竿，等那些孩子走过的时候，把他们一个个钓起来，扔进澡盆里洗干净，把衣裳给他们补好，你说会怎样呢……"

"明天他们又会和原来一样脏，一样穿得破破烂烂。"玛格特回答。

我说这些蠢话干什么。可看的东西还很多呢，汽车、小船和窗外的雨。我能听见电车的声音、孩子们的喧闹声，这让我觉得很开心。

我们的思想同我们的生活一样的平淡。它们就像旋转木马，从犹太人转到食物，从食物转到政治。对了，说起犹太人，昨天我透过窗帘就看到了两个。我像看见了世界一大奇迹似的。那种感觉真奇怪，仿佛我向当局告发了他们，然后偷偷看着他们受罪。

在我们的房子对面有一只游艇，船长和他的老婆孩子一起住在上面。他有一只汪汪叫个不停的狗。只要它一跑到甲板上来，我们就会听见它吠叫，看见它摇尾巴。

噢，真遗憾，下雨啦，人们都躲到雨伞里去了。我只能看见许多雨衣，时不时闪过一个戴帽子的后脑勺。说实话，现在我都不需要仔细打量，只要瞥一眼，就能看出那是个什么样的女人：她们吃了太多的土豆而身材肥胖，身着或红或绿的大衣，脚穿破旧的高跟鞋，胳膊上的购物袋摇来晃去，一脸凶巴巴的样子或是一团和气，这全看他们丈夫的脾气好不好了。

安妮

1942年12月22日　星期日

亲爱的凯蒂：

密室里一片喜气，因为过圣诞节我们都会得到四分之一磅额外的黄油。报上说每个人有半磅，但那只是从政府领到配给券的人们才有的福分，躲起来的人就别想了。我们有八个人，从黑市上却只能买到四张配给券。每个人都在盘算着用这份黄油做点什么。今天早上我烤了两块蛋糕和一些小饼干。楼上忙坏了，妈妈告诉我得做完所有的家务活儿，才能去看书和学习。

凡·达恩太太肋骨受了伤，躺在床上休息。她不停地抱怨，叫人给她换绷带，对什么事都看不顺眼。我真希望她快点好起来，这样就可以收拾她自己的摊子啦，我得承认，她很勤快，也爱整洁，只要身体和脑子不出毛病，她是很快活的。

因为我"太吵"了，白天大家总在我耳边"嘘，嘘"。好像我白天还没听够似的，我的宝贝室友想了个好主意，整晚对我发"嘘嘘"声。按他的说法，我连翻身都不行。我才不想听他那套，下次他再这么"嘘"我，我也要"嘘"他。

他变得越来越气人，越来越自私了。只有刚来的那个星期，他大方地请我吃过饼干，后来连饼干的影子我都见不着啦。特别让人气愤的是星期天早上，天才蒙蒙亮他就拉开灯，做他的运动。

虽说只有十分钟，我就像煎熬了几个小时，因为我用来加长床铺的那些椅子，在我昏昏欲睡的脑袋下面一个劲儿摇啊抖啊。等他终于用几个有力的挥臂动作结束放松运动后，他老人家开始穿衣裳了。内衣挂在钩子上，他得先拖着笨重的身体从我床边走过去，把它们取下来，再笨拙地走回来。可领带还放在桌子上，这下他不得不再次跌跌撞撞经过我那些破椅子。

可我干吗非得浪费时间来抱怨一个讨厌的老头呢，这么做一点用也没有。我想了好多报复的点子，比如说把灯泡拧下来，把门给锁上，把他的衣服藏起来，可遗憾的是这些计划通通都被放弃了，算啦，还是跟他和平相处吧。

瞧，我变得多懂事！在这里我们做什么都得多用脑子想想：不管是学习，听别人说话还是自己说话，我们得学会帮助别人，对人友善，让着别人，天知道还有什么该做的！我真怕我的脑子（它本来就不怎么够用）在这里几下被用光了，等到战争结束就什么都不剩了。

安妮

1943年1月13日　星期三

亲爱的凯蒂:

今天早上我老被打断,弄得什么事情也没做成。

我们又有了新消遣,往包装袋里装肉汁粉。肉汁粉是吉斯公司的产品。库格勒先生没能找到打包的人,只好让我们干,而且这也更划算。这简直是囚犯干的活儿,无聊极了,我们干得头昏眼花,还尽傻笑。

外面正发生着可怕的事。不论白天黑夜,都有可怜的无助的人们从家里被抓走。他们只能随身带个背包和一点现金,而且就连这点东西也可能在路上被抢走。家被拆散,男人、女人和孩子被迫分开。孩子们放学回家,不见父母的踪影。女人买菜回来,发现房门被封,家人不知去向。荷兰的基督徒同样生活在恐惧中,因为他们的孩子都被送到德国做苦力了。人人都吓坏了。每天晚上,数百架飞机穿过荷兰上空飞往德国的城市,把炸弹扔在那片土地上。在俄国和非洲,每小时都有成百上千人战死。全世界都在打仗,没人能躲过这场战争。虽然盟军打得还不错,但战争的结束还是那么遥遥无期。

相比之下,我们多么幸运,比千百万人都幸运得多。这里既安静又安全,我们还有钱买吃的。可我们又多自私啊,愉快地谈论着“战后”的生活,满脑子想着新衣裳和新鞋子。我们本该把每分钱都省下来,等战争结束后去帮助他人,去努力挽救任何人的生命。

在这附近玩耍的孩子们只有单薄的衬衫和木鞋穿。他们没有外套,没有帽子,没有袜子,也没人来帮助他们。他们从冰冷的家里走出来,穿过冰冷的街道,走进更加冰冷的教室,只有一根胡萝卜填充他们饿得咕咕叫的肚子。荷兰的情况糟透了,一群群的孩子在大街上拦住行人,就为了乞讨一小块面包。

　　我可以没完没了地向你诉说战争带来的痛苦，但这只会使我变得更加悲伤。我们什么也做不了，只能静静地等待，等这一切结束。无论犹太人还是基督徒都在等待，全世界都在等待。可很多人等来的却只有死亡。

安妮

1943年1月30日　星期六

亲爱的凯蒂：

　　我愤怒极了，却不能表现出来。我想大吼大叫，狠狠地跺脚，大哭一场，抓住妈妈使劲地摇晃，天知道还有什么发泄的方式。每天我都得忍受妈妈那些难听的话、嘲讽的表情和莫名其妙的指责，它们像从绷紧的弦上射出的箭一样，刺痛我，扎在我胸口上拔不出来。我想冲着妈妈大叫，冲着玛格特、凡·达恩一家、杜塞尔还有爸爸大叫："别管我，让我好好睡一觉，哪怕只是一晚上，不要哭肿了眼睛、头昏脑涨地去入睡。让我离开，远离这一切，远离这世界！"可我不能那么做，不能让他们看到我内心的困惑，看到他们给我造成的伤害。我不想让他们投来同情的目光，或是嘲讽的微笑。那只会让我气得更厉害。

　　只要我一讲话，他们就认为我在炫耀，我保持沉默他们说我可笑，我发表意见他们说我粗鲁无礼，我想出了好主意他们说我狡猾，我累了他们说我偷懒，我多吃一口东西他们说我自私，还有愚蠢、懦弱、打小算盘等等。从早到晚，我从他们嘴里听到的都是，我是个多么令人讨厌的家伙。我想对他们的话不在意，假装没听见，可我做不到，我是那么在意。我真希望老天爷给我换一副脾气，让我变成一个不会惹恼任何人的乖孩子。

但那怎么可能呢？我性格天生就是这样啊，我可不认为我是个坏人。为了讨好每个人，他们想都想不到我多么努力。和他们一起待在楼上时，我总是拼命挤出一副笑脸，我不想让他们看见我内心的伤痛。

不止一次，在听完妈妈一通无理的责备后，我气冲冲地告诉她："我不在乎你说什么，妈妈。拜托你不要管我了好吗，反正我已经无可救药啦。"妈妈当然会叫我别顶嘴，接下来的两天她真的对我不闻不问。可好景不长，转眼她就把我的话忘得精光，又和大家一个腔调了。

我可不能一会儿笑容满面，一会儿又怒气冲冲地过日子。我最好想个两全其美的办法，唉，尽管不可能有那么好的办法。我要保留自己的看法，也许有一天，我可以用他们嘲笑我的话来嘲笑他们。

安妮

1943年2月5日　星期五

亲爱的凯蒂：

好久没向你提起过那些吵嘴的事了，一切还是老样子。刚开始，杜塞尔先生还想把我们那些来得快、去得也快的磕磕碰碰当回事儿，现在他已经见怪不怪，不再当和事佬了。

玛格特和彼得简直不能叫"年轻人"，他们俩都死气沉沉、无聊透顶。和他们相比，我就太扎眼了，结果大家老对我说："玛格特和彼得就不会那样做。你怎么就不学学你姐姐！"真是烦死了。

说实话，我压根儿没打算学玛格特的样子。她太软弱、太被动了，什么事都被别人的意见左右，让人家牵着鼻子走。我可不要像她那样，我要活得有主见！不过这些想法我都闷在心里。如果我用这些话辩解，只会被他们嘲笑一通。

吃饭的时候气氛常常紧张极了。幸好，办公室的人中午有时会上来和我们一起喝汤，多亏这些"汤客"，我们饭桌上才少了一些冲突。

今天下午凡·达恩先生又说起玛格特吃得太少。"我想你是为了保持身材吧。"他用嘲讽的语气说。

妈妈自然要护着玛格特了，她提高嗓门回答道："我再也受不了你的这些蠢话啦。"

凡·达恩太太的脸涨得通红。凡·达恩先生两眼发直，什么也没说。

不过，我们也经常有开心的时候。前几天凡·达恩太太聊起以前的事，让我们着实笑了个够。她说那时候她和爸爸多么合得来，她多会卖弄风情。"你们知道吗，我爸爸告诉我，如果哪个男人对我毛手毛脚，我就说：'某某先生，别忘了我是淑女。'这样他就明白我的意思啦。"我们差点没笑破肚皮，好像这真是个很棒的笑话。

连彼得有时也会给我们带来些乐子，虽然他不怎么吭声。他有个怪癖，特别喜欢用外来语，连意思都没搞清楚就乱用。有一天下午我们不能上厕所，因为办公室有客人。彼得急慌了，非上不可。他用完之后不能冲马桶，为了提醒我们，就在洗手间门上贴了张纸条，上面写着："RSVP[1]——毒气！"他当然是想说："当心厕所的臭气！"他以为用上RSVP这个词更文雅，却根本不知道它的意思是"敬请回复"。

安妮

---

① RSVP是法语"请回复"的缩写。

1943年2月27日　星期六

亲爱的凯蒂：

皮姆在期待着反攻的那一天。丘吉尔得了肺炎，但已经在好转了。甘地，热爱自由的印度勇士，不知道是第几次绝食了。

凡·达恩太太自称是宿命论者。可枪炮声一响起来最害怕的人是谁呢？

不是别人，正是这位佩特伦爱拉·凡·达恩。

让给我们带来了一封主教写给教民们的信。信写得很优美，很鼓舞人心。"荷兰人民，站起来，采取行动吧。每个人都必须拿起武器，为我们国家的、我们人民的和我们宗教的自由而战斗！请伸出你们的援手，立即投入行动吧！"这是他们从布道坛上发出的劝告。这会有用吗？对我们这些犹太人来说，这样的帮助实在太迟了。

你知道我们这里发生了什么事吗？这幢楼房的房主没跟库格勒先生和克莱曼先生商量，就把房子卖了。一天早上，新房主带着建筑师一起来看房子。幸好克莱曼先生当时在办公室。他带着这位房主把各处都看了，除了密室。这时他谎称钥匙忘在家里，那位新主人没再多问。希望他到此为止，不要再回头来看什么了。不然我们的麻烦就大啦！

爸爸腾出了一个卡片盒，给我和玛格特装索引卡。这些索引卡片有一面是空白的，我们准备用来写阅读索引，把我们看过的书籍名称、作者和阅读日期都记在上面。我又学了两个新词："妓院"和"卖弄风骚的女人"。我还得到了一个新笔记本，专门用来记我学的单词。

刚分好的黄油和人造奶油摆上桌啦，每个人的盘子里都有一份。可分配得很不公平。凡·达恩家（早餐总是由他们来做）给他们自己的，比起给我们的要足足多出一半。爸爸妈妈很不喜欢为这种事儿争吵，真遗憾，要我说啊，对他们这种人就该以牙还牙。

安妮

1943年3月4日　星期四

亲爱的凯蒂：

凡·达恩太太有了个新外号，我们都开始叫她"比弗布鲁克太太"。你肯定一头雾水，不知道我在说什么，让我给你讲讲吧。有位比弗布鲁克先生经常在英国电台里说，盟军对德国的轰炸太不够劲了。凡·达恩太太总是跟每个人唱反调，包括丘吉尔首相和新闻报道，这回却完全赞同他的看法。所以我们认为她干脆嫁给比弗布鲁克先生得啦，她还真把这当成恭维了，于是，我们决定从现在起就叫她比弗布鲁克太太。

仓库招收了一个新员工，原来的那个被送到德国去了。这对他来说很糟糕，对我们却是件好事，因为新员工不会像他那么熟悉这幢楼房。我们一直不放心在仓库干活的那些人。

甘地开始吃东西了。

黑市的生意兴隆。如果我们的钱足够多，买得起那些贵得吓人的黑市食品，没准会吃撑的。我们吃的土豆，是蔬菜商从纳粹国防军手里买来，然后一袋袋送到私人办公室的。他猜我们可能藏在这儿，所以特意选在午饭时间送来，这样仓库里干活的人就不会看见了。

楼下正在研磨胡椒，弄得我们不停地打喷嚏和咳嗽。每个上楼来的人，都用一声响亮的"阿嚏"向我们问好。凡·达恩太太说她再也不下去了，再闻到胡椒味儿她就该生病了。

我觉得爸爸干的这一行不太好，整天不是果胶就是胡椒。既然是食品生意，怎么不做糖果呢？

今天早上我又挨骂了，各种难听的话、刺耳的指责像冰雹一样朝我砸来。"安妮这样不对""凡·达恩那样才对"，我的耳朵嗡嗡直响，灌满了这些声音。苦日子没有尽头啊！

安妮

1943年3月10日　星期三

亲爱的凯蒂：

昨天晚上我们的灯短路了，这还不算，枪炮声响到天亮才停息。我还是一听见飞机和枪炮的声音就怕得要命，几乎每天晚上都要躲到爸爸被子里去才稍稍安心。我知道这很幼稚，不过换了你试试看呢！高射炮响得你都听不见自己说话。比弗布鲁克太太，那个宿命论者，吓得哭哭啼啼、战战兢兢："哦，简直糟透了。噢，枪声太吵了！"其实她真正的意思是说，"我吓死了"。

要是能在黑暗中点上蜡烛可能会好点儿吧。我像个发烧的病人一样，颤抖着，求爸爸把蜡烛点燃。可他硬说不能有光。随后我们听到一阵机关枪的猛烈扫射，这比高射炮还可怕十倍。妈妈一下子从床上跳起来，不顾爸爸生气和抱怨，点上了蜡烛。"安妮又没当过兵！"她坚决地说，这下爸爸无话可说啦！

我给你讲过凡·达恩太太吓破胆的事了吗？还没有吧。要想对密室无所不知，这件事非听听不可。一天晚上，凡·达恩太太听见阁楼上好像有很响的脚步声，她害怕是小偷进来了，就叫醒了丈夫。可就在这当儿，她说的小偷和脚步声都消失了，凡·达恩先生只听见他妻子心跳的咚咚声。"噢，普弟（普弟是她对丈夫的昵称）!"她叫道，"我们的香肠肯定都被贼偷走了，还有豆子。天哪，彼得怎么样？哦，他不会有事儿吧，他还在床上吗？"

"我敢肯定他们没把彼得偷走。别说傻话了，让我回去睡觉吧!"

可凡·达恩太太吓得要命，哪还睡得着觉。

几天后的一个晚上，凡·达恩全家都被窸窸窣窣的声音弄醒了。彼得拿着手电筒上了阁楼，你猜他看见什么在跑？一大群肥滚滚的耗子!

自从我们知道了阁楼上的"窃贼"是耗子之后，我们就让莫西在上面睡觉，那些不速之客再也没来过，至少晚上不来打扰了。

前几天傍晚（七点半钟，天还有些亮），彼得爬到阁楼上去拿些旧报纸。下楼梯时，他必须紧紧抓住地板门，他看也没看就把手搁上去了，结果又惊又痛，差点没从梯子上跌下来。原来他把手放在了一只大耗子身上，被耗子咬了一口。等他跌跌撞撞爬下来，脸白得像张纸，膝盖也撞破了，睡衣血糊糊的。也难怪他这么大惊失色，抚摸耗子可不是什么好玩儿的事，更别说胳膊还被它咬掉一大块。

安妮

1943年3月12日　星期五

亲爱的凯蒂：

让我来介绍一下吧：弗兰克妈妈，孩子们的代言人! 多给年轻人一份黄油吧，看看当今青少年面临的问题吧——不管什么事情，妈妈都会帮着年轻人说话。一番争论之后，总是她大获全胜。

有一罐腌制的舌头坏了,这让莫西和博奇美餐了一顿。

你还不认识博奇("德国佬"的意思——译者注)吧。她可比我们资格还老呢,在我们来之前她就住在这儿啦。她是楼下仓库和办公室养来捉老鼠的猫。

她的名字很滑稽是吗?让我给你讲讲它的来历吧。有段时间吉斯公司养了两只猫,一只守仓库,一只看阁楼。两只猫时常碰面,只要一见面,就少不了打上一架。仓库猫总是惹是生非的侵略者,阁楼猫却是最终的胜利者,这跟我们人类的战争一样。所以大家就管仓库猫叫"德国佬"或"博奇",把阁楼猫叫"英国人"或"汤米"。我们来之前汤米就不在了,但博奇一直在楼下,给我们增添了不乐子。

我们吃了太多的扁豆和菜豆,现在我连看都不愿看一眼了,只要想到它们就恶心。

我们晚上也吃不到面包了。

爸爸刚才说他的心情不太好。他的眼神看上去那么忧伤,可怜的人!

艾娜·布迪耶·巴克的《敲门人》这本书让我看得爱不释手。这个家族故事写得太好了,只是关于战争、作家和妇女解放的部分不太吸引人。说实话,我对这些也不感兴趣。

德国遭到猛烈空袭。凡·达恩先生情绪低落,因为香烟不够了。

对于是否应该开始吃罐头的问题,大家进行了讨论,最后我们赢了。

我的鞋都不合脚了,除了那双滑雪靴,但它在这里实在没有用武之地。一双草编的人字拖鞋,花 6.5 盾买的,才穿了一星期就坏了。希望梅普能在黑市上给我们搜罗点儿什么。

又该给爸爸理发了。他说战争结束后他也不再上理发店了,因为我理得太好啦。但愿别老是剪到他的耳朵!

安妮

1943年3月18日　星期四

亲爱的凯蒂：

土耳其参战了。真是激动人心。我们焦急地等待着新闻报道。

1943年3月19日　星期五

亲爱的凯蒂：

还不到一个小时，欢喜就变成了失望。土耳其并未参战，一位内阁部长宣布土耳其很快会放弃中立，结果达姆广场（阿姆斯特丹市著名的广场——译者注）上有个报贩在那里大喊："土耳其支持英国啦！"报纸很快从他手中被抢光了。我们听到的这条鼓舞人心的传闻就是这么来的。

面值一千盾的纸币作废了。这对做黑市生意的商贩是个打击，对那些躲起来的人和持有"黑钱"的人，影响更大。上交一千盾的钞票，必须说明钱的来源，还要提供证明。这些钞票还可以用来交税，但只到下星期为止。五百盾的纸币也到那时作废。吉斯公司还有些一千盾的钞票，是他们用来预付公司税款的，所以是合法的。

杜塞尔弄到了一台老式的脚踏式牙钻，我可能很快会有一次彻底的牙科检查。

在遵守密室制度方面，杜塞尔散漫得吓人。他不仅给他的女朋友夏洛特写信，还跟其他许多人瞎聊。玛格特，我们的荷兰语老师，帮他纠正信里的语法错误。虽然爸爸已经不让他继续写了，玛格特也不再帮忙了，可我敢说过不了多久他又会这么干。

"德国元首"最近在慰问伤兵。我们从收音机里听到了他们的对话，真叫人同情。比如有场谈话是这样的：

"我叫海因里希·谢培尔。"

"你在哪里受伤的？"

"斯大林格勒附近。"

"受什么伤了？"

"两只脚冻坏了，还有左臂骨折了。"

这场特别报道就像一出丑陋的木偶戏表演。那些伤员似乎很自豪，好像伤得越重越好。有个伤兵只是想到能跟"元首"握手（真庆幸他还有一只手），就激动得话都说不出来。

我不小心把杜塞尔的肥皂掉在地上，还踩了一脚。现在找不到了。我叫爸爸赔给他一块，因为杜塞尔每个月只有一条战争期间用的劣质肥皂。

安妮

1943年3月25日　星期四

亲爱的凯蒂：

昨天晚上爸爸、妈妈、玛格特和我正高高兴兴在一起聊天，彼得突然走进来，凑在爸爸耳边说了些什么。我隐约听到他说"仓库里有只桶翻了"，还有"有人在弄我们的门"。

玛格特也听到了，她努力安慰我，因为我紧张极了，脸吓得煞白。

爸爸跟彼得下楼去了，我们三个焦急地等待着。过了一两分钟，凡·达恩太太上来了，她本来在楼下听收音机，皮姆叫她关掉，还叫她上楼时轻点。可你知道吗，你越是想轻手轻脚，那老掉牙的楼梯咯吱咯吱地响得越起劲。五分钟后，彼得和皮姆面无血色地回来了，给我们讲了下面发生的事。

他俩站在楼梯下等待着。起初没一点儿动静。接着他们突然听到"砰，砰"响了两声，像房子里有两扇门使劲关上了一样。皮姆守在楼梯上，彼得去通知杜塞尔，叫他赶快上楼，他老人家抱怨着终于上来了，可没少弄出响声。随后我们全体蹑手蹑脚地爬上楼，待在凡·达恩家的房间里。凡·达恩先生感冒得厉害，已经上床了，我们都围在他床边，小声谈论着，猜测刚才听到的是什么声音。凡·达恩先生一咳嗽，凡·达恩太太和我就紧张得要命。最后有人想出了个好主意，给他吃了可待因，总算安静多了。

我们又等了好一会儿，却什么也没听到。于是我们推测小偷可能逃走了，因为听见这幢本来很安静的楼房里竟然有脚步声。现在的问题是，私人办公室的收音机还调在英国台，椅子都整整齐齐地围在旁边。如果小偷把门撬开了，难免不被空袭民防队员发现，他们报了警后果就严重了。于是凡·达恩先生起了床，穿上外套，戴上帽子，跟在爸爸身后小心翼翼下了楼，彼得尾随在后，握着一把大铁锤以防万一。女士们（包括玛格特和我）焦急地等待着，五分钟后男士们回来了，说楼下没有任何小偷出没过的痕迹。我们决定那天晚上不再开水龙头，也不冲马桶。可这场惊险弄得我们每个人的胃里都直翻腾，结果排着队去上厕所，你简直想不到那味儿有多大。

坏事总会接二连三跟着来，这次也不例外。头一件，威斯特陶伦大钟不报时了，我再也听不到那能给人慰藉的钟声了；第二件，沃斯库勒先生昨晚走得早，我们不知道他是否把钥匙给了贝普，而贝普却忘记了锁门。

　　不过这些现在都不重要了。夜晚才刚刚开始，真不知道还会发生什么。我们把先前发生的事又好好想了一遍，小偷进入办公楼让我们全都惊恐不安是在八点一刻，从那时起到十点半，我们没听到一点动静。我们越想越觉得，在时间这么早、街上还有行人的情况下窃贼是不可能破门而入的。此外，我们还想起来，隔壁克格公司的仓库管理员可能还没下班。隔着一堵薄墙，我们情绪又这么激动，是很可能听错声音的。再说一个人处于危险境地，什么稀奇古怪的想法不会冒出来呢。

　　这样推测一番之后，我们都上床了，虽然谁也睡不着。爸爸妈妈和杜塞尔先生整晚都醒着。要是我说我也差不多一夜没合眼，那可一点儿不夸张。今天早晨男士们下楼去查看外面的门，结果锁得好好的！

　　不用说，我们把这次意外从头到尾讲给办公室的人听了，连一个细节都没放过。虽然这可不是什么好玩儿的事，但事后说笑话是很容易的。只有贝普一个人没把这当玩笑看。

安妮

　　又及：今天早上我们的马桶堵了。爸爸用一根长木杆掏出了很多粪便，还有草莓食谱，最近我们都拿这些食谱当厕纸用。那根木杆随后被我们烧掉了。

1943年3月27日　　星期六

亲爱的凯蒂：

　　我们已经学完了速记课程，现在开始练习速度了。真不错，不是吗？我再给你讲讲我是怎么"消磨时间"的（我把看书学习通通叫做消磨时间，我们做这些不都是想让时间尽量过快点儿，在这里的日子早些熬到头吗）。我迷上了神话，特别是古希腊和古罗马神话。人家都说我这不过是一时心血来潮，他们从未听说一个十来岁的孩子会懂得欣赏神话。好吧，就算他们头一次遇到吧！

凡·达恩先生感冒了。其实就是喉咙有些沙哑，他却大惊小怪地折腾。他又是用甘菊茶漱口，又是往喉咙里搽没药酊，又是在胸口、鼻子、牙龈和舌头上涂薄荷油。心情还一直坏得很！

德国的一位大人物劳特尔最近发表了一篇讲话："所有犹太人必须在 7 月 1 日前离开德国占领区。4 月 1 日到 5 月 1 日期间乌特勒支省（荷兰中部省份——译者注）的犹太人将被清除干净（好像他们是蟑螂似的），5 月 1 日到 6 月 1 日期间清理北部和南部的省份。"这些可怜的犹太人像一群生病的、被抛弃的牲口一样，被送往肮脏的屠宰场。但我不能再谈这个话题了，不然会做噩梦的！

有个好消息，德国劳工介绍所在一场破坏行动中被放火烧了。几天后，户籍管理处也着了火。有人假扮德国警察，将警卫捆起来堵住嘴，然后销毁了一些重要文件。

安妮

1943年4月1日　星期四

亲爱的凯蒂：

今天我实在没心情开玩笑（这可是愚人节啊）。

不仅开不了玩笑，我还要引用一句老话："祸不单行"。首先是克莱曼先生，那个笑容满面的朋友，昨天又一次胃出血，不得不卧床休息三周。实际上胃病已折磨他很久，看来治不好了。其次是贝普得了流感。接下来是沃斯库勒先生下周要住院，他可能有胃溃疡，得动手术。最后，波美新工厂的几位经理要从法兰克福来商谈欧佩克达公司的货运问题。爸爸已经和克莱曼先生讨论过了，但来不及把意见告诉库格勒先生。

法兰克福的人到了。爸爸急得要命，不知道会谈会进行得怎样。"要是我能参加会议，我能到楼下就好了。"他唉声叹气地说。

"趴在地板上偷听呗。他们要在私人办公室里谈，你什么都能听到的。"

爸爸脸上的愁容一扫而光。于是昨天上午十点半，玛格特和皮姆各自在地板上占好了位置（两只耳朵总比一只管用吧）。会议到中午还没完，爸爸再也不想继续这场"窃听行动"啦。要在地板上用这么别扭和难受的姿势一连躺几小时，难怪他吃不消。下午两点半，我们听到走廊里传来脚步声，于是我替爸爸上场了；玛格特仍然坚守阵地。会谈漫长而又无聊，我躺在又冷又硬的地毯上竟然睡着了。玛格特害怕被楼下听见，不敢碰我，也不能叫我。我美美地睡了半个钟头，等我惊醒过来，刚才听到的那些重要的谈话已经忘得一干二净。幸好玛格特比我专心得多。

安妮

1943年4月2日　星期五

亲爱的凯蒂：

天哪，现在我又多了一条罪名。昨晚我躺在床上，等爸爸来给我盖好被子，和我一起做睡前祈祷。这时妈妈走了进来，坐在我床边，轻声问我："安妮，爸爸现在没空。今晚妈妈陪你做祷告好吗？"

"不行，妈妈。"我回答道。

妈妈站起来，在我床边待了一会儿后慢慢向门口走去。突然她转过身来，一脸痛苦地对我说："我不想跟你生气。我要怎么才能让你爱我啊！"说着她离开了房间，脸颊上挂着两行泪水。

我静静地躺着，心想我这么狠心地拒绝她是多么不好，可我很明白我没有别的选择。我不能口是心非，明明自己不情愿，却硬要和她一起做祷告。那是我不屑于做的。我对妈妈感到抱歉——非常非常抱歉——因为生平第一次，我发现她对我的冷漠并非毫不在意。当她说我不爱她时，从她的表情我能看出她很难过。要说真话很不容易，可事实是，妈妈才是那个把我拒之门外的人。是她那些粗鲁的批评，那些不分青红皂白的嘲笑和挖苦把我从她身边推开了，使我变得麻木，再也感受不到她对我的爱了。正像她那些刺耳的话让我寒心一样，当她明白了我不再爱她的时候心也会伤透的。

她哭了半晚上，几乎没怎么睡。爸爸看都不想看我一眼，当他的目光偶尔落在我身上，我从他眼里读到的是这样的质问："你怎么这么狠心？你怎么能让妈妈这么难过！"

每个人都在等待我道歉，但我不会为这事道歉，因为我说的是真话，而妈妈迟早会听到这些话的。我对妈妈的眼泪和爸爸责备的目光似乎有些不以为然，是的，我是不以为然，因为他们也曾这样不在乎我的感受，现在该轮到他们体会这种滋味了。对妈妈我只能在心里说声对不起了，她究竟该用什么态度对我，得全靠她自己去弄个明白。至于我，我会继续保持沉默和满不在乎，我不会在真相面前退却，因为越是退却，当有一天他们必须面对真相时会越加难以接受！

安妮

1943年4月27日　星期二

亲爱的凯蒂:

　　每次争吵过后，我们的房子都好像在颤抖。每个人都对别人怒气冲冲，互相窝着一肚子火; 我和妈妈，凡·达恩先生和爸爸，妈妈和凡·达恩太太。真可怕，不是吗? 安妮平时的那些缺点一有机会就被人数落个够。

　　我们的德国客人终于走了。上星期六，他们一直待到下午六点。我们全都坐在楼上，一动也不敢动。当楼房里或附近没人干活时，连掉根针也会被私人办公室的人听见。这么长时间坐着不动，我难受得就像热锅上的蚂蚁。

　　沃斯库勒先生已经住院，克莱曼先生来公司上班了。这次他的胃出血比以前好得快。他告诉我们户籍管理处在火灾之后又遭水灾，消防队员把整幢楼房用水给淹了。这太令人高兴啦!

　　卡尔顿酒店也被毁了，两架载有燃烧弹的英国飞机将德国军官俱乐部炸个正着。韦泽尔街和辛格尔街相连的整个街角燃起了大火。对德国城镇的轰炸一天比一天猛烈。我们很久没睡过安稳觉了，因为睡得太少，我的眼圈都黑的。

　　我们的食物糟透了。早餐只有一片面包（没抹黄油）、一杯劣质咖啡。午饭是煮菠菜和莴苣，还有奇大无比的土豆，带着一股烂甜味，两个星期来就没换过花样。如果你想减肥，就到密室来吧! 楼上那家抱怨得很凶，我们倒没把这当多大的事儿。

　　所有在1940年打过仗的或被征召入伍的荷兰男子，都被征集起来，送到战俘营劳动去了。我敢打赌，他们这么做是为抵抗盟军反攻做准备!

安妮

1943年5月1日　星期六

亲爱的凯蒂：

　　昨天是杜塞尔的生日。他先是做出一副过不过生日无所谓的样子，可当梅普提着满满一袋礼物进来时，他兴奋得像变成了孩子。他心爱的夏洛特给他送了鸡蛋、黄油、饼干、柠檬水、面包、干邑葡萄酒、香草蛋糕、鲜花、橘子、巧克力、书籍和信纸。他把这些礼物堆在桌上，至少显摆了三天，这个蠢老头子！

　　你根本想不到他吃得有多好！我们在他柜子里发现了面包、奶酪、果酱还有鸡蛋。这个杜塞尔太丢脸啦。我们对他那么好，收留他，把他从危难中救出来；我们把什么都分给他。他有了东西却只管藏着自己吃。这还不算，最叫人生气的是，他对克莱曼先生、沃斯库勒先生和贝普也吝啬得要命，他从未给过他们任何东西。克莱曼先生胃不好，特别需要橘子，可杜塞尔一定觉得他自己的胃更需要保养吧！

　　今天晚上枪声此起彼伏一直没断过，我都收拾了四次行李。白天我把一些必需的物品装进箱子里，以便逃跑时带上。可妈妈说得对：

　　"你要往哪里逃呢？"

　　整个荷兰都在受苦，工人们在罢工。戒严令已经颁布了，平均每个人连一张黄油配给券都领不到。真搞笑！

　　今天晚上我帮妈妈洗了头。现在连洗头也成了一件难事。我们没有香波，只能用一种黏糊糊的清洁液。此外，妈妈梳头也很费事，因为梳子掉得只剩十个齿了。

安妮

1943年5月2日　星期日

亲爱的凯蒂:

　　每当想到我们在这里过的日子,我就会觉得跟那些无处藏身的犹太人相比,我们就像在天堂里。同样,当将来一切都恢复正常,我可能也会感到惊讶,我们这些曾生活得十分舒适的人,一度"落魄"到了何种地步。我说的落魄与生活方式有关。比如说吧,从我们来到这儿起,餐桌上就铺着同一块油布,可以想象现在有多脏了。我努力想把它擦干净点,可费力不讨好,因为抹布还是我们来这里之前买的呢,上面大洞小眼,破得不成样子。凡·达恩一家这个冬天都睡在同一张法兰绒毯子上,因为洗涤剂定量配给,不仅不够,质量也糟透了,简直没法用。爸爸穿着他那条已经磨破了的裤子走来走去,领带也旧兮兮的。妈妈的胸衣今天破开了,再也没法补了。玛格特的胸罩整整小了两号。妈妈和玛格特整个冬天合用三件内衣,我的内衣也小得连肚皮都遮不住了。这些困难当然都可以克服,不过有时我会感到十分困惑:我们生活得这样狼狈,每样东西,从我的内裤到爸爸的剃须刷都破旧不堪,怎么还能憧憬着重新回到战前的生活水平呢?

　　　　　　　　　　　　　　　　　　　　　安妮

1943年5月2日 星期日

亲爱的凯蒂:

密室成员对战争的看法

凡·达恩先生。在我们看来,这位可敬的先生对局势有深刻的洞见。虽然据他预测,我们要在这里待到 1943 年年底。这真是段漫长的日子,不过我们还是有可能熬到头。可谁又能向我们保证,这场带来巨大痛苦和不幸的战争,真的会在年底结束呢? 在那之前的漫长时间里,谁能保证我们和帮助我们的人不会发生什么事呢? 谁也不能! 正因为这样,我们每一天都在紧张不安中度过。期待和希望使我们紧张、恐惧,比如说,听到屋子里面和外面有一点儿动静,听到枪炮声、读到报纸上发布的新"公告",都会使我们因恐惧而紧张。我们真害怕有一天我们的救助者也必须躲藏起来。现在每个人都在谈论藏身的事。我们不清楚究竟有多少人躲起来了;和总人口相比,这个数字当然很小,但将来当我们知道了荷兰有多少好心人,收留和帮助有钱或没钱的犹太人和基督徒,把他们带回家,一定会感到吃惊。那些用假身份证逃亡的人,也多得惊人。

凡·达恩太太。当这位昔日的美丽少女(按她自己的说法)听说现在弄假身份证很容易,马上提议给我们每个人都弄一张来。好像这事儿不费吹灰之力,而爸爸和凡·达恩先生都有钱得很。

凡·达恩太太的脑子里总是转着些稀奇古怪的念头,这让她的普弟非常恼火。不过这还不是最吓人的。有一天,克莉宣称道:"等战争一结束,我就去做洗礼(指加入基督教——译者注)。"可接着她又说,"只要我还记得,我就会去耶路撒冷。只有和犹太人在一起,我才有家的感觉！"

皮姆是一个地道的乐观主义者，而且总是有他自己的理由。

杜塞尔先生对每件事都坚持自己的看法，想反对他老人家一定要三思而行。在阿尔弗雷德·杜塞尔的家里他的话就是金科玉律，但安妮·弗兰克可不吃他那一套。

密室其他成员对战争的看法并不重要。当谈到政局，只有这四个人的话才算数。实际上只有两个人，不过有什么法子呢，凡·达恩太太和杜塞尔硬要把他们自己也算在内。

1943年5月18日　星期日

亲爱的凯蒂：

最近我目睹了一场德国和英国飞机的激烈混战。盟军的飞机不幸起火，机组人员不得不跳伞。住在哈夫威格的送奶工人告诉我们，他看见四个加拿大人坐在路边，其中一个说着流利的荷兰语。他向送奶工人借火点烟，还对他说，他们机组有六个人，驾驶员牺牲了，另一个飞行员不知藏在什么地方。随后德国秘密警察来带走了他们。这四个人都没受伤。他们从一架着火的飞机上跳下来，怎么还能如此镇定？

天气已经很热了，可我们还得隔一天就点上炉子，烧掉蔬菜皮和垃圾。我们不能往垃圾桶里扔一点东西，怕被仓库的工人发现了。一个小小的疏忽就可能叫我们完蛋！

所有大学生都必须在一份官方声明上签字，表明他们"支持德国人，赞成新秩序"。百分之八十的学生都拒绝做违心的事，他们将受到严厉惩罚。拒绝签字的学生都会被送往德国的劳动营。如果他们全都去德国做苦力了，我们国家的年轻人还会剩下多少呢？

昨晚枪炮声响得很厉害，妈妈关紧窗户，我躲到爸爸床上。突然，我们听到凡·达恩太太跳起来，就在我们的头顶上，好像被莫西咬了一口似的。紧跟着"轰隆"一声巨响，就像有颗燃烧弹落在了我床边。"开灯！开灯！"我大喊。

皮姆开了灯。我等着房间马上燃起来，但什么也没发生。随后我们都跑上楼去看到底怎么了。凡·达恩先生和太太透过打开的窗户看见一道红光，凡·达恩先生认为附近某处起火了，他太太却非说是我们的房子燃起来了。凡·达恩太太站在床边，还没等听到那声巨响就吓得双腿发抖。杜塞尔坐在楼上抽了根烟，我们又缩回各自的床上。不到一刻钟，枪炮声又响起来。凡·达恩太太从床上跳起来，跑到楼下杜塞尔的房间，寻求她丈夫没能给她的安慰。杜塞尔接纳了她，说："到我床上来吧，孩子！"

我们爆发出一串响亮的笑声，窗外枪炮的轰鸣不再使我们烦心；恐惧被笑声淹没了。

安妮

1943年6月13日　星期日

亲爱的凯蒂：

爸爸为我的生日写了一首诗，写得真棒，你也来欣赏下吧。

皮姆是用德语写的诗，玛格特自告奋勇把它译成了荷兰语。你听听她翻译得好不好。诗的开头照例总结了这一年来发生的事情，然后写道：

我们中间数你最小，而你不再年幼无知，

你生活得很吃力，每个人都指指点点，
抢着做你的老师，你被大家烦得要死。
"我们有经验，听我们说！"
"这些我们早就做过，你知道什么。"
"我们饱经世故，远比你懂得多。"
从古至今，生活总如此。
自己的缺点轻如鸿毛，
别人的错误放大得受不了。
挑刺儿很容易，若我们刻意去挑。
尽管你的父母竭力想做到
对你严厉又温柔，严肃又和蔼
吹毛求疵的习惯却多么难改。
人们总是和长者生活在一起，
请努力忍受他们的唠叨——
这虽然很难，却值得。
良药苦口，但能治病，
要一起和睦生活，得学会忍耐。
你在这儿没有虚度光阴，
浪费时间是你最恨的事情。
你如饥似渴地学习和阅读，
用这种方式把无聊驱逐。
最让人烦心的，是这些问题：
"我到底该穿什么？"
"没有裤子，衣裳太小，"
"衬衫连肚脐也遮不了。我难看死了！"
"想穿这双鞋，得把脚趾头剁掉！"
"天哪，我能不能少点儿烦恼！"

关于吃的那一部分玛格特怎么也弄不押韵，所以我就省掉了。你觉得上面这段怎么样，是不是很棒？

我还收到了许多其他可爱的礼物，包括一本我最喜欢的书《希腊和罗马神话》。我简直被惯坏了。为了给我过生日，大家把自己所剩不多的最后一点东西都翻寻了一遍；我怎么还能抱怨没有糖果呢。我就像密室的宠儿，得到的太多啦。

安妮

1943年6月15日　星期二

亲爱的凯蒂：

发生了太多的事情，可我不想老是用无聊的废话惹你厌烦，也许你宁愿我少写点信吧。所以下面的话我尽量说得简短一些。

沃斯库勒先生的胃溃疡手术最后没做成。医生让他躺在手术台上，给他开了刀，却发现他得的是癌症。病情已非常严重，做手术根本没用了。他们把刀口又给他缝上，让他在医院住了三周，给他吃得很好，随后他出院回家了。但他们犯了个不可饶恕的错误：把病情一五一十全告诉了这个可怜人。他没法再工作了，只能坐在家里，让八个孩子守着他，思索着即将到来的死亡。我为他难过极了，可惜我不能出去；不然我一定会常去看他，让他高兴起来，不再想病痛和死亡。现在这个好人再也不能告诉我们仓库的情况了，这对我们来说影响很大。在安全措施方面，沃斯库勒先生给了我们最大的帮助和支持。我们真想念他。

下个月我们就得上交收音机了。克莱曼先生家里还有一个小收音机，他将拿给我们，替代现在这个漂亮的匣式收音机。要把我们气派的大飞利浦交出去太可惜了，但躲起来生活的人，最好不要招惹当局，免得带来风险。现在我们得把这个宝贝收音机带到楼上去听了。除了藏起来的犹太人、藏起来的钱，这个世界又多了一台藏起来的收音机！

　　整个国家的人都在想法子，找到破旧的机子交上去充数，而不愿交出他们手中"信心的源泉"。这是真的，当外面的消息愈来愈糟时，是那个从收音机里传出的奇妙的声音，叫我们不要灰心，使我们一次次地受到鼓舞："振作起来，打起精神，一切都会好起来！"

安妮

1943年7月11日　星期日

亲爱的凯蒂：

　　我跟你说说孩子教育的话题吧（尽管这已说过无数次啦），我想告诉你的是，为了做个和气听话、乐于助人的乖孩子，我是多么努力，多么小心翼翼，尽量让他们那狂风暴雨般的批评指责，化成和风细雨落在我身上。要像个模范儿童样说话做事，忍受你根本受不了的人们，可没那么容易，而最恼火的是你说的没一句是真心话！但这也让我明白了，比起傻乎乎地把心里话全说出来（不管有没有人问我的意见或在乎我的看法），有时说一点假话反而更让人能接受我。不过，当我感到人家对我不公平时，我总是控制不了自己的脾气，忍不住发火，把这些道理全忘光了。结果大家准会唠唠叨叨，说我是世上最粗鲁、最无礼的女孩，说上一个月都不会闭嘴。你觉得有时候我是不是很值得同情？幸好我不是个爱生气的人，不然的话我会闷闷不乐、心情抑郁的。从他们的指责中，我总能看到可笑的一面，不过这通常是在别人挨骂的时候。

另外我要告诉你，我决定不再学速记了。这样一方面我可以有更多时间学其他功课，另一方面是为了我的眼睛着想。说起来真伤心，我现在近视得厉害，早就该配眼镜了（天哪，我可不想要一双熊猫眼！）。可你想想，躲在这里怎么配眼镜呢……

昨天这里人人都在谈论安妮的眼睛，因为妈妈建议由克莱曼太太带我去看眼科医生。她的话让我两腿发软，这可不是开玩笑的事。到外面去！走在街上！天哪，我连想都不敢想。一开始我简直被吓呆了，可随后我又高兴起来。但事情没有那么简单，不是说出去就能出去，密室的每个成员都有发言权，要他们一致同意并快速做决定是不可能的。尽管梅普已做好了立即带我出发的准备，他们还是不得不仔细考虑各种困难和危险。就在大家商量的时候，我从壁橱里取出那件灰色的外衣，可它小得实在不像话，就像是我妹妹的衣服。我们把下摆放长，扣子还是扣不上。我真的很想知道他们会如何决定，不过我不认为他们真的会拿出什么计划来。因为英军已经在西西里岛登陆，爸爸又在期待着"速战速决"了。

贝普给玛格特和我分配了很多办公室的活计。这让我们觉得自己很有用，也帮了她的大忙。给信件归档、记录销售账目，这些事儿谁都能做，但像我们俩这么认真仔细的可不多。

梅普就像一头送货的骡子，要给我们搬运好多东西。她几乎每天都要四处搜罗蔬菜，装在大购物袋里用自行车给我们送来。每个星期六，她要从图书馆借五册书带来。我们是那么盼望星期六，就像一群孩子盼望着礼物。那些生活在外面的普通人，是无法理解书籍对我们这些被禁锢的人有多么重大的意义的。

我们仅有的消遣，就是看书、学习和听收音机。

安妮

1943年7月13日　星期二

亲爱的凯蒂:

可爱的小桌子

　　昨天下午得到爸爸同意后，我向杜塞尔先生请求他允许我（我是不是很有礼貌？）每周两个下午从四点到五点半，可以用我们房间的桌子。每天下午两点半到四点杜塞尔都会小睡一觉，这时桌子归我用，但其余时间我碰都别想碰。下午要在隔壁房间学习是不可能的，那里一片忙乱，况且爸爸有时也喜欢用那里的桌子。

　　我的要求一点儿也不过分，而且我是非常礼貌地向杜塞尔提出的。可你知道这位知书达理的长者是怎么回答的吗？"不行。"多么干脆的"不行"！

　　我生气极了，不甘心就这么被打发掉。于是问他为什么不行，可这一点儿用也没有。因为他振振有词地回答说："我得在这儿工作，你知道，如果每天下午不能用这张桌子，我的计划就泡汤了。我必须完成我的任务，不然就前功尽弃啦。再说，你做那些事只是好玩儿。研究神话，那算什么学习啊？看书和织毛衣也不算。反正我得用桌子，谁也不让！"

　　我回答说："杜塞尔先生，我干的是认认真真的事。下午在隔壁房间我没法学习，如果你能答应我的请求，我会很感激的！"

　　说完这番话，生气的安妮转过身，对这位博学的医生看都不想看一眼。我那么有礼貌，杜塞尔却粗鲁得吓人（难道不是吗？）。我简直气得火冒三丈。

　　那天晚上，我想法让皮姆帮忙，我把杜塞尔的话都告诉了他，我们一起讨论了下一步该怎么做。我不想放弃我的要求，而且希望由我自己来处理这事。皮姆大致给了我一些建议，教我怎么和杜塞尔商量，还提醒我不要慌，最好等到明天再说。我没理会爸爸的提醒，只等一洗完碗就和杜塞尔摊牌。爸爸就坐在隔壁房间，这让我感到安心。

我开口说道："杜塞尔先生，你似乎认为对这件事没有商量的必要了，但我求你再考虑一下。"

杜塞尔一副和蔼可亲的样子，笑着对我说："我可以和你商谈这事儿，虽然我认为我们早就谈妥啦。"

不管杜塞尔想说什么，这次我坚持把自己的想法说完，不让他打断。"你才来的时候，我们同意两个人分享这个房间。要说完全公平的话，就该你用上午，我用下午！可我没那么高的要求，每星期让我用两个下午，该不过分吧。"

杜塞尔的屁股像被针扎了似的从椅子上跳起来。"你没有权利谈论分享房间的事。你打算叫我上哪儿去呢？是不是我该让凡·达恩先生在阁楼上给我单独盖间屋子呢？你总是在找碴子。要是你姐姐玛格特——她可比你更需要学习的地方——要是她向我提出这样的要求，我决不会想到拒绝，可是你……"

和上次一样，杜塞尔又把读神话和织毛衣提出来嘲笑了一通；和上次一样，我感到又羞又恼。但我一点儿也没表露出来，只是让杜塞尔把他的话讲完：

"我跟你没啥好谈的。你自私得要命，自己想干啥就干啥，把谁都不放在眼里。真没见过你这样的孩子。可说来说去，我怎么敢不依你的要求呢，我可不想以后让大家说安妮·弗兰克考试不及格，都怪杜塞尔先生不让她用桌子！"

他滔滔不绝地说啊说啊，到后来我根本不晓得他在说什么啦。我脑子里一忽儿想："这个满嘴谎话的老头儿，真想朝他那丑陋的脸上扇一耳光，让他痛得跳起来！"一忽儿又想："冷静些吧，他才不值得你这么生气呢!"

杜塞尔的怒火最后终于发泄完了，带着得意扬扬又愤愤不平的表情，他离开了房间，他的上衣口袋胀鼓鼓地装满了食物。

我赶忙跑到爸爸房间，告诉了他我们谈话的全部内容，或者说他没听到的那些内容。皮姆决定当晚就和杜塞尔谈一下，结果他们聊了半个多钟头。

他们先谈安妮是否可以使用桌子的问题。爸爸说他和杜塞尔以前曾就这个问题讨论过，但那次他同意杜塞尔的意见，是因为不想当着年轻人的面反驳他这位长者，实际上当时他就觉得很不公平。杜塞尔说，我没有权利说他是一个"入侵者"，什么东西都想据为己有。爸爸坚决地说，谈话他都听到了，我并未说过这种话。他们俩就这样翻来覆去争论着，爸爸极力为我辩解，说我不是"自私"，我做的那些事不是为了"好玩儿"，杜塞尔则嘟嘟囔囔抱怨个没完。

最后杜塞尔不得不妥协，我得到允许，每周有两个下午可以不受打扰地享用桌子。杜塞尔的脸色阴沉得吓人，整整两天没跟我说一句话，而且从五点到五点半一直占据着桌子——真幼稚，不是吗?

一个人到了五十四岁还这么小气和死板，那一定是生就如此，没法子改变了。

安妮

1943年7月16日　星期五

亲爱的凯蒂：

小偷又光顾我们的房子了，这次是真的！今天早上七点，彼得和平常一样下楼到仓库，结果发现仓库门和大门都开着。他马上去告诉了皮姆，皮姆到私人办公室把收音机调到德国台并锁上门，然后两人一起上了楼。每当发生这种情况，我们的规则是"不能洗漱，不开水龙头，保持安静，八点之前穿好衣裳，不上洗手间"，我们照常严守规定。庆幸的是昨晚我们都睡得很好，没听见什么声音。但整个上午办公室都没人上楼来过问，这又让我们很生气。我们如坐针毡地待到十一点半，克莱曼先生才上来。他告诉我们窃贼用铁橇把大门和仓库门撬开了，他们发现楼下没有值得偷的东西，就爬上二楼碰运气。他们偷走了两个现金盒，里面有40盾，还偷了几本空白支票簿，最糟的是330磅食糖配给券也被偷了，那是我们全部的配额。要想弄到新的，简直不可能。

库格勒先生认为这个小偷和六个星期以前试图撬开三个门（仓库门和两道大门）而没能成功的那个贼是一伙的。

盗窃事件再次让我们深感不安，但似乎就是这种刺激，让密室里一下子有了生机。藏在我们衣橱里的收银机和打字机平安无事，这自然又让我们高兴了一番。

安妮

又及：英军正在西西里岛登陆。离反攻又近了一步……

1943年7月19日　星期一

亲爱的凯蒂：

阿姆斯特丹北部星期日受到了严重的轰炸。到处被炸得稀烂，一条条街道变成了废墟，要挖出埋在下面的人需要费一些时间了。到现在为止，有两百人死亡，无数的人受伤；医院已经挤不下了。我们还听说孤零零的孩子们在冒着烟的废墟中寻找他们死去的父母。只要一想到远处那低沉的嗡嗡声，我就忍不住发抖，那意味着毁灭离我们很近了。

安妮

1943年7月23日　星期五

亲爱的凯蒂：

贝普现在能弄到笔记簿了，特别是日记账簿和分类账簿，这对正在学记账的姐姐很有用！还能买到其他的笔记本，不过别问它们有多难看，多不经用。现在它们都标着"无票供应！"的字样。像所有那些无需配给券就能买到的东西一样，它们也一钱不值。一个本子只有十二页纸，灰纸上印着又窄又斜的格子。玛格特想学书法，我鼓动她马上开始。妈妈不让我学，怕我眼睛受不了，不过我想那只是瞎操心。不管我学书法还是干别的，结果都一样。

你从没经历过战争，凯蒂，虽然有我给你写信，但对我们过的这种生活，你了解得还是很少。为了开心一下，让我给你讲讲我们重新走出密室那一天，每个人最想做的是什么吧。

玛格特和凡·达恩先生别的什么都不想，就想洗个热水澡，把浴缸灌得满满的，在里面泡上半个多钟头。凡·达恩太太想吃上一块蛋糕，杜塞尔一心只想见到他的夏洛特，妈妈渴望喝一杯真正的咖啡。爸爸想去看望沃斯库勒先生。彼得要去城里面逛逛。至于我，简直高兴得不知该做什么好啦。

首先，我想有个属于我们自己的家，能自由地走来走去；其次，又有人帮我，和我　起做作业，换句话说，我又可以上学啦！

贝普答应给我们买一些水果，听听所谓的"便宜价"：葡萄每磅2.5盾，醋栗每磅0.7盾，桃子每磅0.5盾，西瓜每磅0.75盾。难怪每天的晚报上都用粗大的黑体字写着："降低物价！"

安妮

1943年7月26日　星期一

亲爱的凯蒂：

昨天真是慌乱不堪的一天，我们到现在都还感到紧张。你一定很纳闷，我们到底能不能过上哪怕一天安宁的日子。

早上第一声警笛拉响时，我们还在吃早饭，谁也没在意，因为都知道那不过是飞机正在穿越海岸。我头痛得要命，吃完饭又躺了一个小时，两点左右我下楼到了办公室。

两点半，玛格特干完了办公室的活儿，正收拾东西，警报响了，像一声声惨叫。我们赶快咚咚咚地上了楼。不到五分钟，猛烈的枪炮声开始了，响得真是时候，我们只好站在过道里躲避。炸弹不停地扔下来，整座房子都在摇晃。我紧紧抓住我的"逃生包"，不是想逃，而是恐惧使我忍不住想抓住什么东西。我很明白我们根本不可能离开这里，即便迫不得已离开了，暴露在大街上和在这里受空袭威胁同样危险。半个钟头后，隆隆的飞机声终于消失了，我们的房子恢复了平静，又有了生气。彼得从他阁楼里的"瞭望台"下来了，杜塞尔仍旧待在前办公室，凡·达恩太太觉得私人办公室才最安全，凡·达恩先生一直在阁楼里望着窗子外面。我们也从过道上散开，去看港口上升起的一道道烟柱。一股呛人的火药味和烟味儿很快弥漫了房间，从窗外看出去整个城市好像笼罩在浓雾之中。

这场面不可能叫人开心，幸运的是我们又躲过了一劫，可以照旧做各自的事情了。第二轮空袭警报来临时，我们刚开始吃晚饭。饭菜很可口，但听到警报声我的胃口全没了。这次什么事也没有，四十五分钟后警报解除。可我们刚刚洗完碗，又响起了空袭警报，紧接着是枪炮声，无数的飞机在呼啸。"噢，天哪，一天响两次，"我们全都在说，"一天两次警报，太多了。"可这什么用也没有，炸弹再次像雨点般落下来，这次轰炸的是别的地方。据英国电台报道，史基浦机场（荷兰阿姆斯特丹市郊机场——译者注）被炸了。飞机一会儿冲下来，一会儿升上去，空中萦绕着发动机的嗡嗡声。可怕极了。我脑子里不断想着这样的念头："朝我们冲过来了，这回完了。"

九点上床的时候，我敢说我的两条腿还在打哆嗦。十二点我又醒了：飞机来了！杜塞尔正在脱衣裳，我可管不了那么多，从床上跳起来，一阵射击声让我完全清醒了。我在爸爸床上待到一点，然后才回到自己的床铺，半个小时后又到爸爸床上待到两点钟。飞机仍不停地飞来。后来总算不再开火了，我也能够进入"睡乡"了。两点半，我终于睡着了。

今天早上七点我惊醒了，坐在床上，看见凡·达恩先生和爸爸在说什么。我的第一个念头就是：小偷又来了！"所有的东西。"我听见凡·达恩先生说，我马上想到所有的东西都被偷走了。但我想错了，这次真是个好消息，我们好久都没听到过这么好的消息了，也许从战争开始以来最好的消息。墨索里尼下台了，意大利国王接管了政府。

我们高兴得手舞足蹈。在经历了昨天的恐怖后，总算等来了大快人心的消息，让我们有了盼头！盼望战争结束，盼望和平。

库格勒先生来了，告诉我们福克飞机制造厂损害非常严重。今天早上又响了一次空袭警报，随后成群的飞机飞过去，接着又响了警笛。我受够警报声了。它吓得我没法睡觉，什么事也不想干。不过现在，对意大利局势的关心，对战争在年底将会结束所抱的希望，让我们又兴奋得睡不着了。

安妮

1943年7月29日　星期四

亲爱的凯蒂：

凡·达恩太太、杜塞尔和我今天洗碗的时候，我安静得一声不吭。这种情况太少见了，他们肯定会注意的，为了避免他们问东问西，我在脑子里费力地搜寻着合适的话题。很快我想到了《街对面的亨利》这本书，我觉得聊这个话题一定错不了，谁知我大错特错啦。即使凡·达恩太太不说我什么，杜塞尔先生也不会放过我的。这全都因为杜塞尔给玛格特和我推荐了这本书，说它写得棒极了，可我们觉得根本不是那回事儿。书中的小男孩倒是刻画得不错，但其余的……还是不提为妙。于是我边洗碗边谈了些我的看法，结果惹得杜塞尔好一顿数落。

"你怎么懂得了成年男人的心理呢？顶多懂一点小孩子的罢了！你太年轻无知了，根本理解不了这样的书。就算二十岁的人也不一定能理解。"（真不知他干吗那么费心地为我们推荐这本书。）

凡·达恩太太和杜塞尔继续滔滔不绝地演说："你知道太多你不该知道的东西。你从小到大所受的教育就有问题。等你长大后，会发现你对什么都不再感兴趣。你会说：'哦，二十年前我就从书里读到啦。'你要是想找个丈夫或者想谈恋爱，最好抓紧时间，不然到头来对一切都会失望。理论上该懂的，你都懂得了。可实践呢？那完全是另一回事儿！"

你能想象我的感受吗？我回答得那么镇定，连自己都感到吃惊："你们可以说我没被教育好，但有很多人不会这么看的！"

他们显然认为，良好的教养就是让我拼命和我的父母唱反调。他们就是这么干的。他们还认为对我这种年龄的女孩，最好不要谈成年人的事情。像这样教育出来的人长大会怎样，我们都心知肚明。

对他们的取笑，我恨不得报以响亮的耳光。我简直气疯了。要是我能知道还得和他们一起生活多久就好了，那我一定会数着手指头过日子。

凡·达恩太太真是好样的！没错，她树了一个榜样——一个坏榜样！她极其好胜、自私、诡计多端、精于算计、永不满足，对了，还要加上爱慕虚荣、卖弄风情。可以毫无疑问地说，她是个彻头彻尾的卑鄙小人。关于她，我可以写一整本书，谁知道呢，说不定哪天我真会写的。给自己披上件迷人的外衣，这样的事谁都会做。凡·达恩太太对陌生人很友好，特别是男人，所以和她初次相识的人很容易被她的外表迷惑，对她产生好感。

妈妈认为凡·达恩太太蠢得没法形容，玛格特认为她很琐屑无聊，皮姆觉得她太丑（字面意义的和比喻意义的）。经过长时间观察（并非一开始我就对她抱有偏见），我可以得出结论说他们三个人都说得对，但实际上远不止这些。她的坏德性太多了，仅仅挑一两条来说有什么意义呢？

安妮

又及：写这封信时，安妮愤怒激动的心情还未平静，请你体谅好吗？

1943年8月3日　星期二

亲爱的凯蒂：

战争局势在向有利方面发展。意大利取缔了法西斯党。各地的人们都投入了反法西斯的斗争——甚至军队也参加了。这样的国家怎么还可能和英国交战呢？

我们漂亮的收音机上周被拿走了。杜塞尔非常生气，就因为库格勒先生在规定的日期上交了收音机。我对杜塞尔的评价愈来愈低了，低得简直没法形容。不管是谈政治、历史、地理，还是别的事情，他的话都那么可笑，我都不好意思重复了：希特勒将从历史上消失，鹿特丹港比汉堡港大，英国人真是笨蛋，不抓紧时机把意大利炸成碎片等等。

我们刚刚受到第三次空袭。我决心咬紧牙关，让自己变得勇敢些。

凡·达恩太太平时总说什么"让他们炸吧"，"与其要死不活的，不如死得痛快"，到头来却是我们中间最胆小的一个。今天早上她就像风吹树叶般直打哆嗦，吓得哭起来。幸好有她丈夫安慰她，他们吵了一个星期的嘴，最近才和好。看着他们俩那样子，我真有几分感动。

养猫有利也有弊，对这一点我更加深信不疑了，莫西就是一个证明。现在整个屋子里都长了跳蚤，而且一天比一天猖獗。克莱曼先生在房间每个角落都撒了黄色的药粉，但跳蚤根本不在乎。我们全都被弄得神经兮兮的，随时都在担心自己的胳膊、腿或身体其他部位被跳蚤咬上一口，结果只好站起来做做操，这样就可以趁机好好检查一下手臂和脖子啦。不过这也让我们尝到缺少体育锻炼的苦头，我们的脖子硬得都转不动了。谁让我们早就把做操抛在脑后了呢。

安妮

1943年8月4日　星期三

亲爱的凯蒂：

　　到现在我们躲在密室有一年多了，你对我们的生活也了解了不少。不过我不可能把这里的一切都告诉你，它跟正常时期和正常人的生活相比，相差太远了。尽管如此，为了让你对密室生活有更深的体会，我打算给你讲讲我们的一天是怎么度过的。我就从晚上入睡前讲起吧。

　　晚上九点。密室在巨大的忙乱中迎来了就寝时间。椅子挪开了，床拉出来，毯子铺开——一切都和白天的位置不同了。我睡的小沙发只有五英尺长，得用椅子增加长度。被子、床单、枕头、毯子，这些东西白天都放在杜塞尔床上，现在得一样样拿回我的床上。

　　隔壁房间传来难听的嘎吱声，那是玛格特在搭折叠床。毯子啦，枕头啦，只要可以让那硬邦邦的木板变舒适点，都尽量往上堆。楼上的声音像在打雷，那是身穿粉红色短睡衣的凡·达恩太太，在往窗子边上使劲推她的床，这样她老人家睡觉时，就能用她小巧的鼻孔，呼吸到窗外的新鲜空气了。

　　九点整。彼得洗漱完后，轮到我用洗手间了。我把自己从头到脚洗了个干净，通常都会在洗脸池里发现一只漂浮的跳蚤（当然是在天气比较热的季节里）。接着刷牙，卷头发，修指甲，用双氧水漂白嘴唇上方的汗毛——这些都在半小时内完成。

　　九点半。我迅速穿上浴衣，一手拿肥皂，一手拿便壶、发夹、内裤、卷发器和棉花，匆匆离开洗手间。下一个洗漱的总是会把我叫回去，清除洗脸池里掉落的头发，它们有着美丽的曲线，但看上去却很不雅观。

十点钟。拉上遮光帘，该互道晚安了。接下来，至少有一刻钟，房间里充满了床的嘎吱声和破弹簧的叹息声。然后，假如我们楼上的邻居不来一场临睡前的争吵，一切都安静下来。

十一点半。洗手间的门吱嘎作响。一道细长的亮光照进了房间。鞋子的咔嗒声，巨大的外套，在光照下比我们里面的人显得大得多……杜塞尔结束他晚上的工作，从库格勒先生的办公室回来了。整整有十分钟，我听见他来回走动的声音，纸的沙沙声（他在拆藏在柜子里的食物），随后是铺床的声音。接着他的身影又消失了，只剩下偶尔从洗手间传来的可疑的声音。

大约凌晨三点。我起床，用搁在床下的罐头盒便壶方便，为保险起见，它下面加了个防漏的橡皮垫。我屏住呼吸，可那声音还是像从山坡上流下来的小溪一样清脆响亮。我把便壶放回原位，穿着白睡衣（玛格特每天晚上看我穿上它都要大叫："天哪，难看死了！"）的身影又回到床上。接下来的一刻钟里，必定会有个人清醒地躺在床上，聆听夜晚发出的各种声音。首先，她得听听楼下是否有小偷的动静，然后是各式各样床的声音——楼上的、隔壁的和我自己房间里的，这些声音告诉我谁睡着了，谁又半睡半醒。这一点儿也不好玩，特别当关系到一位叫杜塞尔先生的家庭成员时。一开始，你听到像鱼浮出水面大口喘气的声音，差不多要重复九到十次，直到嘴唇变得湿漉漉的；喘气声和细小的咂嘴声交替进行，跟着是一阵长时间的翻来覆去、摆弄枕头的声音。五分钟难得的安静，接着这所有的声音再从头开始，演练三次以上，然后这位先生总算可以平静地睡一会儿了。

有时候枪炮声响起来，通常在凌晨一点到四点之间。我本来睡得好好的，可突然间，我发现自己已经习惯性地站在床边。有时我睡得很香，梦见自己在背不规则法语动词或者和楼上的人吵架，结果等枪炮声停了后，我才从梦中醒来，这时我就会安静地待在房间里。但通常我总会被惊醒，于是我拿起枕头和手帕，慌忙披上睡袍，趿上拖鞋，冲到隔壁房间爸爸的身边去。对这副狼狈的景象，玛格特在一首生日诗里描述道：

> 当枪炮声在漆黑的夜里响起，
> 门吱嘎一声打开了，
> 你看见一个穿白睡衣的少女
> 抓着手帕，抱着枕头，
> 慌忙向爸爸的大床奔去……

一旦到了爸爸床上，我的心就安定了，除非枪炮声响得特别厉害。

早上六点四十五分。叮铃铃……闹钟响了，声音真刺耳，不管需不需要，闹钟在一天任何钟点都会响。咔嚓——砰——，凡·达恩太太把闹铃摁掉了。吱嘎，嘎吱——，凡·达恩先生起床了，憋着一泡尿飞快地跑向洗手间。

七点一刻。门又吱吱嘎嘎响起来。杜塞尔上洗手间去了。我拉开遮光帘……密室里新的一天开始了。

安妮

1943年8月5日　星期四

亲爱的凯蒂：

今天我想给你说说中午这段时间。

十二点半。密室全体人员都松了口气：那个背景可疑的凡·马伦先生和德·科克先生回家吃午饭了。

　　你听见楼上传来吸尘器的噪声，那是凡·达恩太太在清洁她那块仅有的漂亮地毯。玛格特胳膊下面火着儿本书，去给杜塞尔这个"落后生"上课。皮姆带着他忠实的伙伴——狄更斯的书，找了个角落坐下来，希望能享受片刻的平静与安宁。妈妈急急忙忙上楼，去给那位忙碌的家庭主妇搭把手，而我则趁此机会把洗手间和自己的房间收拾干净。

　　十二点四十五分。楼下的人开始陆续上来：先是吉斯先生，随后是克莱曼或库格勒先生，接着是贝普，有时还有梅普。

　　一点。大家围坐在收音机旁，全神贯注地收听BBC（英国广播公司）的新闻。只有在这个时候，密室成员不会互相争吵，因为就连凡·达恩先生也不可能打断播音员。

　　一点一刻。午餐时间。办公室的每个人都得到一碗汤，外加一块点心，如果碰巧有的话。吉斯先生心满意足地坐在沙发上，或背靠着桌子看报纸，旁边照例摆着汤碗，还蜷缩着那只猫。只要这三样东西少了一件，他马上会大声嚷嚷。克莱曼先生给我们讲着城里的最新消息，他信息真灵通。库格勒先生急匆匆上楼来了，在几声短促有力的敲门声后，他走进房间，两手紧紧交织着，安静得一声不吭；或是搓着双手，高兴地侃侃而谈。这全看他心情的好坏。

　　一点四十五分。大家都离开餐桌，忙自己的事去了。玛格特和妈妈洗碗，凡·达恩夫妇到他们的沙发床上午睡，彼得到阁楼上去，爸爸在他的沙发椅上睡，杜塞尔也躺下了，安妮开始用功了。

　　接下来是一天最安静的时辰，所有人都睡熟了，没有任何干扰。从杜塞尔的表情看得出，他梦见在吃好吃的。不过我可不会一直盯着他看，因为时间跑得太快，不知不觉就到了下午四点，杜塞尔这个老古板正举着闹钟站在我面前，因为我又迟了一分钟给他腾干净桌子。

安妮

1943年8月7日　星期六

亲爱的凯蒂：

　　几个星期以前我开始写故事了，写一些完全虚构的东西。我写得非常带劲，现在，稿子已经摞起了厚厚的一叠。

安妮

1943年8月9日　星期一

亲爱的凯蒂：

　　今天我们接着讲密室怎么度过日常的一天吧。中午那段时间已经说过了，现在该说说晚餐的情况啦。

　　凡·达恩先生。这是我们的"座上宾"，凡是他爱吃的东西从不客气，多多益善。他边吃边参加谈话，少不了发表一通意见。只要他开口，总是他说了算。任何人敢提不同看法，他准会来一场激烈论战。真的，他会像恼怒的猫一样嘘嘘地耻笑你……幸好没人和他抬杠。一旦你见识过他那副德性，绝对不想再跟他较劲。他的见解最高明，什么都比别人懂得多。就算是吧，他的确聪明，可也得意得太过头啦。

　　凡·达恩太太。对于她我真该少说为妙。有时候，特别是情绪不好的时候，她脸色难看得要命。其实仔细想想，每次争论的话题本来与她无关，但她却是挑起争辩的祸首！她这么做，大家都懒得计较。即便如此，还得说她是个"教唆者"！挑拨是非，对她来说好玩极了。当然，是在弗兰克太太和安妮之间挑拨啦，玛格特和弗兰克先生可没那么好招惹。

咱们还是回到吃饭的话题吧。凡·达恩太太总认为她吃得不够多，可实际并非如此。土豆要精挑细选；不管什么菜，量不必多，但一定要最美味、最细嫩、最可口。这就是凡·达恩太太的原则。好吃的自己先吃个够，然后才轮到别人（这正是她口口声声指责的安妮的缺点）。她还有个习惯，在饭桌上喋喋不休，唠叨个没完。只要有人听，她才不管人家感不感兴趣呢。她相信不管凡·达恩太太说什么，别人都会感兴趣。

卖弄风情的微笑，装出什么都在行的样子，给人人都来点建议，母亲般关心每个人——这些自然会给人好印象。可你再多了解了解，好印象消失了。总之，她这人勤快、开心、卖俏——时不时摆出一副媚态。这就是佩特伦莱娜·凡·达恩太太。

第三位食客。年轻的凡·达恩先生通常都非常安静，难得说句什么，让你简直忘了他的存在。至于他的胃口，就像达那伊得斯（希腊神话人物——译者注）的水桶，永远也填不满。一顿饱餐之后，他可以镇定自若地望着你，声称还能再吃那么多。

第四位是玛格特。她吃起来就像小鸟啄食，低着头一声不吭。她只吃蔬菜和水果。"真挑食"，凡·达恩夫妇这么评价。"运动太少，缺乏新鲜空气"，我们却这么认为。

她旁边是妈妈。她有一副好胃口，也很健谈。和凡·达恩太太一样，她看上去一点也不像家庭主妇。要说她们两人有什么不同，那就是凡·达恩太太做饭，妈妈洗碗和打扫卫生。

第六位和第七位。对爸爸和我自己我不想说太多。爸爸是饭桌上最谦虚的人，总是照顾其他人先吃好。他自己好像什么也不需要，最好的都留给孩子们。他是善良的化身。坐在他旁边的，是密室里那个有点"神经兮兮"的安妮。

杜塞尔。从不客气，眼睛总盯着盘子，不说话，只管吃。如果非得谈点儿什么，就谈食物吧。这不会引起争吵，顶多是吹上几句牛皮。他饭量惊人，不管好不好吃，你就没听他说过一次"够了"这个词。

他裤子提到胸口，穿着红色的外套，趿着黑漆皮拖鞋，戴着牛角框眼镜——这就是他坐在小桌子前工作的打扮。除了睡午觉、吃东西和上洗手间（他最热爱的地方），他总是在学啊学，却没一点长进。一天三四次或四五次，总有人站在洗手间门外等，两只脚换来换去，等得心急火燎，都快憋不住了。杜塞尔在意吗？一点儿也不。从七点一刻到七点半，十二点半到一点，两点到两点一刻，四点到四点一刻，六点到六点一刻，十一点到十一点半——这些都是他的"专用时间"，准确得可以给你报时。任凭门外的人大呼小叫，求他开门，不然后果不堪设想，他都能稳坐钓鱼台，死不来气。

第九位不是密室的成员，但她常来陪我们，和我们一起吃饭。贝普的胃口不错，盘子里的东西都吃得干干净净，一点儿不挑食。她是那么知足，真让我们高兴。乐观开朗，脾气温和，心地善良，乐于助人：这就是她的性格。

安妮

1943年8月10日　星期二

亲爱的凯蒂：

我有了个新主意：吃饭时少和大家说话，有话都藏在心里。这有两个好处，一是他们高兴了，不必听我说个没完没了，二来我也不用为他们的指责而烦恼了。我才不觉得我的想法愚蠢，可他们就要这么认为，所以我还是保留我的看法吧。碰上我不喜欢吃的菜，这个办法同样有效。我把菜放在面前，假装它很好吃，尽量不去看它，还没等我尝出味道它已经下肚了。每天早晨起床，也是个难受的时刻。我边跳下床，边想："你马上又会钻回被窝的！"然后走到窗前，拉开遮光帘，凑着窗子缝隙使劲吸气，直到嗅到一缕新鲜空气，这才清醒过来。接着我赶紧把床收起来，免得又想再钻回被窝里。你知道妈妈把这叫什么吗？"生活的艺术"。这么说是不是很好玩儿？

我们上周都有点稀里糊涂，白天晚上都弄不清准确时间，因为我们心爱的威斯特陶伦大钟被运走了，他们要把它熔化了造枪炮用。我还抱着希望，等待他们弄个替代品，不管是锡的、铜的或别的什么材料的，只要能给附近的人们报时就好。

不论我上哪儿，楼上或楼下，大家都朝我脚上投来羡慕的目光，因为我的新鞋子太抢眼啦（在这个非常时期！）。梅普花 27.5 盾为我买到手的。紫红色的绒面皮革，中高鞋跟。穿上它我就像在踩高跷，我本来就够高的，现在显得更高了。

昨天是我最倒霉的一天。先是我右手大拇指被一根粗针扎了，结果玛格特只好帮我削土豆（算我因祸得福吧），可写东西她就没法帮忙啦。随后我狠狠地撞在柜子门上差点没摔倒，惹得大家都说我尽添乱子。他们不让我用水冲洗额头，现在我右眼上方肿了个大包。更糟的是，我右脚的小脚趾又被吸尘器卡住了，流了很多血，痛得要命。可我的大拇指和额头已经够叫我烦心啦，所以我就没理会小脚趾。这可把我害苦了，现在它发炎了，不得不涂上药膏，绑上纱布和绷带。我拖着受伤的脚走来走去，漂亮的新鞋也成了摆设。

杜塞尔一次次让我们处于危险境地。他竟然叫梅普给他带一本反对墨索里尼的禁书。梅普来的时候在路上被一辆党卫军的摩托车撞倒了。她气昏了头，大喊了一句"真该死！"，然后骑走了。我真不敢想象，要是她被带到党卫军总部去会发生什么。

安妮

削土豆——我们小团体的日常工作!

一个人去取报纸(装土豆皮),一个人去拿刀(最好的当然留给他自己用),第三个人准备土豆,第四个准备水。

杜塞尔开始削了。他削得不是很好,但他会不停地削,一边左顾右盼,看别人的方法是不是跟他一样。不,没人跟他一样!

"你瞧,安妮,我是这样拿刀的,然后从上往下削!不对,不是你那样……是这样!"

"我觉得这样更顺手,杜塞尔先生。"我回答得有点儿吞吞吐吐。

"这才是最正确的方法,安妮。你可以照着我学。当然啦,你要坚持你的方法也没关系。"

我们继续干活,与此同时我用眼角的余光瞟着杜塞尔。他一边沉思,一边摇头(肯定是冲我来的呗),但没再说什么话。

我继续削皮。然后看了看爸爸,他坐在我对面。对他来说,削土豆不是日常琐事,而是一件精细的工作。他看书时,后脑勺有条深深的皱纹。他对付土豆、豆子或别的蔬菜时,也俨然是一副全力以赴的样子。他看上去就像一个削土豆的行家,那么投入,凡是经他的手削过皮的,不可能不是最完美的。

我继续干活,时不时抬眼一瞥。凡·达恩太太正努力吸引杜塞尔的注意。她先是拿眼睛朝他那边看,见杜塞尔装不知道,她眨起了眼,杜塞尔依然埋头工作。她故意笑了几声,杜塞尔还是头也不抬。妈妈也笑了起来,杜塞尔对她们俩都不理不睬。没达到目的,看来凡·达恩太太得改变策略了。沉默了片刻,她终于说话了:"我说普弟,你干吗不系围裙呢?不然明天我又得花一整天洗你那满是斑点的外套啦!"

"我没弄脏。"

又是一阵短暂的沉默。"我说普弟,你怎么不坐下来呢?"

"站着挺好的。我喜欢站着干活!"

又是沉默。

"普弟，你瞧你，水溅到衣服上啦！"

"知道了，亲爱的，我会当心的。"

凡·达恩太太苦苦搜寻着话题："我问你，普弟，英国人怎么今天没来轰炸？"

"天气不好，克莉！"

"昨天天气就不错啊，可他们也没出动一架飞机。"

"换个话题吧。"

"干吗要换？这话题怎么啦，我就不能谈谈我的看法吗？"

"不能！"

"到底为啥不能呢？"

"噢，安静点吧，亲爱的！"

"弗兰克先生就和他妻子交谈。"

凡·达恩先生努力抑制着怒火。不用说，这句话让他气极了。可凡·达恩太太根本没有闭嘴的意思："哦，他们永远也不会反攻的！"

凡·达恩先生脸变白了。凡·达恩太太看见他动怒，脸红了，但她才不甘示弱呢，照旧说她的："英国人什么也不干！"

炸弹引爆了："闭嘴吧，别再胡说八道！"

妈妈实在忍不住想笑，我两眼直直地看着前方。

像这样的场景每天都要上演几次，除非凡·达恩先生和太太刚刚大吵了一架，那时他们俩就会谁也不说一句话。

该我去拿土豆下来了，我爬上阁楼，彼得正在上面忙着给他的猫捉虱子。

趁他抬头看我，莫西嗖地一下从他身边跑开了，钻到了窗外的雨槽里。

彼得咒骂着；我一边笑他，一边溜出了房间。

密室的自由时光

五点半。贝普来了，我们晚上的自由时光开始啦。人人都马上忙活起来。我上楼去找贝普，她通常会在楼上先享用一块小点心。她刚刚坐下，凡·达恩太太就忙不迭地说起了她的要求。第一句话总是："噢，亲爱的贝普，还有样东西你能不能帮我……"贝普朝我眨眨眼睛。不管谁上楼来，凡·达恩太太都会絮絮叨叨提起这些话头。也许就是这个原因吧，谁也不爱上楼去了。

五点四十五分。贝普离开了。我到一楼去查看一番，先看厨房，接着看私人办公室，然后到煤仓把猫门（专为猫出入而开的小门或门洞——译者注）给莫西打开。

逐一巡视后，我来到库格勒先生的办公室。凡·达恩先生也在这里，他把抽屉和文件夹搜了个遍，寻找当天的邮件。彼得一手拎着博奇，一手拿仓库钥匙，皮姆吃力地把打字机搬上楼，玛格特在寻找一个安静的角落完成她的办公室活计，凡·达恩太太把满满一壶水放到煤气灶上，妈妈端着一锅土豆下楼来了。我们各自该干什么，心中都有数。

彼得很快从仓库回来了，大家马上问他今天的面包取了没有。没有，他忘了。于是他蹲下来，蜷缩着身子，手脚并用地朝前办公室门口爬去，面包就放在办公室的铁橱柜里，他拿到了面包开始往回爬。至少他打算这样做。可他没想到的是，莫西从他身上跳过去，藏在了办公桌底下。

彼得四处寻找他的猫。嗬，原来在这儿！他又爬回办公室，一把揪住莫西的尾巴想把它拽回来。可莫西嗖地一下逃跑了。彼得连连叹气。这下咋办？莫西正趴在窗台上舔自己的毛呢，看来它非常得意，因为彼得没抓到它。彼得没办法，只好拿起一片面包当诱饵，莫西乖乖地投降了，跟着他离开了前办公室，门在他们身后关上了。

我从门缝里看到了这整个过程。

凡·达恩先生砰地一声，气愤地把门关上。玛格特和我交换了下眼神，我们心里都知道：准是库格库先生弄错了什么，让他气成这样，都忘了隔壁的克格公司还有人没下班呢。

走廊里响起了一阵脚步声，是杜塞尔来了。他照例要走到窗户跟前，又是吸鼻子、咳嗽，又是打喷嚏、清嗓子。真不幸，都怪那该死的胡椒。接着他走向前办公室。窗帘是拉开的，这意味着他没办法在那里给心上人写信了。他愁眉苦脸地离开了。

玛格特和我又交换了下眼神。"明天该挨心上人的训啦。"我听见她咕哝道。我赞同地点了点头。

一阵笨重的脚步声传来，就像一头大象在爬楼梯。那是杜塞尔到他最心爱的地方寻求安慰去了。

我们继续干活。笃——笃——笃——，三声敲打，告诉我们晚饭时间到啦！

1943年8月23日　星期一

亲爱的凯蒂：

钟敲响了八点半。

玛格特和妈妈开始感到紧张。"嘘……爸爸。安静，奥托。嘘……皮姆！八点半了，快过来，别再放水啦。轻点走！"她们俩轮番对洗手间的爸爸说着这些话。钟一敲响八点半，他必须回到起居室。不能开水龙头，不能冲马桶，不能到处走来走去。只要楼下办公室的人还没到，楼上的声音就很容易被仓库的工人听到。

八点二十，我们楼上的房门打开了，接着是三声轻轻敲击地板的声音——安妮的热麦片粥准备好了。我爬上楼梯去取自己的"小狗"

碟子。

随后我回到楼下。现在得飞快做好每件事，快，再快点：我梳头，收拾便壶，把床推回原位。安静！钟敲响了八点半！凡·达恩太太换了鞋子，趿着拖鞋在房间里走来走去；凡·达恩先生的动作简直就像查理·卓别林。一切都安静了。

现在这才是最理想的家庭生活场景。我只想读书或学习，玛格特也是。爸爸和妈妈同我们一样。爸爸坐在床沿上（当然是带着他的狄更斯和词典啦），那张床一坐就凹陷下去，发出咯吱咯吱的响声，连张像样的床垫也没有。那就垫两个沙发垫凑合下吧，可爸爸却说："不用，没必要"，"我能对付！"

他开始看书了，专心得头也不抬一下，不时发出笑声，然后硬要拉着妈妈和他一起欣赏某个情节。

"我现在没空！"

他做了个失望的表情，又接着看书。

过了一会儿，他又读到某个精彩的段落，便又开始劝说："这一段你非听不可，孩子他妈！"

妈妈坐在折叠床上，读书、做针线活、织毛衣或者学习，这些事一件件都列在她的清单上。只要她突然想起了什么，就会马上说："安妮，记下这个……玛格特，把那个写下来……"免得她忘了。

随后又是一片寂静。玛格特啪的一声合上了书。爸爸皱着额头，眉毛可笑地弯成两道弧线，后脑勺的那道"读书纹"也现了出来。他再次深深地沉浸在书里。妈妈和玛格特开始闲聊，我好奇地听了起来。皮姆最后也加入到谈话中……九点钟，该吃早饭啦！

安妮

1943年9月10日　星期五

亲爱的凯蒂：

　　每次写信，我都会给你讲些最新发生的事情，总是不愉快的多，愉快的少。可这一次，我要告诉你一个特大的好消息。

　　9月8号星期三那天，我们收听七点钟的新闻时，听到收音机里宣告："现在播报一条关于战争的最好的消息：意大利投降了。"意大利无条件投降了！来自英国的荷兰语电台八点一刻报道了这条新闻："听众们，就在一小时十五分钟前，我刚刚写完今天的新闻日志，就收到了意大利投降这条激动人心的消息。可以告诉你们，我从没这么高兴地把我的笔记稿扔进废纸篓里！"

　　随后播放了英国国歌、《上帝保佑国王》和苏联的《国际歌》。像往常一样，荷兰的节目令人振奋，但并不十分乐观。

　　英国人已经抵达了那不勒斯。意大利北部被德军占领。停战协议在9月3号星期五，也就是英军抵达意大利那天签订。德国人在他们所有的报纸上咆哮，痛骂和指责意大利元帅巴多格里奥和意大利国王背信弃义。

　　此外，还得告诉你一个坏消息，是关于克莱曼先生的。你知道，我们都非常喜欢他。他总是那么快乐开朗，还有着令人敬佩的勇气，尽管他身体一直不好，受着病痛折磨，不能吃太多东西，也不能经常走路。"克莱曼先生一进来，屋子里就阳光普照。"妈妈最近这么说，她说得对极了。

　　现在他必须去医院做一个非常复杂的胃部手术，然后至少在那里待上四周。你真该看看他和我们告别的样子。他显得那么平静，好像只是出门去办一桩小事。

安妮

1943年9月16日　星期四

亲爱的凯蒂:

　　密室里的人们关系变得越来越糟。吃饭时我们都不敢张嘴（除了咽下一小口食物），不管我们说什么，不是惹得某个人生气就是被人误解。沃斯库勒先生偶尔会过来看我们。不幸的是，他情况不太好。由于他现在似乎抱着这样一种心态:"反正活不长了，我才不在乎呢!"这给他的家人造成很大不便。每当想到这里的人们是多么难相处，我就好像体会到了沃斯库勒家人的心情。

　　我每天都在服一种缬草滴剂（一种镇静剂——译者注）对付焦虑和抑郁，可这有什么用呢，第二天我会变得更沮丧。一次开怀大笑比十滴药剂管用多了，可笑在我们这儿几乎已经被忘记了。有时我真担心我的脸会因忧伤而变得皮肤松弛，嘴角难看地耷拉着。其他人也好不了多少，每个人都在为即将到来的冬天而忧心忡忡。

　　还有件让人高兴不起来的事——那个在仓库工作的凡·马伦先生开始对密室起了疑心。也难怪，只要稍稍有点头脑的人都会注意到，梅普有时会说她去实验室，贝普说她去文件室，而克莱曼先生则去欧佩克达公司取存货。不过，库格勒先生已经声明，密室根本不属于这幢楼房的主人，而属于隔壁的公司。

　　我们并不在乎凡·马伦先生对这些事怎么想，只是他这个人很不可靠，好奇心又特别重，不是随便编个借口，就可以搪塞过去的。

　　有一天库格勒先生为了小心起见，在十二点二十分时穿上大衣走到街角的杂货店，不到五分钟后他回来了，像个贼一样偷偷摸摸地爬上楼梯进了密室。一点一刻他正准备下楼，贝普出现在楼梯口，告诉他凡·马伦在办公室里。库格勒先生只好掉头回到密室，在这里待到一点半。随后他脱掉鞋子，只穿着袜子（也顾不得自己感冒了）上了阁楼，从那里的楼梯爬下去，每迈一步都小心翼翼，以免梯子发出吱嘎声。就这样他足足花了十五分钟才走完那道楼梯，然后从外面安全地进了办公室。

与此同时，贝普也摆脱了凡·马伦，到密室来告诉库格勒先生可以回去了。但那会儿他已经蹑手蹑脚地爬到了楼梯上。要是过往的行人看见这位经理大人在大街上穿鞋会怎么想呢？嘿，快看，那个人穿着袜子出门！

安妮

1943年9月29日　星期三

亲爱的凯蒂：

今天是凡·达恩太太的生日。除了三张购买奶酪、肉和面包的配给券，我们还送给了她一罐果酱。她丈夫、杜塞尔和楼下办公室的人们给她送了鲜花和食物，此外就什么也没有了。我们就过得这么寒碜！

贝普上星期紧张得要命，要她做的事太多了。一天有十次她被大家支出去买东西，每次都得马上去买，要不就是得重跑一次，或者怪她全买错了。你想想，她每天还有办公室的活儿要干呢，克莱曼先生身体不好，梅普感冒了在家休息，贝普自己的脚也扭伤了，又得为男朋友担心，家里还有一个牢骚满腹的父亲，这一切简直让她筋疲力尽了。我们安慰她，要她试着拒绝一两次，说自己没时间，这样购物清单就会自动缩减啦。

星期六我们这儿上演了一幕从未看过的好戏。它从谈论凡·马伦开始，最后以吵吵嚷嚷和眼泪收场。杜塞尔对妈妈抱怨说，在大家眼里他就像个传染病人，没人对他友好；当然，这也不怪我们，他毕竟没做什么值得大家敬重的事情。接着是一连串甜言蜜语，但幸好妈妈这回没被他的话打动。她告诉杜塞尔我们对他的确很失望，不止一次，他给大家带来极大的烦恼。杜塞尔发誓说他一定要改变这种情况，不过，跟往常一样，你别指望他会有丝毫的改变。

凡·达恩家现在惹麻烦了，我看得出来！爸爸气愤极了，因为凡·达恩夫妇瞒着我们把肉和别的东西悄悄藏起来。天哪，气氛紧张得就像定时炸弹要爆炸了一样！要是我没搅和在这些事情里就好了！真希望我能离开这儿！他们都快把人逼疯啦！

安妮

1943年10月17日　星期日

亲爱的凯蒂：

克莱曼先生回来了，谢天谢地！他脸色有点儿苍白，但还是高高兴兴出门去给凡·达恩先生卖衣裳去了。情况真糟糕，凡·达恩先生家的钱用光了。他们最后的一百盾在仓库里丢失，这也给我们带来了麻烦：人们都想知道，在星期一早晨的仓库里怎么会有一百盾现金呢。疑点太多啦。况且，钱是被偷走的。小偷又是谁呢？

不过我还是继续说凡·达恩家缺钱的事吧。凡·达恩太太的裙子、外套和鞋子多得不计其数，可哪样她都舍不得卖。凡·达恩先生的西服根本卖不出去，彼得的自行车拿到市场上去，结果又被送回来了，没人想买。事情还没完呢。现在不得不卖掉凡·达恩太太的毛皮大衣啦。可在她看来，公司应当给我们付生活费，她想得太美了。他们夫妇俩为此刚刚人吵了一架，不过现在已进入和解阶段，又开始满嘴都是"噢，亲爱的普弟"和"心爱的克莉"了。

过去一个月来，这幢房子里发生的争吵和谩骂简直让我头昏脑涨。爸爸随时随地紧闭双唇，听到有人叫他就显出惊慌失措的样子，好像生怕又被叫去解决什么棘手的问题。妈妈的脸因为焦躁布满了红晕，玛格特抱怨头痛，杜塞尔说他睡不着，凡·达恩太太整天发火，我快要疯了。说实话，有时我都弄不清到底谁跟谁在吵架，谁又跟谁和好了。唯一能让我不去想这些的就是学习，最近我可没少用功呢。

安妮

1943年10月29日　星期五

亲爱的凯蒂：

克莱曼先生又不好了：他的胃叫他一刻也不得安宁。他甚至都不知道出血止住了没有。他上楼来告诉我们感觉不舒服，要回家去了，我们头一次看见他情绪这么的低落。

这些天来，凡·达恩夫妇没少吵架，还吵得非常凶。原因很简单：他们没钱了。凡·达恩先生想卖掉他的一件大衣和一套西服，但找不到买主，他要价太高了。

前段时间克莱曼先生谈到了他认识的一个皮货商。凡·达恩先生听说后就劝他妻子把她的皮大衣卖了。那是件兔皮大衣，穿了17年了。皮大衣卖了325盾，真是笔大价钱。凡·达恩太太想把钱留到战后给自己买新衣裳，凡·达恩先生费了好大的劲给她解释，现在急需这笔钱贴补家用。

　　你想象不出那尖叫、吵嚷、跺脚和咒骂的声音有多响。简直太可怕啦。我们全家人都屏住呼吸站在楼梯下面，随时准备冲上楼去把他们两人拉开。所有这些争吵、眼泪和神经质的发泄让我感到紧张和压抑极了，晚上我倒在床上边哭边感谢老天，总算还有这么一点儿属于自己的时间。

　　除了没胃口，我的情况还过得去。可大家整天在我耳边说："天哪，你脸色糟透了！"我得承认他们的确想尽办法让我保持良好的状态，葡萄糖、鱼肝油、酵母片和钙片没断过。但我的神经还是不争气，一到星期天更是难受得要命。空气是那么沉闷、压抑、令人窒息，时间过得慢吞吞的，像铅一样沉重。外面听不到一声鸟叫，死一般的寂静笼罩着我们的房子，这寂静牢牢地抓住了我，好像要把我拖到深渊里去。每当这时，爸爸、妈妈和玛格特对我来说，都不重要了。我在房间里游荡，在楼梯上来回地上来下去，像一只折断翅膀的鸟儿在漆黑的笼子里挣扎，徒劳地撞击着冰冷的栅栏。有个声音在我心中呼喊："让我出去，让我吸一口新鲜的空气，开心地笑一次！"我躺在沙发上，没有力气理睬任何人。只有睡着了，才能让时间过快点儿，让这死一般的静寂和恐惧的日子过快点儿，要想彻底摆脱它是不可能的。

安妮

1943年11月3日　星期三

亲爱的凯蒂：

　　为了让我们少想些烦心事，同时也多学点东西，爸爸从函授学校订了一份课程目录。玛格特把那本厚厚的小册子研究了三遍，没找到一样合她心意的科目，要不就是嫌费用太贵了。爸爸比较容易满足，决定试报一门"基础拉丁语"课程，而且说做就做。课本到了，玛格特马上劲头十足地看了起来，并决定学这门课，也不提什么费用的事了。虽然我也很想学，但又觉得太难了。

不过我也有了新任务。爸爸让克莱曼先生给我买一本儿童版的《圣经》，这样我就可以对《新约全书》有所了解了。

"你打算光明节送安妮一本《圣经》吗？"玛格特有点困惑地问。

"是的……嗯，也许圣尼古拉节更合适吧。"爸爸回答。

耶稣和光明节可过不到一块儿去。

我们的吸尘器坏了，我只好用一把旧刷子给地毯刷灰。窗户关得严严的，屋子里开着灯，点着炉子，我趴在地毯上卖力地干着。"不行，这不对劲。"我心想，"肯定有人会抱怨的。"我想得没错：房间里尘埃弥漫，弄得妈妈直喊头痛，玛格特的新拉丁语词典上积了厚厚一层灰，皮姆则说地板看上去并没什么变化。没一个人感谢我辛勤的劳动。

从现在开始，星期天早上我们七点半点炉子，不再是五点半了。我觉得这有些危险，要是邻居看见我们的烟囱在冒烟会怎么想呢？

窗帘也是个问题。自从我们藏到这儿，它们就牢牢钉在窗户上。可有时候总有那么一位女士或先生忍不住诱惑，想偷看一下外面的风景。结果便会招来七嘴八舌的指责。而那个人总是回答："哦，没人会注意的。"所有粗心的行为都是这样引起的。没人会注意，没人会听见，没人会发现一点儿痕迹。说起来轻松，可谁敢保证真的不会被人发现呢？

激烈的争吵现在少多了，只有杜塞尔和凡·达恩太太还是不和。每次杜塞尔跟我们谈到这位太太，不是叫她"老怪物"就是"蠢老太婆"。凡·达恩太太也不甘示弱，称这位极其博学的先生是"老姑娘"或"神经过敏的老处女"。

他们俩真是锅笑壶黑！

安妮

1943年11月8日　星期一晚上

亲爱的凯蒂：

　　如果你一口气读完我写的这些信，一定会为我变化莫测的情绪感到惊讶。在这里我心情极易波动，这让我非常恼火。但并非只有我是如此，密室的其他成员也一样。要是我被哪本书迷住了，我就得在跟大家说话之前，让自己重新回过神来，不然他们会觉得我脑子有问题。你一定也感觉到了，现在我的情绪总是很低落。我说不清是什么原因引起的，但归根到底还是怪我太胆小吧，这让我随时都提心吊胆。今天晚上，贝普还在这里时，门铃突然响了，响得很久，很刺耳。我的脸一下变得煞白，胃里的东西直翻腾，心跳得像要蹦出来——瞧我都怕成什么样子啦。

　　夜里躺在床上，我看见自己孤零零地关在一座地牢里，爸爸妈妈都不在身边。要么就是在大街上流浪，或是密室着火了，或者半夜突然来人抓我们，我绝望地爬到床下躲起来。这些情景在我眼前闪过，像真的一样。即便不是真的，也让我觉得不久就会变成事实！

　　梅普常常说，她很羡慕我们这里的安宁与平静。她说的也许是实话，但她肯定没想过，我们在这儿是多么的担惊受怕。

　　我根本不敢去想我们的生活还会恢复正常。我确实说起过"战后"要怎么怎么样，但那就像空中楼阁，是根本不可能实现的。

我把我们八个人在密室里的生活看成是一小块蓝天，四周被阴森可怖的乌云笼罩着。我们站在一个严格划定的圆圈里，它还是安全的，但乌云正在逼近，把我们和外面的危险隔开的圆圈越收越紧。我们被包围在一片黑暗和恐怖中，绝望地寻找着出路，却只是互相跌来撞去。在我们下面，是一片混乱的厮杀；在我们头顶，是美丽祥和的蓝天，然而我们只能徒劳地看着这一切。一团团浓浓的乌云将我们与外界切断，让我们既不能上也不能下。我们面前就像有一堵无法穿透的墙，它想把我们压碎，但还没有得逞。我只能哭泣着哀求："哦，让开，退后，给我们一条出路！"

安妮

1943年11月11日　星期四

亲爱的凯蒂：

这篇日记我有一个好题目：《钢笔颂——纪念我的钢笔》。

我的钢笔一直是我最珍贵的物品之一。我非常珍视它，特别是它那粗粗的笔尖，因为只有用粗笔尖我才能书写工整。这支笔有一段漫长而有趣的历史，让我从头给你道来。

九岁那年，我的钢笔用棉布包着从亚琛寄来，它是一件不予出售的样品，是善良的外婆（她当时住在亚琛）送给我的。我得了流感躺在床上休息，二月的寒风在屋外呼啸。这只漂亮的钢笔装在一个红色皮盒里，我一收到它就迫不及待拿给女友们炫耀。我，安妮·弗兰克，现在是钢笔的主人啦，真自豪！

十岁时，爸爸妈妈同意我把钢笔带到学校，老师竟然也允许我用它书写。可到了十一岁，我又不得不收起这件宝贝，因为六年级的老师只准我们用学校的钢笔和墨水。十二岁，我进入犹太中学，为了纪念这个时刻，我得到了一个新笔盒，它同时可以放一支铅笔，还带有拉链，看上去棒极了。十三岁，也就是去年，钢笔跟随我来到密室，在这里我用它写下了无数篇日记和作文。现在我十四岁了，如果不是因为发生了下面的事，我的钢笔将继续陪伴我，发挥它的光和热。

那是星期五，下午五点刚过，我走出房间准备到外面的桌子上写东西，结果玛格特和爸爸把我粗暴地挤到一边，让我给他们腾出位置练习拉丁语。我的钢笔搁在桌子上，还没来得及用，而它的主人叹着气，被迫挪到桌子一头小小的角落上"搓豆子"，就是把豆子上的霉斑擦干净。六点差一刻我扫了地，把垃圾连同烂豆子倒在报纸里，一起扔进火炉。一股熊熊的火焰从炉膛里蹿起来，我心想这真不错，本来奄奄一息的炉火又燃旺了。

一切又安静下来。那两个拉丁语练习生已经离开，我坐到桌前继续做作业，可怎么也不找不到钢笔了。我找了好久，玛格特、妈妈、爸爸还有杜塞尔都帮我找过了。

连钢笔的影子也没见着。

"会不会和豆子一起扔进炉子里了？"玛格特提醒道。

"不会的，不可能！"我回答。

但直到晚上我的钢笔都没出现，我们一致认为它烧掉了，赛璐珞是非常容易燃烧的。这个极令人不快的推测第二天被证实了。爸爸倒炉灰时在灰烬中发现了笔帽上的夹子，金笔尖连一点痕迹也不剩了。"肯定烧化了，沾在渣滓上了。"爸爸猜测说。

这让我感到安慰，一丝小小的安慰：我的钢笔被火葬了，这也是有一天我自己希望得到的！

安妮

1943年11月17日　星期三

亲爱的凯蒂：

最近发生的事情让我们人心惶惶。贝普家的人得了白喉，六个星期之内她都不能来看我们了。没有她，购买食品和其他东西都成了问题，更别提我们多么想念她的陪伴。克莱曼先生还在卧床休息，三星期来除了麦片粥什么也没法吃。库格勒先生快忙疯啦。

玛格特把她的拉丁语作业寄给一位老师，由他批改后再寄回来。她写的是贝普的名字。那位老师人很好，也很风趣。我敢说有玛格特这么聪明的学生，他一定很高兴。

杜塞尔有些心绪不宁，我们都不知道为什么。刚开始是他待在楼上时一声不吭，既不理凡·达恩先生也不理他太太。我们当然都注意到了。这情形持续了好几天，后来妈妈找了个机会劝他，说他这样对待凡·达恩太太是会吃苦头的。杜塞尔说这种状态是凡·达恩先生开的头，他不想打破沉默。我给你解释下，昨天是11月16号，是杜塞尔先生住进密室一周年的"纪念日"。妈妈收到了他送的一盆植物。凡·达恩太太几星期前就在念叨这个日子了，还坚信杜塞尔一定会请我们吃一顿，结果什么也没得到。杜塞尔还从未感谢过我们无私地收留他，这次本可以趁机表示一下感激之情，可他吝啬得连句话都懒得说。十六号那天早上我问他，该祝贺他还是同情他，他回答说随我的便。妈妈插进来想做和事佬，可一点儿用也没有。这件事最后就这样僵持着。

我可以毫不夸张地说杜塞尔的头脑绝对有问题。我们经常暗暗嘲笑他没记性，没主见和缺乏常识。因为听信和传播小道消息，他在我们面前出够了洋相，他都不想想那些道听途说的新闻有多么不可靠。更可笑的是，每次你批评他，他又是保证又是发誓，说一大堆好话，结果根本不照自己说的去做。

人的精神多么伟大，人的行为却何其渺小！

安妮

1943年11月27日　星期六

亲爱的凯蒂：

昨天晚上，我刚睡着，汉妮莉突然出现在我面前。

我看见她站在那里，穿着破旧的衣裳，面容消瘦而憔悴。她眼睛睁得大大的看着我，眼神里充满了悲伤和责备，我仿佛听见它们在说："哦，安妮，你为什么不管我？救救我吧，把我救出这人间地狱！"

我救不了她，我只能站在一旁看其他人受苦和死亡，我能做的就是祈求上帝把她带回我们身边。我只看见了汉妮莉，没有别人，我知道这是为什么。我错怪了她，那时我太不懂事了，体谅不到她的难处。她和另一个女孩很要好，她以为我要把那个女孩夺走。可怜的汉妮莉，她一定难过极了！我知道，因为我也有过这种体会！偶尔我也会看到我的错误和别人的难处，可那只是一瞬间的事，随后我又自私地沉浸在自己的烦恼和快乐中了。

我那样对待她很卑鄙，现在她望着我，脸色苍白，眼里充满哀求，显得那么无助。我多么希望能帮她！亲爱的上帝，我想要的东西我都能有，而她的命运却掌握在死神手中。她和我一样虔诚，也许比我更虔诚，她也总是努力向善。可为什么让我活下来她却可能会死去呢？我们两人有什么不同呢？为什么让我们隔得这么遥远？

　　说实话，我有好几个月没想过她了，不，至少有一年没想过了。我并没有完全忘记她，但直到我看见她站在我面前，才想起她受的所有的痛苦。

　　哦，汉妮莉，我希望到战争结束的那天你能活着回到我们身边，那时我一定要体谅你，善待你，弥补我过去对你做错的一切。

　　可是等到我能够帮助她时，她也不会再像现在这样需要我的帮助了。我不知道她是否想过我，如果想起过，她心里又是什么滋味？

　　仁慈的上帝啊，安慰安慰她吧，让她至少不会觉得孤单。哦，求您告诉她我是多么想念她、爱她、同情她，如果这能让她感觉好受些。

　　我不能再想这些事了，这样想下去什么用也没有。我看见她那双大眼睛一直望着我，让我内心不得安宁。汉妮莉是真的信仰上帝吗，还是只不过勉强相信呢？我对她连这一点也不了解，我甚至都懒得去问她。

　　汉妮莉啊，汉妮莉，我多么希望把你一起带走，希望让你分享我拥有的一切。现在太晚了，我帮不了你，也弥补不了我犯的错误。但我再也不会忘记你，我会一直为你祈祷！

安妮

1943年12月6日　星期一

亲爱的凯蒂：

　　圣尼古拉节快到了，我们都很怀念去年那个漂亮的节日篮子。

　　特别是我，觉得今年要是不庆祝就过了，实在太可惜。我思考了很久，终于想出了一个好玩儿的点子。我跟皮姆商量后，一个星期前我们就动手干起来，给每个人准备一首诗。

　　星期天晚上八点差一刻，我们两个人抬着那只大洗衣篮子咚咚咚地上了楼。篮子上装饰着用粉红色和蓝色复写纸剪的图案花样，还有纸扎的蝴蝶结。最顶上盖了一大张褐色的礼品包装纸，纸上附了一首写在便笺上的诗。每个人都被这件巨大的礼物吓了一跳。我取下那首诗大声念了起来：

> 一年一度的圣尼古拉节
> 再次来到我们的密室，
> 也许今年的节日不能像
> 去年一样欢欢喜喜。
> 那时我们怀着美好的希望，
> 乐观使我们充满信心和力量，
> 相信苦日子就快到头，
> 我们会平安无恙，迎来自由。
> 尽管现实不尽如人意，别忘了今天是节日，
> 我们虽拿不出好东西给大家，
> 却可以做点开心的事：
> 现在请看——每个人的鞋子！

　　当大家从篮子里取出自己的鞋子时，每个人都发出了一串响亮的笑声。每只鞋子里都放着叠得整整齐齐的小纸块，上面写着送给主人的诗。

安妮

1943年12月22日　星期三

亲爱的凯蒂：

我得了严重的流感，直到今天才可以给你写信。在这里生了病真是件可怕的事。每次想咳嗽，我都得躲到毯子里面捂着嘴，一次又一次，拼命忍住不咳出声来。可越忍喉咙越痒，结果我不得不喝加了蜂蜜、白糖或是止咳药水的牛奶。

只要想想所有那些折磨我的治疗方法就让我头晕：发汗，蒸汽疗法，湿敷，干敷，喝热饮料，用棉花擦喉咙，静卧，用热靠垫，用热水袋，喝柠檬汽水，再加每两小时一次的量体温。这些方法真的管用吗？最糟糕的是杜塞尔这次理直气壮扮起了医生的角色，将他油腻腻的脑袋瓜贴到我裸露的胸口上听我的心跳声。他的头发扎得我痒痒的就不说了，这让我多尴尬啊，尽管三十年前他学过医取得了学位，凭什么是他把头贴在我心上呢？毕竟他又不我的男朋友！再说呢，他哪里分得清健康和不健康的心跳声。他应该先把自己的耳朵好好洗一洗，因为他已经聋得要命了。

关于我的病就说这么多吧。现在我又精神饱满了。我长高了差不多半英寸，重了两磅。我的脸色还很苍白，可我多么渴望能早点看书啊。

非常难得的是，密室的人们现在相处得还不错。没有吵过嘴，虽然这种状态不会撑太久。至少有半年时间，我们这幢房子没像现在这样太平过了。

圣诞节我们将得到额外的油、糖果和糖浆。杜塞尔先生送给凡·达恩太太和妈妈一块可爱的蛋糕，作为光明节的礼物。蛋糕是他请梅普烤的，一点儿也不体谅她有多少事情要干！玛格特和我每人得到了一枚用硬币做的胸针，亮闪闪的，我不知道怎么形容，反正很好看。

我也给梅普和贝普准备了圣诞节礼物。整整一个月来我把自己吃麦片粥放的糖都省下来，请克莱曼先生用它们做成了糖馅。

天下着蒙蒙细雨，阴沉沉的，炉子发出难闻的臭味，我们吃下去的东西都沉甸甸地堵在胸口，发出各种各样的咕噜声。

战争陷入了僵局，人们情绪低落。

安妮

1943年12月24日　星期五

亲爱的凯蒂：

以前我就不止一次地告诉过你，在这里我们的情绪都变化无常，很不稳定。最近这种情况在我身上越来越厉害了。"或站在世界的峰顶，或沉入绝望的深渊"（歌德的著名诗句——原注）这句话用来形容我再合适不过了。当我想到我们是这样幸运，当我拿自己和别的犹太人孩子相比，我就像"站在世界的峰顶"。那么"绝望的深渊"呢，举个例子说吧，当克莱曼太太来看望我们，说起他们家朱佩参加曲棍球俱乐部、划船旅行、校园剧演出还有和朋友一起喝下午茶的事情，我沮丧得要命。

我不是嫉妒朱佩，而是多么渴望也能像他那样痛痛快快地玩一回，开开心心地笑一回，哪怕就只有一回。

我们就像传染病人一样被困在这幢屋子里，尤其是在冬天、圣诞节和新年来临之际，更让人觉得如此。说实话，我不该这样写，因为这会让人觉得我忘恩负义。可我没法把什么话都憋在肚子里，所以我还得再对你唠叨一遍我一开始就说过的那句话："纸比人有耐心。"

每当有人从外面进来，衣角带风，脸上沾着寒气，我都忍不住想把头埋到毯子里，免得一个劲儿问自己："我们什么时候才能再次呼吸到新鲜空气？"可我不能那么做——相反，我得高高地抬起头，装出满不在乎的样子。尽管如此，那些想法和疑问还是一次又一次冒出来，在我心头挥之不去。

相信我，如果你像我这样被关上一年半，你也会吃不消的。你内心真实的感受，不管它们显得多么无理和令人不快，是抑制不了的。我渴望骑车、跳舞、吹口哨、看风景，感受年轻的魅力，享受自由的宝贵，可所有这些想法我都不能表露出来。想想吧，如果我们八个人都觉得自己满腹委屈，整天唉声叹气，我们的生活会变成什么样子呢？有时我真的很想问，究竟有没有一个人理解我这些心思，有没有人不在乎我是不是懂得感恩，不在乎我是不是犹太人，而仅仅把我当作一个渴望尽情玩乐的普通的少女？我不知道，也不能跟任何人说起这些，因为那样一来我肯定会哭鼻子的。哭泣可以给人带来安慰，只要你不是对着自己一个人哭。

尽管我懂得太多的道理，也努力克服遇到的各种麻烦，可我还是无时无刻不在希望能有一位理解我的母亲。无论我做什么，写什么，我都在心里想象着将来一定要对自己的孩子做个"好妈咪"。好妈咪是不会把别人说自己孩子的话看得那么认真的，她真正看重的是她的孩子。我不知道怎么才能把意思说清楚，但"妈咪"这个称呼足以代表我的心情。你知道是怎么回事吗？为了让我在叫妈妈时听起来像是我理想中的"妈咪"，我常常叫她"妈姆"；有时也叫她"妈咪"，它们在我心中代表着不完美的"妈咪"。希望有一天我能够由衷地叫她妈咪。对这一切她当然什么也不知道，这样也好，如果她知道了只会不高兴的。

好啦，今天写得够多了。这一气写下来，让我的"绝望"减轻了不少。

安妮

1943年12月27日　星期一

亲爱的凯蒂：

　　圣诞节刚刚过去，我不禁想起了皮姆和去年这个时候他给我讲的故事。那时我还不懂得他的意思。如果他再讲一遍，我也许能告诉他我是理解他的！

　　这个了解那么多人"内心秘密"的人，也需要向别人倾吐他的心事，哪怕只有一次。我想这就是皮姆讲那些故事的原因吧。皮姆从不谈自己，我猜玛格特对这一切也一无所知。可怜的皮姆，他还没有忘记他曾经爱过的那个女孩，这骗不了我。他永远忘不了她。由于这个原因，他才对母亲那么宽容随和，对她的缺点装作视而不见。我希望自己也能像他一样宽容，但不必经受他那样的痛苦！

安妮

1943年12月27日　星期一

亲爱的凯蒂：

　　星期五晚上，我生平第一次收到了圣诞节礼物。克莱曼先生、库格勒先生和两位姑娘让我们大大地惊喜了一番。梅普烤了一个美味的圣诞蛋糕，上面装饰着"和平1944"几个字；贝普送了我们一包饼干，味道达到了战前的水平。

彼得、玛格特和我三个人各得到了一罐酸奶，每个大人都有一瓶啤酒。和以前一样，这些东西都用礼品纸包装得非常可爱，包裹上面还贴着美丽的贺卡。唯一的遗憾就是，这个开心的节日对我们来说得太快啦。

安妮

1943年12月29日　星期三

亲爱的凯蒂：

昨天晚上我心里很难过，因为我又想起外婆和汉妮莉了。外婆啊，我亲爱的外婆，我们对她经受的痛苦了解得多么少啊。她是那么善良和慈祥，对我们是那么关心。最让人感慨的是，她终生都小心翼翼守护着一个"可怕的秘密"（指安妮外祖母身患绝症）。

外婆总是那么和蔼可亲。她不想让我们任何一个人失望。无论发生了什么，不管我有多么调皮，她都会护着我。外婆，你爱我吗，还是连你也像别人一样不理解我？我不知道。外婆生前一定非常孤独，尽管有我们在她身边。即使有很多人爱着你，你仍然会觉得孤独，因为你不是任何人心中的"唯一"。

还有汉妮莉，她还活着吗？她在干什么？仁慈的上帝，请为我看护她，把她带到我们身边。汉妮莉啊，在你身上我看到了自己本来会遭受的可怕的厄运。我一直努力站在你的角度，去感受和思考。那我对这里的一切为什么还会觉得不满呢？

想到汉妮莉和她所受的痛苦，不可能心情愉快，但除此之外，难道我不应该感到快乐、满足和开心吗？我是多么自私和胆小啊。为什么我脑子里想的，做梦梦见的，总是那些糟糕透顶的事情，让我害怕得想要大喊大叫呢？归根到底，是因为我对上帝的信仰还不够虔诚。他给了我这么多我本来不配得到的东西，可我每天还都在做错事！

想想那些你爱的人们所受的痛苦吧，这样你就不会老想着自己，为自己流眼泪。不然的话，你可以为自己哭一整天。你能做的就是向上帝祈祷，祈求他创造奇迹，至少把其中的一部分人救出苦海。希望我的祈祷对他们能有一点帮助！

安妮

1943年12月30日　星期四

亲爱的凯蒂：

自从上一次可怕的争吵后，这里一直风平浪静。不仅我们自己，杜塞尔和"楼上的一家"，甚至凡·达恩夫妇俩都相安无事。不过，一小块暴雨前的乌云正向我们涌来，这一切都是因为——食物。凡·达恩太太想出了一个"绝妙"的主意，每天早上只煎很少一点土豆，然后省着让我们吃一整天。妈妈、杜塞尔和我们其余的人都非常生气，所以现在我们开始把土豆也跟他们分开吃了。我们吃的油一直分配得很不公平，妈妈正准备和他们理论呢。我会随时告诉你有关这件事的趣闻。在过去几个月里，我们的肉是分开吃的（他们油水多，我们的没油水），汤是分开喝的（他们是汤，我们是水），土豆是分开吃的（他们的没皮，我们的有皮），现在除了这些东西，我们又要分开吃油煎土豆了。

干脆大家彻底分道扬镳好啦！

安妮

又及：贝普为我复印了一张"皇室全家福"的明信片。朱莉安娜看上去真年轻，女王也一样。三个小女孩可爱极了。贝普好得简直没法说，你说是吗？

1944年1月2日 星期日

亲爱的凯蒂：

今天早晨，我无事可做，就翻着我的日记，看到了许多与母亲有关的内容，里面激烈的措词让我吃了一惊。我对自己说："安妮，这真的是你在谈论仇恨吗？噢，安妮，你怎么能这样？"

我坐在那里，手中拿着打开的日记，心中纳闷我为什么会有这么大的怨气和仇恨，非得向你倾诉。我试图去理解去年的安妮，并为她道歉；如果我只把对妈妈的这些指责告诉你，而不去试着解释我这么做的原因，我的良心也会不安的。我那时（现在还是）被情绪左右，打个比方说，就像把脑袋潜在了水里面，看什么东西都是从我所处的那个角度，没有冷静地考虑为我多变的性情所伤害和惹恼的人的感受和他们的话语，我当时表现得倒像是我受到了他们的伤害。

我把自己藏匿在自我里，一味地想着自己，不顾及其他任何人，我在日记中平心静气地写下我的欢乐、我的嘲讽和苦闷。这本日记对我来说，非常珍贵，因为它已经成了一部回忆录。不过，其中的许多页，我现在就可以把它们划掉，或者跳过去，在上面写上"这些已成为过去"的字样。

我很生妈妈的气（现在也时常是这样）。她不理解我，这是肯定的，但是我也不理解她。因为爱我，她对我好，对我温柔有加，可由于我经常弄得她难堪，让她下不了台，她变得有些神经质和心情烦躁，我知道这就是她经常对我发火的原因。

为此，我觉得自己受到了触犯，太把这当回事地记在了心里，蛮横地对待妈妈，结果叫她更加的不快活。就这样我们相互地给对方造成不愉快，使对方难过。这是一段我们俩都不快乐的日子，不过，这一切就要过去了。我不愿意看到这种情形，我为自己的行为感到难过，尽管我这么做也是情有可原。

在实际生活中，每当跟妈妈生了气时，我就把自己关在屋子里，愤愤地跺脚，背地里数落她，我把这怒火都宣泄在了日记里。

觉得自己深受委屈，对母亲责备有加的时期已经过去。我变得理智点了，妈妈也不那么神经质了。在我生气时，大多数场合下，我会保持沉默，妈妈也是；表面上看，我们俩的关系似乎好多了。只有一件事我做不到，那就是像个孩子一样的去爱妈妈。

我用这样一个念头安慰自己，宁可把这些不敬的话写在纸上，也别让妈妈把它们听到，记在心里。

安妮

1944年1月6日　星期四

亲爱的凯蒂：

我今天有两件事要向你坦白。这可能会用去不少的时间，可我总得找一个人倾诉吧，而你就是我最佳的人选，因为我知道不管发生什么事，你都会保守秘密。

第一件是关于母亲的。你已经晓得，我常常埋怨妈妈，然后又极力地去对她好。现在，我突然意识到她的问题出在哪儿了。妈妈说过，她更多的是把我们当作朋友而不是女儿来对待。当然，这并没有什么不好，除了朋友怎么也不能取代了母亲的位置这一点。我需要妈妈给我树立一个好的榜样，希望她是一个我所尊重的人，可是，在大多数事情上，她都是一个我不应该去学习的榜样。我有个感觉，就是玛格特在这些事情上的看法和我截然不同，所以她永远不会理解我在这里告诉你的话。而父亲呢，则是避开与母亲有关的一切话题。

在我的想象中，作为母亲，首先应该待人处事相当的圆通，尤其是善于和自己青春期的子女相处，而不是像我的这个妈妈，在我哭的时候，还取笑我。我哭，不是因为我痛苦，而是为了其他的事情。

这听起来似乎很琐屑，可是有一件事我到现在也不能原谅她。有一天，我得看牙科大夫。妈妈和玛格特计划好跟我一起去，并且同意我骑上自行车。谁看完牙医，我们一块出来，玛格特和妈妈却和颜悦色地对我说，她们要去城里逛逛，买点东西，我不记得是买什么了，我当然也想去。可她们不同意，说我骑着自行车不方便。在把我急得眼泪都流了出来时，她俩还有心情取笑我。我气坏了，当街对她们吐舌头。一个小个子老太婆正好路过看到，惊讶得脸也变了颜色。我骑车回到家里，痛哭了好几个小时。说来也奇怪，母亲伤害过我千百次，唯有这一次一想到我当时气得有多么厉害，心中就感到隐隐的刺痛。

我觉得第二件事我不太好开口，因为是关于我自己的。我不是假正经，凯蒂，不过，每次碰到他们详细说起他们上洗漱间的情形（他们经常这么做），我整个人就不舒服。

昨天，我读到西丝·海斯特一篇写脸红的文章。我觉得她好像就是针对我写的。不是说我容易脸红，是文章的其他部分正符合我的情况。作者指出青春期的女孩往往心事多，开始想发生在她们身体上的那些奇妙的变化。我也有这样的感觉，这或许就是我近来见到玛格特、母亲和父亲时不时会感到难为情的原因吧。玛格特比我害羞多了，可她完全不知道难为情。

　　我想我的变化也非常奇妙，我指的不只是我身体上的，也指我心理
上的变化。我从未跟别人谈论过我自己和这些事，所以我只能跟自己说
说。每当我来了月经（到现在只来过三次），我就觉得我身上藏有了一
个美好的秘密，尽管伴随而来的还有疼痛、不适和麻烦。因此，虽然这
事有点讨厌，可我还是有些盼望着那个秘密再度来到我身上的日子。

　　西丝·海斯特说，像我这样年纪的女孩子会觉得自己非常的没有安
全感，会开始发觉她们是有自己的观点、思想和习惯的独立的个体。我
来到这里时，刚好十三岁，比大多数同龄的女孩子们都早熟，我已开始
思考自我，朦胧地意识到我已是一个"独立的个人"。有时晚上睡在床
上，我心中会涌起强烈的欲望，想要抚摸自己的乳房，聆听我心儿的平
稳的跳动。

　　下意识里，在我到来这里之前，我甚至就有这些感觉了。有天晚
上，我住在杰奎琳家里，当时我再也忍不住对她身体的好奇，平时她总
是躲开我，从来没有让我看到过她的身体。作为我们友谊的证明，我问
她，我们是否可以相互抚摸对方的胸部。杰奎琳拒绝了。

　　我还有一种极想要吻她的冲动，结果我吻了她。每当我看到一个女
子的裸体，比如说我艺术史课本中的维纳斯，我就会感到一阵狂喜。有
时候，我发现她们的身体是那么婀娜、窈窕，激动得我几乎快要流下了
眼泪。要是我有个女朋友，该有多好！

1944年1月6日　星期四

亲爱的凯蒂：

　　我想要找个人诉说的愿望变得越来越强烈，于是不知怎么的我想到

了让彼得来担当这个角色。我有几次在白天去到过彼得的房间，他的屋子让人觉得又舒适又温馨。只是彼得太拘谨，怕打扰，很少让人进去坐过，所以我进他的屋子，从未敢多停留。我总是担心他会认为我很烦。我一直在寻找一个理由，能在他的屋子里多待一会儿，希望在无意间能让他跟我交谈起来。昨天我终于等到了这样的一个机会。最近，彼得整天在做猜字谜的游戏，其他的什么事情都顾不上做了。我在帮他，不久我们俩就面对面地坐在他屋子里的桌子旁边，彼得坐在椅子上，我在他的长榻上。

我望着他深蓝色的眼睛，看到我意外的造访让他变得那么腼腆，心中真有一种美好的感觉。我能读出他内心最隐秘的思想，在他的脸上我看出一种不知如何是好、如何来做的迟疑和无助，同时也夹杂着他自己的男子汉意识。看着他那么羞怯，我的心都快要化了。我真想说："把你自己讲给我听吧。从我健谈的外表下面看进我的内心吧。"不过，我很快就发现，想出一些问题来容易，可真要说出口就难啦。

那个下午很快过去了，什么也没有发生，除了我跟他提起过了那篇写脸红的文章。当然，我跟他提的不是我写给你的这些，我只是对他说，随着年龄的增长，他会变得逐渐自信起来。

那天晚上，我躺在床上，哭了好长时间，当然是小声地，免得让人听见。一想到我不得不为此而央求彼得，心里就特别不好受。不过，人都会尽一切努力去满足他们的愿望；比如说我，我已经下定了决心，要更多地到彼得的屋子里找他，让他跟我聊天。

你千万不要以为我爱上彼得了，因为我没有。如果凡·达恩家里生的是个女孩，而不是男孩，我也会争取跟她交上朋友的。

今天早晨，我不到七点钟就醒了，还清楚地记着我夜里做的梦。我坐在一把椅子上，彼得……彼得·思琪弗就在我的对面。我俩看着一本玛丽·鲍斯的画册。梦里的情景还活现在我的眼前，我甚至记得一些画里的内容。不过，可并不止这些呢——再后来，彼得的眼睛与我的相遇，我长时间地望着他满含柔情的褐色眸子。然后他非常轻柔地说："要是我知道，我早就会来看你了！"内心充溢着情感的我把头猛然扭向一边。临了，我觉得他温柔的面颊贴在了我的脸上，那种感觉真有说不出的美妙……

就在这个时候我醒了，可仍然觉得我们俩的脸贴在一起，他那双褐色的眼睛仍然深情地注视着我，深深地看进我的心里，读出了我对他的一往情深。此时，我的眼里又一次注满了泪水，我为再一次地失去他而伤心，同时也感到一阵快慰，因为这让我更加肯定了，彼得·思琪弗依然是我的最爱。

说来也奇怪，我最亲近的人的形象确实会经出现在我的梦里。有一天晚上，我梦见了外婆，我能清楚地看到她柔软、有光泽的皮肤上的褶子。另一次梦见外婆，外婆是我的守护天使。我还梦见过汉妮莉，她依然是作为我的朋友们和所有犹太人受难的象征，于是我为她祈祷，也为所有的犹太人和需要救助的人们祈祷。

啊，彼得，我最最亲爱的彼得。他的形象从来也没有在我的脑子里如此的清晰过。无需他的照片，我就能清清楚楚地看到他。

安妮

1944年1月7日　星期五

亲爱的凯蒂：

我真糊涂。我忘记了我还有一段真正的爱情故事没有告诉你呢。

在我还是一个上幼儿园的小女孩时，我就喜欢上了一个叫塞利·基米尔的男孩。他的父亲出走了，他和母亲，还有一个姨妈住在一起。

塞利有个名叫亚皮的表哥，是个很好看的男孩，他身材修长，长着一头黑发，后来更是出落得像个电影明星似的，他得到的赞扬远远胜过身材短粗、长相滑稽的塞利。有很长的一段时间，无论是去哪里，我和塞利都是一起，不过除了这一点，我的爱在其他方面并没有得到回报，直到我遇见了彼得。我对彼得喜爱有加，彼得也喜欢我，在整整一个夏天的时间里，我们俩都是形影相随。我俩手拉着手儿走在街坊里的情景仿佛还在眼前，彼得穿着一件白色的棉布衬衣，我穿着一条夏天的短裙。暑假结束时，彼得升到了中学七年级，我上了语法学校的六年级。放学后，不是他来找我，就是我去找他，然后一起回家。彼得是那种很酷的男孩：身材修长，眉清目秀，脑子聪明，性情恬静；黑亮的头发，炯炯有神的深褐色的眼睛，红红的面颊，高高的鼻子。他笑起来时更迷人，把他的那股男孩子气和调皮劲儿更凸显了出来。

在暑假里，我后来去了乡下，当我从乡下回来，彼得已经不住在原来的地方；他搬了家，和一个比他大得多的男孩住在一起，显然是这个男孩跟彼得说我还只是个孩子，因为彼得再也没来找过我。我太爱彼得了，不愿意承认这就是事实。我还是一直去找他、缠他，直到我最终意识到如果我再继续追下去，人们该说我是个男孩迷了。

转眼几年过去了。彼得和跟他年龄差不多的女孩子们混在了一起，懒得再来搭理我。我转到犹太人学校，班上有几个男生都喜欢我，有他们向我献殷勤，我倒也觉得美滋滋的。后来，有个叫海勒的男孩发狂似的爱我，不过就像我已经告诉你的，从那以后，我就再也没有喜欢过谁。

有句格言说："时间会治愈了一切伤痛。"我的情形也是如此。我告诉自己我已经忘掉了彼得，一点儿也不喜欢他了。但是我对他的怀念依然那么强烈，到最后我只得承认，我不再喜欢他全是因为嫉妒围在他身边转的那几个女孩。今天早晨醒来时，我意识到我的心仍然没变；恰恰相反，随着年事的增长，我的爱也跟着我一起成长。我现在能理解那时候彼得为什么会认为我还是个孩子，不过，想起他把我忘得一干二净，我心里还是很痛。他的脸是那么清晰地呈现在我的眼前；我知道，除了彼得，没有人能在我心里留下这样的印象。

今天早晨，父亲吻了我，弄得我一整天都是心慌意乱的。我心里在喊："噢，如果吻我的是彼得，那该多好啊！"我的脑子里总在想着他，我一直默默地对自己说，"噢，彼得，我亲爱的，亲爱的彼得……"

可有谁会帮我呢？我只能待在密室里，向上帝祈祷，祈求从这里出去以后，彼得和我能不期而遇，他会从我的眼里读出我对他的爱恋，然后对我说："噢，安妮，要是我知道，我早就来看你了。"

有一次我和父亲说起性的问题，他说我太年轻了，还不会懂这方面的欲望。可我当时就认为我是懂的，现在我更加确信我懂了。对我来说，现在谁也没有我的亲爱的彼得珍贵！

我照镜子看我的脸，看到了它的变化。我的眼睛显得清澈、明亮，而又深邃，我的面颊白里透红（在过去的几个星期里它并不是这样），我嘴唇的线条显得很柔和。看上去似乎很快乐，可我的神情里还是透出深深的悲哀，这叫我嘴角的笑容很快消失了。我并不快活，因为我知道彼得不再想着我，不过，我仍然觉得他在含情脉脉地注视着我，他的漂亮柔软的脸颊贴着我的脸……噢，彼得，彼得，我怎么才能摆脱你在我脑子里的形象？哪一个人能取代你在我心里的位置？我爱你，我对你的爱深似海洋，这爱从我的心中四溢出来，照亮了我眼前的一切。

在一个星期，甚至是在一天以前，如果你要问我，在我的朋友当中，我最可能跟谁结婚，我会回答说："塞利，因为他给我一种安详感与安全感！"但是现在我要大声地说，"是彼得，因为我是用我的整个身心在爱他，我把自己完全地委身于他！"

今天早晨我想象着我和彼得在阁楼上，我俩挨着窗户，坐在地板上，在说了一会儿话以后，我俩都失声痛哭起来。后来我抚摸起他漂亮的脸庞和嘴唇！噢，彼得，快来看我吧。想着我呀，我的最最亲爱的彼得！

安妮

1944年1月12日 星期三

亲爱的凯蒂：

贝普·沃斯库勒已经回来两个星期了，尽管她妹妹得到下个星期才被允许回到学校。贝普得了重感冒在家躺了两天。梅普和让由于消化不良，两天没能过来。

我现在对跳舞，尤其是跳芭蕾舞着了迷，每天傍晚都在勤奋地练习舞步。我把我妈的一件浅蓝色、带花边的短裙改成了一件很时髦的舞衣，上面用一根带子穿过胸前，又打上了一个大蝴蝶结。我把我的一双网球鞋改成芭蕾舞鞋，结果没有成功。我僵硬了的四肢正在恢复到我原来的最好状态。一个高难度的动作是坐在地板上，两手各抓住自己的一个脚后跟，然后把双腿向上升；我在身体下面放了一个垫子，免得我的尾骨硌得难受。

密室里的每个人都在阅读一本叫《无云的早晨》的书，因为里面谈到了许多青年人的问题，我妈妈格外喜欢这本书。私下里我不无嘲讽地想："你为什么不先多关心关心你自己的孩子呢？"

我相信，妈妈以为玛格特和我与父母的关系是天底下最好的了，而且没有哪个妈妈比她更为她的孩子操心。她这时心里想着的一定是姐姐，因为我觉得玛格特和我的思想不一样，表现出来的问题也不一样。

当然啦，我也绝不会当着妈妈的面对她说，她的一个女儿与她所想象的完全不同。那样的话，她会完全不知所措的，不管怎么说，再让妈妈改变是不太可能了。既然如此，我当然不愿意为此再让她伤心。妈妈也感觉到玛格特比我更爱她，不过，她认为这只是跟我现在的成长阶段有关，过了这个阶段，我就会一样地爱她了。

玛格特现在对我很好。她似乎跟从前有了很大的不同。最近一段时间，她几乎很少发脾气，我们正在成为真正的朋友。她不再把我看成一个无足轻重的小丫头了。

说来也奇怪，我有时能用别人的眼光来看自己。我悠然地站在一边，观察着这个叫安妮·弗兰克的人，像是看一个陌生人那样，翻阅着她的生平。

在我未到这里；还没有像现在这样多地去想问题时，我有时觉得自己是个局外人，跟妈妈、皮姆和玛格特不是一家。我有时晃荡来晃荡去的，把自己当成一个孤儿。过了一段时间后，我又会为每每扮演了这样一个可怜的角色而责怪自己，因为在现实生活中我毕竟很幸福。随后，我会逼迫自己对家人好上一阵子。每天早晨当听到有上楼的脚步声时，我都希望这是母亲上来跟我们问好的。那样的话，我就能给予她热烈的问候，同时也盼望着她能亲切地看上我一会儿。但是，她总是因为我说了什么话，而大动肝火，因此在我离开家去学校的路上，我会变得非常的沮丧。

在放学回家的路上，我会又找理由来原谅母亲，跟自己说妈妈有那么多的事情需要操心。于是，我兴致勃勃地回到家里，带着满肚子想要跟妈妈说的话，直到我早晨的盼望又一次落空，我背起书包快快不乐地走在去学校的路上。有时候我真想跟她一直生气下去，但是放学后我总是有太多的话儿想要倾诉，便忘记了我刚下的决心，一心想望着让妈妈放下她手里的活儿听我讲述。临了，又会有一个时期，我不再留意谛听楼梯上的脚步声，我会感到孤独，晚上时热泪浸湿了我的枕头。

　　凯蒂，这里的一切都变得更加的糟糕了。现在，上帝给我送来了援助：彼得！我抚摸着别在我衣服上的胸针，把它紧贴在我的唇上，想着："我没有什么可烦心的！彼得是我的，这是谁也不知道的秘密！"心里想着这一点，我就能变得超然大度一些，不在乎人们对我的讨厌的责骂。密室里的哪一个人会想到，在一个十几岁的小姑娘心里，竟隐藏着这么多的秘密？

安妮

1944年1月15日　星期六

亲爱的凯蒂：

　　我没有理由把这些争吵喋喋不休地讲给你听。我只告诉你，我们的许多东西已经分开来用，这就够了，肥肉和油都分了，马铃薯也分着炸了。最近，我们在下午四点钟，又另外加餐吃点黑面包，我们都饿坏了，等不到吃完饭的时间，肚子里就饿得咕噜咕噜地叫了。

　　母亲的生日很快到了。库格勒额外地送给我妈妈一些食糖，惹得凡·达恩一家很不高兴，因为凡·达恩太太过生日时，什么也没有得到。不过，当你已经知道他们是怎样的一家人时，我还有必要再拿他们说的尖酸、刻薄的话以及他们的眼泪来烦你吗？

　　妈妈许了一个愿，一个在短时间内不太可能实现的愿望：在两个星期之内，不要再看到凡·达恩太太。我不知道不是一个家的人住在一起，是不是迟早都要闹出矛盾。或者说是我们家的运气不好？吃饭时，看到杜塞尔先生把只盛有半盆子的肉汁，自己一下子就捞走四分之一，让我们其他的人没得分，我就没了胃口，真想跳起来，把他从椅子上拽起，扔出屋子外面。

是不是大多数的人都是这么的吝啬和自私呢？来到这里后，我对人性已经有了一些较为深入的认识，这固然不错，可在眼下我却不想再去增加这方面的认识。彼得也这么说。

不管我们争吵得有多么激烈，不管我们渴望自由和呼吸新鲜空气的愿望多么急切，战争都在一直持续着，所以待在密室里的我们应该尽可能地检点我们的行为，争取做到最好。

我这是在说教了，因为我相信再这样长时间地待下去，我也会变成一个干瘪的老豆茎的。我只想做一个真正的少女！

安妮

1944年1月19日　星期三晚上

亲爱的凯蒂：

我也不知道是怎么了（这里我又在旧事重提了），自从做了那个梦以后，我发现自己改变了很多。昨天晚上我又梦见了彼得，我又一次觉得他的眼睛穿透了我的内心，不过，这次的梦不像上次那么清晰，那么美好。

你知道，一直以来我都很嫉妒玛格特与父亲的关系。但是现在我一点儿也不嫉妒了；当爸爸生气、不能理智地对待我时，我仍然有些气恼，可这时我就会想："爸爸，你这样做我也不能责备你。你夸夸其谈青少年的心理是如何如何，可你对他们最想要的是什么，却一无所知！"我现在渴盼的不再只是爸爸的爱戴，他的搂抱和亲吻。我这样子在乎我自己，是不是有点儿太不像话了？我既然想要做个善良的好孩子，我是不是应该首先原谅父母亲呢？我原谅了妈妈，可每次她嘲讽我和笑话我时，我能做的只是抑制住自己，不要吭声。

我知道我做得不够好，我以后会做得好一些。

安妮

1944年1月22日　星期六

亲爱的凯蒂：

你能告诉我，大人们为什么要把他们真实的自我掩藏起来吗？或者说，我为什么在有人的时候会表现得不同？为什么人们之间没有起码的信任？我知道这里面一定有原因，有时我觉得真可怕，你不能和任何人，甚至是你最亲近的人说出你心中的秘密。

自从做了那个梦以后，我似乎一下子长大了，也变得更加独立。你会惊讶，如果告诉你我对待凡·达恩一家的态度也改变了。我不再用我父母带有偏见的观点去看待那些讨论和争执。怎么会有这么根本的改变的呢？哦，是我突然意识到如果我母亲是个好妈妈，不是她现在的这个咄咄逼人的样子，我们与别人家的关系就会和现在完全不同了。尽管凡·达恩太太也不是一个多么好的人，可要不是妈妈每次遇到棘手的问题时都那么固执，一半的争吵本是可以避免的。凡·达恩太太有一个优点：能听得进别人的话。她也许自私、吝啬、私下里做小动作，可是只要你不刺激她，不把她的火气挑起来，她还是愿意做些让步的。这一招并不是每一次都管用，但只要你有耐心，坚持这么去做，总会有些成效的。

所有关于我们的教养的争论，关于宠惯孩子、食物，以及其他一切事物的争论，都可能会有一个不同的结果，如若我们能保持一个开放的心态、友好的态度，而不是像现在总是看到别人的不好。

凯蒂，我知道你下面要说什么了。

"安妮，这些话真的是从你嘴里说出来的吗？真的是你，一个听过凡·达恩家的那么多损人的话，一个遭到那么多不公正对待的你说的话吗？"

是的，这些话的确出自我的口。我想用新的观点看事物，不能只一味地模仿父母的，就像一个谚语里说的"苹果落地，从来离树不远"。我想对凡·达恩一家重新审视，让我自己来判断，哪些是真相，哪些是被夸大了的。如果我最后得出结论，对他们失望了，我自会站在父母一边；如果他们没有令我失望，我将尽力劝说父母，让他们俩改变自己的态度。如果劝说不奏效，我将坚持我自己的意见和判断。我将利用一切机会开诚布公地跟凡·达恩太太说出我们之间的许多分歧，尽管我在这里是以"自以为聪明"而著称，我也不怕说出我不偏不倚的见解。我不会再说我们家的是是非非，不过，这并不意味着有人挖我们家的墙脚时，我会袖手旁观。从今天起，我要改掉我嘴碎的毛病。

在这以前，我一直以为发生这些争吵，全怪凡·达恩夫妇，可现在我却确信，错主要是出在我们家了。就争论的事情而言，是我们对，可聪明人（像我们这样的！）总是应该更多地懂得一些与别人相处的道理才对。

这道理我希望我至少已经懂得了一些，我将找到一个机会，把它很好地运用一下。

安妮

1944年1月24日　星期一

亲爱的凯蒂：

发生了一件在我看来是奇怪的事。（其实，"发生"这个词用在这里也不见得恰当。）

来这里之前，无论在学校，还是家里，只要有人谈到性，人们不是显得神神秘秘的，就是说得很恶心。凡是谈到与性有关的词语都是压低了嗓门，对此一窍不通的孩子们常常受到嘲笑。这让我感到很奇怪，我常常纳闷，为什么人们在谈到这个题目时，总要那么神秘，或是招人讨厌呢。因为我无力改变这种情形，所以我尽量地少说话，不然就是去请教我的女生朋友。

在我懂了这方面的不少的知识以后，有一天妈妈对我说："安妮，我现在给你一个忠告。永远不要跟男孩们谈这个话题，要是他们提起，你也不要回答。"

我仍然确切地记得，我是怎么回答她的。"不，当然不会了，妈妈。"我提高了声音说，"你怎么能这么想我！"以后她再也没有跟我说过这种事。

刚到密室时，父亲常常告诉我一些我宁愿由母亲来告诉我的事，其余的，则是我从书里，或者是从别人的谈话里听来的。

彼得·凡·达恩谈起这件事时，从来不像学校的男生那么讨厌。也许有一两次，他也不太自然，那是在开始的时候，但他并没有引诱我往下谈的意思。凡·达恩太太曾经对我们说，她从未和彼得讨论过这些事情，就她所知，她的丈夫也没有过。显然，她也不知道彼得在这方面到底懂得多少，或是他从哪里听来的。

昨天，在玛格特、彼得和我削马铃薯皮的时候，无意间谈到了公司里的猫博奇。"我们还不能肯定博奇到底是个男生还是女生呢，不是吗？"我问。

"能肯定，"彼得回答说，"博奇是只公猫。"

我笑出声来："是只会怀孕的公猫。"

彼得和玛格特也笑了起来。在一两个月前，彼得告诉我们博奇不久就要生了，因为它的肚子越来越大。谁知道博奇是由于偷吃了不少的骨头而把肚子弄大的。它的肚子里没有小猫，更不可能生出小猫了。

我这么说彼得，叫彼得觉得他有必要为自己辩护一下："不信，你跟我来，你自己看。我那天跟这只猫玩了一会，我能肯定它是一只公猫。"

出于强烈的好奇，我跟彼得一起来到仓库。可是博奇这个时间不见客，到处都看不见它的影子。我们等了一会，天气转凉时我们回了楼上。

在那天下午稍晚一点的时候，我听到彼得二次下楼的声音。我鼓起勇气，独自穿过静悄悄的房子来到仓库。彼得正跟在包装台上的博奇逗着玩，他准备把它放在磅秤上，称称它的重量。

"喂，你想看看吗？"彼得二话没说，把博奇抱起来，仰面朝天地放在了包装台上，很灵巧地稳住了猫的头和爪，开始给我上课："这是公猫的性器官，其周围零零散散地长着一些毛，这是他的屁股。"

末了，博奇一下子翻过身来，用它的白爪子着了地。

如果是另外的任何一个男孩当面对我指出"雄性的性器官"，我都绝不会再看他一眼。可彼得却毫无做作，继续用他惯常的声音讲着一个弄不好就会让人尴尬的题目。他心里没有不可告人的目的。他说完时，我也没有觉得不好意思，举止也像平时一样正常。我们一起跟博奇玩耍，又愉快地聊了一会，才走过宽敞的仓库来到门前。"博奇动手术的时候，你在跟前吗？"

"我在。手术的时间并不长。当然啦，他们给猫打了一针麻醉剂。"

"他们割掉它的什么东西了吗？"

"没有。兽医只是剪掉了那根管子。外面什么也看不出来。"

我不得不鼓足勇气来问这个问题，因为我觉得这不是那种"平常"的话题："彼得，德语中的 Geschlechtsteil 一词是'性器官'的意思，是吗？可是男性和女性又有着不一样的称谓。"

"我知道。"

"女性的叫阴道，这我知道。可我不晓得男性的叫什么。"

"哦，彼得，"我接着说，"我们怎么才能了解这些词汇呢？如果不是碰巧，我们平时很难遇得到的。"

"我们何必再等？我去问我父母。他们懂得比我多，也有经验。"

我们已经走到了楼梯口，两人都没再说什么。

真的，事情就是这样。我从没用这么平静的语调跟一个女生谈过这类事情。我还能肯定的是，当母亲告诫我不要跟男生谈性时，她指的绝不是我们刚才那样的谈话。

不管怎么说，跟彼得谈过以后，我就不一样了。回想我们当时的谈话，我还是觉得有些怪怪的。不过，这让我至少明白了一件事：青年人，哪怕是性别不同的青年人，在讨论这些事情的时候，也可以不用乱开玩笑，也可以非常自然地谈。

彼得真的会去问他的父母吗？真实的他是他昨天表现出的那个样子吗？

噢，我怎么知道呢？！

安妮

1944年1月28日   星期五

亲爱的凯蒂：

　　最近几个星期，我对皇族和他们的家谱产生了浓厚的兴趣。我发觉一旦你开始了研究，你就会越来越深入地探求到过去，这又会使你有更多有趣的发现。

　　尽管我非常认真和勤奋地做学校的功课，可以跟上英国广播电台的《课后指导》节目，我仍然用星期天的时间来挑选和整理我的电影明星集，集子的篇幅已经比以前增加了许多。库格勒先生每个星期一都会给我带来一本电影杂志。我们密室里不是那么赶时髦的成员常常说，我这个小小的嗜好是浪费钱，可待他们发现我能准确地说出一年前所放影片的演员的名字时，都不胜惊讶。经常在休息日跟她男朋友一起看电影的贝普，告诉了我他们星期六准备要看的电影，我即刻便能说出这部电影的主要男演员和女演员的名字以及对这部电影的评论。妈妈最近跟我说，你以后不必到电影院了，因为你熟悉所有这些电影的内容、明星们的名字以及对他们的评论。

　　每当我换了一个新发型，我总能看到他们不赞同的神情，而且肯定会有人问我又在效仿哪个电影明星的发型。我要是回答说这是我自己的发明，他们就露出怀疑的表情。不管换任何一种发型，我都坚持不了半个小时。我很快就会厌倦、听腻了他们的说三道四，马上跑到洗漱间，换回我平日里的那种蓬松的卷发。

安妮

1944年1月28日　星期五

亲爱的凯蒂：

　　今天早晨，我在想，你会不会觉得自己像是一头反刍的牛，不得不反复咀嚼着我讲过的这些个老旧的新闻，直到你腻味了这单调的食物，不断打着哈欠，私下里希望安妮能讲出一些新东西来。

　　真的很抱歉，亲爱的凯蒂，我知道这些陈芝麻烂谷子非常的乏味，可是，我每天听到的，都是这样一些已经不知道重复讲了多少遍的东西，你且想一想我该有多厌烦。如果人们谈的不是政治，不是精美的食物，母亲和凡·达恩太太就会翻出我们已听过千百遍的有关有她们童年的故事，或者杜塞尔就会絮叨起赛马、夏洛蒂的宽大的衣橱、漏水的划艇、四岁就会游泳的神童、疼痛的肌肉、担惊受怕的病人。临了竟到了这样的地步：我们八个人中间，只要有谁一张口，其余的七个人就能接上茬，替他讲完他的故事。一个笑话刚出口，我们就事先知道它的要点，因此到最后笑的人只有他自己。与前主妇们打交道的那些供货商们，包括送牛奶的、杂货店的老板、卖肉的，不知已被讲述过了多少遍，不是被说得捧到了天上，就是被骂得狗血喷头，乃至在我们的脑海里，他们早就成了老黄历；在这个后屋里，再也不会有任何新的话题给拿来讨论了。

　　如果大人们没有那种让人感到为难的习惯——在重复克莱曼、让或是梅普所讲过的故事时，他们总要用自己想象出来的细节，给人家添油加醋——我也许会好受些。在我难以忍受的时候，我就掐我伸在桌子底下的胳膊，免得打断正讲得津津有味的人们。小孩子，比如我安妮，是绝不能打断"一贯正确"的成年人的谈话的，不管他们怎么夸大吹牛，怎么异想天开。

　　让和克莱曼先生经常告诉我们一些有关藏匿者的消息，他们知道我们渴望听到跟我们处境相同的人们的情况，知道我们对他们抱有真正的同情，会为那些被捕了的人感到难过，为那些获得自由的人们高兴。

如今失踪和藏匿已经成了人们日常谈论的话题，成了人们的口头禅，就如同谚语故事中的烟管和拖鞋，劳作了一天的汉子们每晚都会用到它们。现在有许多的抵抗组织，比如说"自由荷兰"，都在伪造身份证件，给藏匿者提供金钱与食品，安排藏匿的地点，为转入地下的年轻的基督徒们寻找工作。这真的令人惊叹和钦佩，这些慷慨、无私的人们冒着生命危险，为救助别人做了多少的工作啊！

正在帮助着我们的人们就是最好的榜样，他们已经帮我们渡过了无数的难关，并有希望把我们安全地带到彼岸，否则他们的命运将会像其帮助的犹太人一样的糟糕。他们从未说过我们是包袱，是负担，从未抱怨过我们给他们带来的危险和麻烦。他们每天上楼来，跟密室的男人们谈生意、谈政治，跟太太们聊食物，聊战争带来的困难，跟孩子们谈书籍和报上的新闻。每次来总是带着满脸的笑容，在我们过生日或是过节时，带来鲜花和礼物，总是那么乐意地为我们尽力和付出。这是我们永远也不应该忘记的。当战士们在与德军英勇作战，表现出他们大无畏的英雄气概时，这里的人们用他们忘我的精神和对我们的关爱，证明着他们也是当之无愧的英雄。

有些荒诞的故事广为流传，然而它们中的大多数都是真实的。比如说，克莱曼先生给我们讲了这个星期在格尔德兰省举行的一场足球赛：比赛的一方全是隐匿者，另一方的十一个人都是省宪兵队成员。在希尔佛瑟姆发了新的食品配给卡。为了让更多的人领到他们的份额，那里的当局让这一地区的藏匿者在一个特定的时间去领配给卡，因为在那一时间证件可以在另外的窗口办理。

当然啦，你务必要小心，不能让这些勇敢的行为传到德国人的耳朵里。

安妮

1944年1月30日　星期日

亲爱的凯蒂：

又一个星期天到了。我已经不像开始时那么在意它们的到来，因为它们使我感到的只有乏味。

我还没有自己去过仓库，不过，我也许很快就会去了。几天前的一个晚上，我跟爸爸到过那里，昨晚我一个人摸黑下了楼。我站在楼梯的平台上，德军的飞机在上空盘绕，我知道现在站在这里的就我自己，我不能指望别人的帮助。我的恐惧感消失了。我抬头仰望天空，对上帝充满了信心。

我有一种强烈的欲望，想让自己一个人待着。爸爸注意到了我的这个改变，可我真的告诉不了他，是什么东西在困扰着我。我想要做的就是大声地呼喊："让我一个人，让我一个人待着！"

谁知道呢，或许，我不想自己独处的那一天很快便会到来。

安妮

1944年2月3日　星期四

亲爱的凯蒂：

全国的人仿佛都得了"登陆热"，而且热度一天比一天高。如果你在这儿，你也一定会像我一样，注意到我们正在做着的准备工作，尽管你也一定会笑我们是小题大做。谁知道呢，也许这一切都会是白忙一场。

报上登满了各种登陆的消息，有些说法把大家搞得人心惶惶，什么"在英国军队登陆荷兰时，德国人会做拼死抵抗，必要时会放洪水淹没荷兰"。报纸上还刊登出荷兰地图，对可能会被淹的区域加以标示。因为阿姆斯特丹的大部分地区都被包括在了其中，我们的第一个问题就是，如果街道上的水漫到我们的腰部以上，我们应该怎么做。这一颇为犯难的问题引发了大家不小的反响：

"骑车是不可能了，我们只好涉水。"

"不要犯傻了。我们得试着游泳。我们将穿上游泳衣，戴上泳帽，尽可能地在水底下游，这样就没有人能看出我们是犹太人啦。"

"噢，少蠢了！我想在女士们游的时候，老鼠会来咬她们的腿！"（这当然是一位男士的话了。）"我们将看看哪位女士叫得声音最高！"

"我们甚至会来不及撤出这所房子。下面的仓库太不结实了，洪水一来，它会坍塌的。"

"喂，大家听着，不要再开玩笑了。我们真的应该设法弄到一条船。"

"何必费那事？我有一个更好的主意。到时候我们每个人从阁楼里拿上一个木箱，再拿个木勺当桨使。"

"我要准备一副高跷。我年轻的时候曾是一名踩高跷的好手。"

"让·吉斯不必踩高跷。他可以叫太太背着，让梅普踩高跷。"

凯蒂，现在你对我们目前的情形有了一个大概的了解了吧，不是吗？这些开心的玩笑很逗人乐的，可现实却恰恰相反，严峻得很。关于登陆会引发的第二个问题是：如果德军要迁移阿姆斯特丹的人口，我们该怎么办？

"跟别人一起离开。让我们尽可能地混在人群中间。"

"不管发生什么事情，都不要出去！最好的办法就是原地不动！德国人会把所有的荷兰人赶到德国去，临了，他们都会死在那里。"

"当然啦，我们将留在密室里。这是最稳妥的办法。"

"我们将尽力说服克莱曼先生和他的家人到这里和我们一起住。我们将设法搞一袋子木头刨片，这样地板上也可以睡了。再让梅普和克莱曼拿一些毯子过来，以备不测。我们现在有六十五磅谷粮，需再买一些补充口粮。让还能设法再搞到一些豆类。目前我们还有六十五磅豆子和十磅去皮豌豆。另外，蔬菜罐头还有五十盒。"

"其他的食物呢，妈妈？告诉我们现在还有的数量。"

"十盒鱼罐头，四十罐牛奶，二十磅奶粉，三瓶油，四罐黄油，四罐肉，两大罐草莓，两罐木莓，二十罐番茄，十磅燕麦片，九磅大米。"

我们的食物储备搞得不错。但我们得与办公室的人分着吃，这就意味着每个星期我们的食物储备都会用去不少，所以并不像看起来的那么多。我们的煤、柴火和蜡烛也够。

"每人都做些小钱包藏在衣服里，需要离开时，就能把钱随身带走。"

"我们应该把要带的东西列出一个单子，免得到时慌乱，背包也可以事先打好。"

"到时，我们可以派两个人放哨，一个在前面的顶楼，一个在屋子后面。"

"不过，如果没有了水、煤气和电，要那么多吃的又有什么用？"

"我们可以用木柴烧饭。把水过滤了再烧开。我们应该先洗上几个大罐子，放满水。我们还可以用那三个做罐头的水壶盛水，还有洗浴盆。"

"另外，香料储藏室里还有二百三十磅冬天吃的马铃薯。"

这就是我整天听到的。登陆，登陆，只有登陆。讲的全是饥饿、死亡、炸弹、灭火器、睡袋、身份证、毒气，等等，等等。都是些让人高兴不起来的事情。

密室的男性成员提出了毫无掩饰的警告，他们和让的交谈就是一个很好的例子：

密室："我们担心德国人撤退时，会把这里的人们全部带走。"

让："这不可能。他们没有那么多的火车。"

密室："火车？你真的以为他们会让这里的市民们乘火车？绝对不会。人人都得用两条腿。"（或者，如杜塞尔所说的，per pedes apostolorum。）

让："我不信。你们看到的总是黑暗面。他们为什么要将市民们都羁押起来，一起带走呢？"

密室："难道你忘了戈培尔（法西斯德国的宣传部长——译者注）说过的话了吗，他说只要德军不得不撤退，他们就会叫他们身后的土地全部关门？"

让："他们说过的话太多了。"

密室："你以为德国人很高贵，很人性，不会做这样的事情？他们的逻辑是：如果我们下地狱，我们会拽上所有的人一起下。"

让："你们爱怎么说，就怎么说吧。反正我不信。"

密室："事情总是这样。不到危险来临，谁也不愿意相信，不愿意正视。"

让："但是，你们也并不能肯定。你们只是猜测。"

密室："因为我们已经有过这样的经历，先是在德国，然后是在这里。你认为苏联现在是怎样的情形？"

让："你们不要老说犹太人。我认为我们谁也不知道苏联正在发生着什么。英国人和苏联人像德国人一样，出于宣传的目的，或许都在夸大、渲染。"

密室："绝不是这样。英国广播电台讲的是一直都真话。再说，即使报道稍有夸张，也是为鼓舞士气，因为现实实在是够糟糕的了。不能否认，在波兰和苏联，有成千上万的爱好和平的人们被屠杀和用瓦斯毒死。"

我不再拿其余的谈话来烦你了。我现在很平静，不再在意这些纷争了。我已经到了不太在乎生死的程度。没有了我，世界照样运转，我不能改变事件的发展。我只能静观其变，集中精力好好学习，希望最后一切都会好起来。

安妮

1944年2月8日 星期二

亲爱的凯蒂：

我无法告诉你我现在的感受。我这会儿还渴望得到安静和平和，过一会儿就想找乐子了。我们好久都没有笑过了——我指的是那种笑起来停也停不下来的开怀大笑。

今天早晨，我吃吃地笑了；你知道，就是我们平时在学校里的那一种。玛格特和我真正像个十几岁的孩子那样，吃吃地笑了一会儿。

昨天晚上，妈妈又和我们闹了一会架。玛格特正在叠她的羊毛毯子，突然从床上跳了下来，仔细地检查着毛毯。你猜她找到了什么？一根针！原来妈妈缝补了毯子，忘了把针取出来。爸爸颇有意味地摇着头，"你们的妈妈太不小心了"。少顷，妈妈从洗漱间出来，我就逗她说："噢，妈妈，你真残忍。"

当然啦，妈妈问我为什么这么说，我们告诉了她不小心落在了毯子里的针。她脸上立刻就现出很傲的表情，说："我还正要说你呢。在你缝东西的时候，整个地板上到处散落着针。你瞧，你又把整套修指甲的用具丢在这里了，你从来也没想着把它们放回到原位！"

我说，我就没有用过这些东西，玛格特也附和着我说，因为是她用来着。

　　母亲仍然依依不饶地数落我，说我总是乱放东西，直到我再也忍不住了，生气地跟她说："说你粗心的人并不是我。我总是替别人做错的事挨骂！"

　　妈妈不再吭声了，过了一会，我吻了她，跟她道了晚安。这不是什么大事，可是在这些天里，任何事情都能叫我的神经受到刺激。

安妮

1944年2月12日　星期六

亲爱的凯蒂：

　　今日阳光明媚，天空显得深邃、湛蓝，有和煦的风儿吹拂着，我内心充满了渴望——我渴望与人交谈，渴望自由，渴望朋友，渴望独处。我想放声痛哭！我觉得我内心充溢得太满，满得都要炸了。我知道哭有助于我宣泄情感，但处在这样的环境中，我又不能哭。我心情焦躁，从一个房间走到另一个房间，贴在窗框的缝隙上，吮吸着外面清凉的空气，感受着自己心脏激烈的跳动，似乎"我的渴望最终就要得以实现……"

　　我觉得春天就在我的心里，在我的内心复苏，我整个身心都能感觉到它。可是我又不得不抑制着自己，像平常那样行事。我的心完全乱了，我不知道该读什么，写什么，做什么。我只知道我在渴盼着什么的到来……

安妮

1944年2月14日 星期一

亲爱的凯蒂：

从上个星期六开始，我的情况改变了很多。事情是这样的：我在渴盼着，渴盼着（现在还是这样），不过……它的一小部分，一个很小的部分已经得以实现。

星期日早晨，我注意到彼得一直在看我，这让我又惊又喜（我说的是实话）。他并不是像平时那么看我。对此，我也不知道我该怎么解释，只是我突然有了这么一个感觉：彼得并不像我以前所认为的那样，他并不爱玛格特。在这一天里，我尽量不多看他，因为我每次望过去，都发现他在看着我，我心中觉得好美，这种感觉我并不常有。

除了皮姆和我，大家在星期天傍晚都会围聚在收音机旁，听《德国大师们的不朽音乐》。杜塞尔一直拨弄着收音机的旋钮，这叫彼得和其他听的人很是恼火。在强忍了半个小时后，彼得终于憋不住了，他不客气地问杜塞尔，他是不是可以不再动收音机的旋钮。杜塞尔很傲慢地回答说："这要由我来决定！（Ich mach' das schon!）"彼得发起火来，说了几句无礼的话，凡·达恩先生也帮着彼得说话，杜塞尔只得让步。事情的经过就是这样。

这场争执，本身并不特别有趣，但彼得显然把这件事看得很重，因为今天早上当我在阁楼的书堆里翻找的时候，彼得上来，开始跟我讲起这件事情的经过。我对此事一点也不知情，但彼得很快就意识到，他找到了一个乐意听他说话的人，于是就津津有味地讲了起来。

"哦，我这么说好了。"彼得说，"平时我的话不多，因为我事先知道在说的中间我会语塞。我会口吃，会脸红，说起来会颠三倒四，找不到恰当的词语表达，乃至到最后不得不住口。昨天的情形就是这样。我说出来的，和我心里想要表达的，会截然不同，我一旦开口就会把自己搞得语无伦次。这真是糟糕。我以前有个坏习惯，有时候我真希望我现在还保留着这个习惯：每当我跟人发火，就动拳头而不是动嘴。我也知道这个办法不好，不能真正解决问题，这也正是我羡慕你的原因。你从来不会为表达而犯愁：你能把你心里想要说的，都确切地表达出来，而且一点儿也不害羞。"

"噢，你说的不对。"我回答道，"我说出来的话，绝大部分也和我事先打算要说的，很不一样了。另外，我说的太多、太冗长，这也不好。"

"也许是吧，不过，你至少有这么一个优点：你从未有难为情的时候。你不脸红，不慌乱。"

对他的这番话，我不禁暗暗觉得有趣。可是为了让他能不受打扰地继续谈自己，我忍住了笑，坐在垫子上，双手抱着膝，专注地望着他。

我真庆幸，在这间屋子里，还有一个人像我一样容易生气。彼得知道我不会告发他，他在我面前批评了杜塞尔，心里似乎得到了慰藉。而我呢，也很高兴，因为我感受到一种心照不宣的、友好的情谊，这种感觉，我记得我只有跟我的女生朋友之间有过。

安妮

1944年2月15日　星期二

亲爱的凯蒂：

彼得跟杜塞尔的那次口角随后又产生了一些后遗症，这都要怪杜塞尔自己。星期一晚上，杜塞尔来找母亲，不无得意地告诉她，今天早晨彼得问他晚上是否睡好了，接着为星期天傍晚发生的事向他道了歉——说是话赶话，没好话，其实他当时心里也不是那么想的。杜塞尔确切地告诉彼得，他并没有把这件事放在心上。这样他们就言归于好了。母亲把杜塞尔的话告诉了我，我私下里感到好纳闷，对杜塞尔大动肝火的彼得，刚跟我说了杜塞尔的种种不是，怎么这么快就向杜塞尔低头了。

我按捺不住心中的好奇，去问彼得，彼得立即说，这是杜塞尔在撒谎。你当时要是看到彼得的脸色就好了。我真希望当时我有个照相机，愤怒、羞辱、烦恼等等不悦的表情在彼得的脸上交替地出现。

那天傍晚，凡·达恩先生和彼得把杜塞尔又说了一顿。当然啦，也不可能说得过重，因为彼得今天还要找杜塞尔看一次牙。

说实话，他们相互之间永远不想再说话了。

安妮

1944年2月16日　星期三

亲爱的凯蒂：

我和彼得一整天也没能唠唠嗑，除了一两句毫无意义的话之外。到阁楼上去，太冷，何况，今天又是玛格特的生日。中午十二点半，彼得来看了看礼物，留下来多聊了一会儿（实则没有这个必要），平常他一定不会这么做的。下午时，我找到了机会。因为是玛格特的生日，我想宠宠她，去煮了咖啡，然后去拿马铃薯。在我来到彼得的房间时，他挪开了放在楼梯上的报纸，我问他我是不是应该把通往阁楼的那扇活门关上。

"可以啊。"他说，"你去吧，等你下来时，你就敲门，我给你开。"

我谢了他，上了阁楼，至少花了十分钟的时间，在桶里挑拣着最小的马铃薯。我的背开始酸痛，阁楼上又冷。下来时我自然不愿敲门麻烦彼得，自己打开了活门。不过，彼得看到我还是站了起来，从我手里接过了放马铃薯的盆子。

"我很仔细地找过了，可还是找不到再小一点的。"

"你到大桶里找过了吗？"

"是的，我都找了。"

到这个时候，我已经下了楼梯，彼得查看着我端在手里的马铃薯。"噢，这些就挺好的了。"当我从他手里接过盆子时，他又加了一句，"恭喜。"

在他说这话时，他那么温暖、那么柔情地看了我一眼，让我心头感到一阵子的热。我能看得出来彼得想让我开心，因为他不能说出长长的祝贺词来，他就用眼睛来表达他的内心。我很了解他，因此我心里充满了感激。现在回想起他的那句话和他的那个眼神，我仍然感觉好幸福！

我下来后，妈妈说她做晚饭还要一些马铃薯，我就自愿再去拿。进了彼得的房间，我再次为我的打搅道歉。在我要上楼时，他站了起来，走到楼梯口和墙壁之间，抓住了我的胳膊，要我别上去。

"我去吧，"他说，"反正我也要上去一趟的。"

我回答说不必了，这一回我不用只拣小的。他信了，松开了我的胳膊。在我下来时，他为我打开了门，再次从我的手里接过盆子。走到门口时我问他："你正在忙什么呢？"

"在学法语。"他说。

我问他我是否可以看看他的课本，随后，我去洗了洗手，在他的长榻上和他面对面坐下了。

在我为他解释了一会儿法文后，我们聊了起来。他对我说，战后他想去荷兰东印度公司，在那里的一个橡胶园里住下来。他谈到他在家时的生活，谈到黑市，说自己是个既懒惰又没用的人。我说他有很重的自卑情结。他谈到战争，说英俄之间将来必有一场大战；谈到犹太人，他说如果他是个基督徒，或是战后能成为基督徒的话，他的生活会容易得多。我问他会不会接受洗礼，他说那并不是他的意思。他觉得他永远不可能成为一名真正的基督徒，但是在战后他一定要做到不让任何人知道他是个犹太人。我感到了片刻的痛苦。为他感到羞愧，在他内心里竟还会有这么一抹不诚实。

彼得补充说："犹太人一直是选民，将来也永远是选民！"

我回答说："这一回，我希望他们是为了好事而被选！"

我们继续愉快地聊着，聊到了父亲，如何判断人的性格，以及其他的许多事情。多得我都记不清了。

我离开彼得的房间，是在五点一刻，因为那时贝普来了。

那天下午，他还说了一段话，我觉得说得很好。我们谈到了有一次我给他的电影明星照片，那张照片至少在他的屋子里挂了有一年半了。我看见他那么喜欢这幅照片，就想再给他几张。

"我不要，"他说，"我宁愿就要这么一张。我每天都看看它，照片里的人都已成了我的朋友了。"

我现在终于明白，他为什么经常那样紧紧地抱着莫西了。很显然，他也需要有情感方面的寄托。我忘了提，他还说了一件事。他说："除了与我自己有关的事，我就没有什么害怕的了，不过，就这一点，我也在尽量地努力克服。"

彼得有很重的自卑情结。比如说，他觉得自己很蠢，认为我们都很聪明。我帮助他学了学法语，他就一再地感谢我。有一天，我就会对他说："噢，你不必自卑的！你的英语和地理就学得比许多人都好！"

安妮

1944年2月17日　星期四

亲爱的凯蒂：

　　因为答应了要给凡·达恩太太读我写的几篇故事，今天早晨，我来到楼上。我从《伊娃的梦想》这篇故事开始读，她听了很是喜欢，接着我又读了《密室》里的与她有关的几页。彼得也在旁边听了一会，并请求在我有时间的时候，到他的屋子里读。

　　我决定抓住这个天赐的良机，我把我的笔记本递给了他，让他读有关凯迪和汉斯讨论上帝的那个章节。我看不出这段文字到底给彼得留下什么样的印象，他当时怎么说的，我也不大记得了，反正不是对这个故事的好与坏的评价，而是关于它背后的思想。我对他说，我想让他知道我写作并不只是为了消遣。他点头表示认同，我离开了屋子。我不知道，我能否从彼得那里听到更多的意见。

安妮

1944年2月18日　星期五

亲爱的凯蒂：

　　每当上楼去，我心里想的就是看"他"。现在，我有什么可以期待了，我在这里的生活一下子变得有了意义。

　　至少我的友谊的对象总在这里，我不必担心会有竞争对手（除了玛格特）。不要以为我恋爱了，我没有，不过，我的确觉得，有一种美好的东西在彼得和我之间发展着，一种友谊或是信任感。我一逮着机会，就去看他，现在，他不像以前那样不知道如何对我了。恰恰相反，我都要走出他的屋子了，他还在那里说呢。妈妈不喜欢我上楼，她总是说我在打扰彼得，叫我离彼得远点。说句实话，凭着她做母亲的本能，她难道就不能对我有一点儿信任吗？在我走向彼得的房间时，她总是用奇怪的眼光望着我；当我从楼上下来时，她问我去哪儿啦。这太让人难堪了，我开始有点儿恨她了！

安妮

1944年2月19日　星期六

亲爱的凯蒂：

又一个星期六到来了。今天早晨一切都静悄悄的。我在楼上做了半个多小时的肉丸子，可只有机会跟"他"说了一两句话。

当两点半所有的人都到了楼上，或是阅读，或是午睡的时候，我拿着毯子和学习用的东西，到楼下去读书、写作。没有多长时间，我就学不下去了。我把头伏在手臂上，伤心地抽哭起来。泪水顺着我的脸腮淌了下来，我感到又失望，又不快活。噢，要是"他"能来安慰我就好。

下午的四点以后，我又到了楼上。五点钟，我去拿些马铃薯，希望我们俩能再一次遇上，可我还在洗漱间里整理头发的时候，彼得已经去看博奇了。

我想给凡·达恩太太帮忙，于是拿着我的书和学习用具往楼上走，谁知我的眼泪突然又流了出来。我扭头便朝楼下的洗漱间跑，顺手拿起一个小镜子。我穿着衣服在马桶上坐了好大一会,泪水簌簌地往下滴,湿了我的红围裙,我的情绪沮丧到了极点。

我脑子里在想:"噢,我绝不能让彼得看到我现在的这副样子。谁知道呢,他也许根本就不喜欢我,也不需要找个人倾诉,他也许只是不知怎么的会想起我一会儿。临了,我还是独自一人,没有人说知心话,没有彼得,没有希望和舒适,没有任何事情可以期盼。噢,要是我能将头依偎在彼得的肩头,不这么感到绝望、孤独和被遗弃,那该多好!谁知道,他也许一点儿也不在乎我,看别人也是以这样温柔的目光。或许,是我一相情愿地认为他只是看我的时候,才有这样的眼神。噢,彼得,如果你愿意倾听我的心声,心里想着见我,那该多好。如果事实与此相反,我将难以忍受。"

可过了一阵子,我的心里又充满了希望和期待,尽管眼泪还在流。

安妮

1944年2月20日　星期日

亲爱的凯蒂:

别的人家在一个星期的工作日里做的事,正是密室在星期天里忙的工作。当人们都身着盛装,在阳光下漫步时,我们却在打扫家、擦地板、洗衣服。

早上八点,还是我们密室里的大多数人宁愿睡觉的时间。

杜塞尔八点起床。他上完洗漱间,下楼,然后再上来到洗漱间,用一个小时的时间洗澡。

早上九点半。燃起火炉。摘掉全黑窗帘,凡·达恩先生去往洗漱间。在星期天里我还要经受的一个考验是,躺在床上,在杜塞尔做祷告的时候望着他的后背。我知道，这听起来好像有些奇怪，但祷告中的杜塞尔的确让人很难忍受。他并不喊叫，也不是多愁善感，可他用整整一刻钟的时间——足足十五分钟——在从头到脚地摇摆，一会儿前后，一会儿左右地摇摆。似乎永远没有停下的时候，要是我不闭上眼睛，我会觉得天旋地转起来。

十点十五分。凡·达恩夫妇吹个口哨，洗漱间里没有人了。在弗兰克家这边，几张睡眼惺忪的脸开始从枕头上抬起来。随后，一切都加快了节奏。我和玛格特轮流洗衣服。因为楼下很冷，我们俩穿上了长裤，围上了头巾。此时，爸爸在洗漱间里忙着。十一点钟的时候，该我和玛格特上洗漱间，这样，我们大家就都梳洗干净了。

十一点钟是早饭时间。我不想谈这个。因为关于吃的东西，就是我不提，这方面的谈论也不少了。

十二点半。我们开始各干各的。父亲穿起工装，伏在地上，使劲地刷地毯，很快整个屋子就笼罩在灰尘里。杜塞尔整理床铺（当然是乱整一通），此时他吹的口哨永远是贝多芬的小提琴协奏曲。妈妈在阁楼上晾衣服，不时传来她脚在地板上拖来拖去的声音。凡·达恩先生戴上帽子，去了楼下，通常后面跟着彼得和莫西。凡·达恩太太穿起长长的围裙、黑毛线夹克、胶鞋，头上裹着红毛线围巾，拎着一堆脏衣服，像一个洗衣妇那样跟人点着头，也到了楼下。我和玛格特洗碗，整理房间。

安妮

1944年2月23日　星期三

亲爱的凯蒂：

从昨天起，天气变得晴好，我的心情也好了许多。故事写作，我的最爱，也进展得很顺利。几乎每天早晨我都要上阁楼，呼吸一点新鲜的空气。今天早上我去到那里，彼得正在打扫。在他很快地清理完后，他来到我坐着的地方（我平常就喜欢坐在这边的地板上）。从这里，我们俩眺望着一片蔚蓝的天空，看着光秃秃的栗子树，它们的枝条上敷着晶莹的露珠，看着海鸥和其他的鸟儿，在阳光下展着银色的翅膀划过天空。我们俩都被深深地打动了，看得出了神，都没有说话。彼得让他的头倚着房梁，站在那里，我坐着。我们呼吸着清爽的空气，望着外面，享受着这不应该用语言破坏的美好时刻。我们就这样子待了好长的时间，一直到他该去劈柴的时候。现在，我知道了彼得是一个懂理、识体的好小伙子。他爬上楼梯，到了顶层，我跟在他后面。在他劈柴的十五分钟里，我们谁也没有说话。我站在那里望着他，能看出他是在怎样努力地干活，向我展示他的强壮和力气。同时，通过开着的窗户，我也望到窗外，让我的眼睛扫过大半个阿姆斯特丹城，扫过数不清的屋顶，直望到地平线，那里是一片朦胧的浅蓝色。

"只要这一切还存在，"我心里想，"这明媚和暖的阳光，这湛蓝的天空，只要我还能享受这一切，我怎么会悲伤呢？"

对那些受到惊吓、感到孤独和不快活的人们，能让他们的情绪好起来的最好的方法，就是到户外去，到人迹稀少的地方，一个人与天空、大自然，和上帝在一起。那时，只有那时，你才能感觉到一切都是它应有的模样，体悟到上帝想让人们在大自然的美好和淳朴中间，得到快乐。

只要这一切还存在（当然会永远存在了），我知道，无论是处在怎样的境地，他的创伤都会得到治愈。我坚信大自然会给所有受难的人以慰藉。

噢，也许用不了多久，我就能有一个心灵上的知己与我一起分享这一巨大的快乐感。

安妮

又及：我把我的一些想法写给彼得：

在这里，我们失去了太多太多的东西，而且失去它们的时间也太长太长。我清楚你对此与我有同样的感受。我不是指我们身外的东西，因为我们现在还可说是"丰衣足食"的；我是指内心的东西。像你一样，我也向往自由和户外清新的空气，不过，我认为我们也得到了很好的赎补。我是指我们的心灵。

今天早晨，当我坐在窗户前面，长时间地谛视着窗外的景物时，我觉得很快活，那是一种很纯的快乐感。彼得，只要人们能感觉到自己内心的这种快乐，这一享受自然、享受健康以及许多其他事物的快乐，他们就能重新获得幸福。

钱财、高贵的地位，一切都可能失去，但你内心的这份快乐最多是变得模糊，只要你还活着，它就永远在那里，让你再度获得幸福。

每当你感到孤独和悲伤的时候，你可在美好的天气去到阁楼，向窗外眺望，不是看房屋和屋顶，而是仰望蓝天。只要你能无畏地凝望天空，你便知道你的心灵还是纯洁的，你将再次获得幸福。

1944年2月27日　星期天

亲爱的凯蒂：

从清晨到夜晚，我心里想的都是彼得。晚上快入睡时，是他的形象在我眼前，睡梦里见到的也是他，早晨醒来时，他仿佛仍然在看着我。

我相信，我和彼得并不像从表面上所看到的那么不同，下面我解释一下原因：从某种意义上说，我和彼得都没有母亲。彼得的母亲太肤浅了，就知道调情，根本不关心彼得的脑子在想什么；我的母亲倒是很关心我的生活，可是没有方法和策略，没有母亲对孩子的那种理解和认知。

彼得和我的内心都有各种情感在斗争着。我们还不自信，在感情上很容易受到伤害，不能简单、粗暴地对待。一旦受到委屈，我就想跑出去，或是掩藏起自己的情感。然而，我实际上做的却是又摔盆子，又摔锅，把水泼溅得到处都是，嘴里又喊又叫，所以每个人这个时候都希望我走得越远越好。彼得生了气的时候是把自己关起来，静静地坐着，一声不吭，把真实的自我小心地掩藏起来。

可是，我俩什么时候，我俩如何才能，彼此走进对方的心里呢？

我不知道，我的理智还能把这一渴望抑制多长时间。

安妮

1944年2月28日　星期一

亲爱的凯蒂：

这就像是一个梦魇，一个我醒了以后仍然挥之不去的梦魇。我几乎在每个小时里都能见到他，然而，我却不能和他在一起，我不能让别人看到，我还必须装作我很开心的样子，尽管我的心儿在痛。

在我的脑子里，彼得·思琪弗和彼得·凡·达恩已经融合成为一个彼得，一个和蔼善良的好小伙子。加之我妈妈的可怕的脾气，爸爸的令我厌烦的关爱，尤其是玛格特，她把我对她的笑脸作为筹码，在我想单独待上一会的时候却非要我与她交心，所有这一切，都使我的这一渴望变得更为强烈。

彼得并没有跟着我上阁楼，而是去到了顶层，做他的木匠活去了。从他那里传出的每一声刨木头或是锯木头的声音，都是对我的勇气的一种打击，于是，我变得更加的不快活。远处传来报时的钟声，这钟声似乎在说"心净才能脑净"。

我知道，我此时变得多情善感了。我变得沮丧，变得愚蠢，这我也知道。

噢，帮帮我，凯蒂！

安妮

1944年3月1日　星期三

亲爱的凯蒂：

我自己的事情由于窃贼对密室的抢劫，暂时被放在了脑后。我也不愿意拿这些入室盗窃的事来烦你，可是当这些劫匪这么喜欢光顾欧佩克达公司时，我又有什么法子呢？密室这一次的被盗，比1943年7月份的那一次，情况更为复杂。

昨晚七点半钟，凡·达恩先生像往常一样，去往库格勒先生的办公室，到了时他发现那扇玻璃门和办公室的门都大开着。他吃了一惊，继续往里面走，看到壁橱的门也被打开，办公室最靠外面的一间屋子被翻腾得一片狼藉，他大为惊讶。

"这里被盗了。"这是当时闪现在他脑中的念头。不过为了得到进一步的确认，他下楼来到前门，检查了门锁，发现门是锁着的。"一定是贝普和彼得傍晚的时候大意了。"凡·达恩先生做出了结论。他在库格勒先生的办公室又逗留了一会儿，关掉了台灯，没有再管开着的几个门和乱糟糟的办公室，返回了楼上。

今天早晨，彼得敲我们的门，告诉我们前门打开了，放在柜子里的放映机和库格勒先生的新皮箱都不见了。大人们叫彼得去锁上前门。凡·达恩先生跟我们说了昨晚的情况，我们都着急和担心死了。

这只能有一个解释，那就是盗贼一定有一把配制好的房门钥匙，因为门一点也没有被撬的痕迹。盗贼一定是在傍晚早一点的时候，偷偷地打开门，溜了进来以后又关上了身后的门，藏在某个地方，在他听到凡·达恩先生又上了楼以后，拿着盗来的东西，赶紧逃了，连门也没顾得上关。

谁会有我们的钥匙呢？窃贼为什么没有去仓库？这会不会是我们自己仓库的一个员工干的，现在他既然听到了凡·达恩先生的脚步声，或许甚至看到了凡·达恩先生，他会不会去告发我们？

我们的心一直提着，因为我们不知道窃贼会不会再来。或者，当他听到这个建筑物里还有别人时，也吓得不轻，不敢再来了？

安妮

又及：如果你能为我们找来一个资深的侦探帮忙，我们会非常高兴的。当然啦，一个先决的条件就是他不会出卖藏匿的人们。

1944年3月2日　星期四

亲爱的凯蒂：

今天我和玛格特在阁楼上。我与她在阁楼上的感觉不如我和彼得两人在阁楼上的感觉好。我知道我和她在大多数的事情上都有类似的看法！

在洗盘子的时候，贝普跟妈妈和凡·达恩先生讲了她沮丧的情绪。

这两个人能给她什么安慰呢？我的不会说话、不会与人相处的母亲，只会把事情搞得更糟。你知道她是怎么劝说的吗？她说我们应该想一想世界上别的地方的所有受苦受难的人！如果你自己就苦不堪言，想别人所受的痛苦又于事何补呢？我这样说了，他们的反应当然是，我小孩家不要参与这样的谈话。

大人们都是这样的傻瓜！好像彼得、玛格特、贝普和我在这一点上不会有相同的感觉似的。这里只有母爱，或者是非常亲近的朋友的爱，才能对我们有所帮助。可是密室里的这两位母亲对我们却一点儿也不懂，不理解！或许凡·达恩太太比我妈稍强一点。噢，我多么希望我能对可怜的贝普说上些安慰话，那些以我的经验会对她有所帮助的话。可是父亲过来，一下子把我推开了。这些成年人都是这么的愚蠢！

我跟玛格特也谈起过我们的父母亲，我说如果他们不是那么的武断，我们在这里就会好过一些了。那样的话，我们就能够经常在下午的时候组织讨论，每个人都可以对他感兴趣的题目发言。可是现在我们已经领教够了。我在这里就没有发言权！凡·达恩先生讲话总是咄咄逼人，母亲是一副嘲讽的口吻，不能用正常的语调说任何事情，父亲是一副不屑于参与的样子，杜塞尔先生也是如此，凡·达恩太太则是常常受到别人的攻击，以至于坐在那里，红着脸，很难再鼓起战斗的勇气。我们孩子们呢？我们就不允许有自己的见解！你说说，他们有多么新潮啊！不许有自己的见解！大人们能让你闭嘴，但他们阻止不了你有自己的见解。不管他们多么年轻，年纪多么小，你都阻止不了他们有自己的见解！只有一种真正的无私的爱能够帮助贝普、玛格特、彼得和我，可是，在这里我们四个人都没有感觉到。没有一个人，尤其是我们这里冒充自己是圣贤的人，能够了解和理解我们，因为我们对事物的敏感，在思想上的超前性，远远超过他们的认知和想象！

爱，爱是什么呢？我以为爱不能用语言表达。爱是去理解一个人，关心一个人，去分享他的欢乐和悲苦。这最终会包括身体上的爱。你与别人共同分享着什么，你给予，反过来你也接受别人给你的给予，不管你是婚娶了没有，也不管你有没有小孩。即使丢掉了贞操，也没有什么，只要你知道在你活着的时候，会有一个理解你的人（他只属于你）一直在你的身边！

安妮

又及：最近，妈妈好像又不太高兴了；想必她是看见我跟凡·达恩太太说话的时候比她多，她嫉妒了。我才不在乎呢！

今天下午，我终于设法和彼得在一起了，我们聊了至少有四十五分钟。他想跟我谈谈他自己，可觉得很难。费了不少的时间，他终于跟我一点一滴地道了出来。当时我真的不知道我是留下继续听他讲，还是离开。不过，我非常希望能帮帮他！我跟他谈贝普，谈我们两家的母亲一点也不懂得如何与孩子相处。他告诉我他的父母经常争吵，因为政治，因为抽烟，因为各种各样的事情。正如我以前告诉过你的，彼得很害羞，不过，还不至于害羞到不敢承认说，要是他能一两年不见他的父母亲，那他会很高兴的。"爸爸不像他看上去那么好，"他说，"而且，在吸烟的问题上，我妈妈绝对是对的。"

我也给他讲了我母亲的事。他为我父亲辩护，他认为我父亲是一位"很棒、很了不起的人"。

今天晚上，我洗完碗后正在挂起我的围裙，彼得把我叫过来跟我说，不要在楼下提起我俩的谈话，不要说父母亲吵架的事，也不要提他父母不和睦的事。我向他保证我不会，尽管我已告诉了玛格特，但是我知道玛格特不会把这事传出去。

"噢，不，彼得，"我说，"你不必担心我。我已经懂得对我听到的事不乱说乱讲了。我绝不会把你跟我说的告诉别人。"

彼得听了很高兴。我还告诉他，我们有时候是多么爱传闲话啊："当然啦，当玛格特说我不诚实时，她是对的，因为尽管我想改掉说别人闲话的毛病，可是我最想做的事就是与别人说杜塞尔先生这个人啦。"

"你能承认，这很好。"他说着脸红了，他对我的发自内心的表扬几乎也让我有点不好意思了。

随后，我们又谈论起"楼上"和"楼下"的这两家人。听到我们不喜欢他的父母亲，彼得觉得很意外，很吃惊。"彼得，"我说，"你知道我是个诚实的人，那么，我为什么不应该对你说出来呢？我们是确实看出了你父母的缺点啊。"

我接着说："彼得，我真的很想帮你。你愿意吗？你夹在你父母中间，不好过，即便你不说，我也能看得出来，你不好受。"

"噢，我当然愿意啦！"

"或许，你最好是找我父亲谈谈。你可以告诉他你的心里话，他不会对别人说的。"

"我知道，你父亲是个好爸爸。"

"你很喜欢他，是吗？"

彼得点了点头，我继续道："哦，你知道吗，他也很喜欢你呢！"

他抬眼看着我，脸红了。看到他听了这几句话有多么高兴，真的很让人感动。

"你真是这样认为的吗？"他问。

"是的，"我说，"你从他有时的谈话中也能听出来的。"

这时，凡·达恩先生走了进来，要彼得去做事。

彼得是个棒小伙子，就像父亲很棒一样！

安妮

1944年3月3日　星期五

亲爱的凯蒂：

当我看着今晚点起的蜡烛时，我又感到了祥和和快乐。我的外婆好像就在那燃烧的蜡烛里面，是外婆在望着我，保护着我，使我再度感受到了幸福。但是……除了外婆，这里还有一个人占据了我的心灵，他就是……彼得。今天我去拿马铃薯，在我端着装满马铃薯的盆子下楼停在楼梯口时，彼得问我："你在午休的时候做什么呢？"

我在楼梯上坐下来，跟彼得聊起来。直到五点十五分，我去拿的马铃薯才被送去了厨房（在我拿到它们的一个小时之后）。彼得没有再提起他的父母亲，我们只是谈论书籍和过去。噢，他在看着我的时候，眼里充满了热烈的情感；我觉得我就快要爱上他了。

今天傍晚时，彼得就提起了这个话题。在我剥完马铃薯的皮后，我去到了他的房间，一进门时我对他说，今天的天气真热。"你能从我和玛格特的脸上，知道今天的气温。如果天冷，我们的脸就比较白；如果天热，我们的脸就是红红的。"我说。

"那么，相爱了你脸红吗？"他问。

"为什么我要恋爱呢？"这个回答很蠢（或者，更像是个问题）。

"为什么不呢？"他说。此时已到了晚饭时间。

他这话是什么意思呢？今天，我终于能够问他，是不是觉得我多嘴多舌，很讨厌呢。

他只说了句："噢，我觉得挺好的！"我真的看不出来，他的这个回答有多少归于他的羞怯。

凯蒂，我是不是像个恋爱中的人了，只知道谈论她的心上人？彼得是个让人爱的小伙子。我什么时候能告诉他这一点呢？要是他也这样想我，就好了，可我又是个不那么好对付的人，我深深知道这一点。

他总爱独自待着，所以我看不出他喜欢我到什么程度。不管怎么说，我们彼此还是多了解了一点儿。我希望我能大胆地向他敞开心扉。不过，谁知道呢，也许这一天很快就会到来，比我想象得还要快！

一天里，他总有那么一两次向我投过来颇有意味的目光，我眨眨眼睛作为回应，我们俩都很幸福。我这里说他也很幸福，是不是有点儿自作主张了？不过，我有一种不可抑止的感觉：他跟我的感受完全相同。

安妮

1944年3月4日　星期六

亲爱的凯蒂：

这个星期六是几个月以来第一个不无聊、不沉闷、不乏味的星期六。原因没有别的，就是彼得。今天早晨在我去到阁楼挂起我的围裙的时候，父亲问我想不想留下来复习法语，我同意了。我们一起说了一会儿法语，我给彼得解释了几个句子，然后我们又学起了英语。父亲给我们大声读着狄更斯的一部小说，我乐得像在天堂里一样，因为我坐在爸爸的椅子上，挨着彼得。

十一点差一刻的时候，我到了楼下。十一点半时，我又返回到楼上，彼得已经坐在楼梯的台阶上等我了。我们聊到一点差一刻。吃完饭，当我往外走时，彼得总能找到机会，在没有人听到的情况下对我说："一会见，安妮。"

啊，我多高兴呀！我在想，他是不是就快要爱上我了？不管怎么说，他是个好小伙，你不知道跟他说话的时候，那感觉有多好！

凡·达恩太太并不反对我和彼得在一起，可是今天她逗我说："我能放心你们两个待在楼上吗？"

"那当然啦。"我抗议说，"我觉得你这是不相信我们！"

无论是早晨、中午，还是晚上，我都盼望着见到彼得。

安妮

又及：趁我记着，我把它写下来：昨晚一场雪覆盖了一切。现在雪已经融化，几乎看不出它的印迹了。

1944年3月6日　星期一

亲爱的凯蒂：

自从彼得告诉了我他父母的情况以后，我就觉得我对他有了一种责任——你不觉得这奇怪吗？好像他父母的争吵跟他相关，也跟我相关一样。不过，我却没有再跟他提及他的父母，因为我怕这个话题会让他难过。我无论如何也不想让他觉得，我在鲁莽地闯入他的生活。

从彼得的神情中我能看出，他和我一样，常常也在思考着一些事情。昨天晚上，当凡·达恩太太嘲笑彼得，说他是个"思想家"时，彼得的脸红了，显得很尴尬，这让我当时很气恼，我几乎都要发火了。

为什么这些大人们不闭上他们的嘴巴呢？

你想象不出，我站在局外，看着他孤零零地受辱而不能为他做任何事情，会是一种什么样的心情。我能想象出（如果把我放在他的处境）

对他父母的争吵，他有时会感到如何的沮丧。可怜的彼得，他现在多么需要爱的抚慰！

他说他不需要任何的朋友，这话听起来冷冰冰的。噢，他这么说是不对的！我以为他并不真是这么认为的。他想凭借着他的男子气概，他的独处和他的冷漠，来充硬汉子，不表露出他的情感。可怜的彼得，你这样子能撑多久？你就不怕你被你这番超人般的努力弄得崩溃了？

噢，彼得，我多么想帮助你，也希望你让我帮助你！只要我们两人在一起，就能赶跑我们的孤独，你的和我的！

我想了很多，很多，但并没有对彼得说。看到他，我心里就快活，如果是清丽的好天气，我们俩又在一起，我会更加快乐。我昨天洗了头，因为我知道彼得就在隔壁，我弄得动静很大。我控制不了自己，我的内心越是恬静，越是严肃，我就越是吵吵嚷嚷的！

谁会是第一个发现我的这一软肋的人呢？

幸亏凡·达恩家生的不是女孩。如果是和我一样的性别，我的爱情的征战就不会这么具有挑战性，这么美好了！

安妮

又及：你知道，我总是跟你说实话的，所以我应该告诉你，我每天想的都是我俩的见面。我一直希望能发现他每天也是那么急切地想要见我，当我看到他在朝这方面做着笨拙的努力时，心里就充满了喜悦。我以为他很想像我那样能自如地表达，可他一点儿也没有想到，正是他的这一局促和为难令人喜爱和感动。

1944年3月7日　星期二

亲爱的凯蒂：

　　回想 1942 年的生活，一切都好像是那么的不真实。在那时享受着天堂似的生活的安妮·弗兰克与现在这个在密室中长了见识又变得明智起来的安妮，真是有天壤之别。是的，那时的我是生活在天堂里。每个街角都有五个暗恋我的人，还有二十多个朋友，我又是老师和父母的宠儿，我口袋里总是装满了糖果和零花钱。生活得如此美好，还有何求？

　　你或许会纳闷，我怎么能让这么多的人喜欢我。彼得说这是因为我"有魅力"，不全是这样的。老师们欣赏我聪明的对答、机智的话语，我的笑脸和我的具有批判性的头脑。而且，这就是我：顶会卖弄、献媚、逗人开心。再加上我其他的几个能博得人人好感的优点：我勤奋用功，诚实率直，慷慨大方。我从不会拒绝想要偷看我的答案的人，我经常把我的糖果分给大家，从不自以为是。

　　大家都这样捧我，会不会最终导致我过分的自信呢？正在我最为风光的时候，我突然被摔回到了现实（摔入了低谷），这是件好事。我用了一年多的时间，才习惯了没有人夸的生活。

　　你知道，在学校里同学们怎么看我吗？我是能让大家高兴的开心果，惯会带头起哄，从来都是乐呵呵的，不会哭鼻子。所以，人人想跟我一起骑车去学校，人人想给我一点好处，也就不足为怪了。

　　一年多前的安妮是个快乐、有趣，但较为浅薄的女孩，她与现在的我已毫不相干。彼得是如何描述那个过去的我的呢？"我每次看到你的时候，你都是被一群女孩子团团围着，其中至少夹杂着两个男孩。你总是在高兴地笑着，你总是大家注意的中心。"他说的不错。

过去的那个安妮·弗兰克还剩下多少呢？噢，我还没有忘记如何放声大笑，如何在不经意间发一句妙语，我损人的本领即便没有提高，可还一样的厉害，我还会献媚，如果我想，也很会逗趣……

可问题也在这里。我愿意过那种看似无忧无虑的快乐生活，可只是几天、一个星期。到了周末，我就会精疲力竭，就会对第一个跟我说些有意义的事情的人，心存感激。我需要的是朋友，需要的是那些因我的人品和行为（而不是因我逢迎的笑脸）对我产生尊重的人，而不是仰慕者。这样围在我身边的人无疑会少许多，但只要留下的是真诚的，那又何妨？

不管怎么说，我在1942年并不是完全快乐的；我常常有被冷落或是空虚的感觉，因为整个白天我都在别人的仰慕和赞扬声中间，所以也就没有多去想它。我尽兴地享受这种生活，自觉不自觉地拼命用逗趣和玩笑去填补这空虚。

回顾过去，我意识到我人生的那个阶段已经结束，我的快乐、幸运、无忧无虑的学校生活已一去不复返了。我甚至并不怀念那些日子。我已经成长得跨越了那个阶段。我不能靠笑闹度日，因为我性格中严肃的那一面始终存在。

我好像是用一个强力放大镜在看我截止到1944年元旦前的生活。在家的那些日子，我的生活里充满了阳光。然后，在1942年中期，一切在一夜之间就好像全都改变了。那些争吵，那些扑头盖脸的谴责和责骂——让我一下子无法将它们全都承受下来。我毫无心理准备，所以我只知道用顶嘴来护卫自己。

1943年的前半年，我常常感到孤独，时常哭泣，逐渐地意识到了自己的缺点和毛病，它们还真的不少。我整天地喋喋不休，想把父亲拉得跟我关系更近一点，没有成功。于是只得靠自己来艰难地改进我自己，尽可能地少挨些骂，因为他们的叱责令我沮丧。

这一年的下半年，我略微好过了些。我又长大了一点，受到比较像成年人一样的对待。我开始想许多的事情，开始写有情节发展的故事，我最终慢慢地体悟到，别人不再和我有什么关系。他们没有权利像钟摆似的把我吆喝过来，吆喝过去。我想用我自己的方式来改变自己。我意识到我现在可以不用母亲，自己已经完全能独立了，尽管想到这一点我曾经很痛心。对我影响更大的是我明白了，我以后再也不能跟父亲诉说心事。除了自己，我谁也不信了。

过了新年以后，有了第二个大的变化：通过梦给我的启迪，我发现我所渴盼的朋友是个男孩，而不是女孩。在我肤浅、欢快的外表下面，我发现还有一种内在的幸福感。在活蹦乱跳之后，我时不时地会变得很安静。现在我只为彼得活着，因为我的未来在很大程度上取决于他！

在晚上睡觉之前，我这样地做祈祷："万能的上帝，为一切好的、珍贵的，和美的事物，我感谢你。"祷告完了，躺在床上，心中充满了喜悦。我认为，在躲藏起来后，我的健康和整个的身心是好的；和彼得之间的爱（这爱刚刚开始，还很脆弱，我们两个都不敢大声地把它说出来）、未来、幸福和爱，是珍贵的；世界、大自然、万物的壮美和辉煌，则是真正美的。

在这样的时候，我想的不是痛苦，而是尚存的美好。这就是我和母亲的一个很大的不同。母亲在面对悲苦时，给出的劝告是："想一想世界上种种的苦难，庆幸你自己不在其中。"我则说："到户外去，到乡下去，享受明媚的阳光和大自然所能提供的一切。到户外去，重新点燃你自己内心的欢乐。想想你自身的美，和你周围大自然的美，从而获得快乐。"

我认为妈妈的说法不正确，因为如果你也深陷苦难中，你怎么办呢？你就会完全地失落了。相反，美一直存在，即便你在不幸中。只要你去寻找，你就会发现越来越多的幸福，从而恢复你平静的心情。一个快乐的人会使周围的人也快乐起来，一个充满信心和勇气的人永远不会因悲苦而死去！

安妮

1944年3月8日　星期三

亲爱的凯蒂：

我和玛格特一直在互相给对方写一些简短的信，当然啦，只是觉得好玩。

安妮：听起来很奇怪，我只有依凭着前一天晚上发生的事情才能记住随后到来的这个白天。比如说，我突然记起了杜塞尔先生昨晚睡觉时呼噜打得很响（现在是星期三下午三点差一刻，杜塞尔先生又在打呼噜了，这让我想起了昨晚的事）。在我半夜小便用尿壶时，我有意弄出很大的动静，好叫他的呼噜声停止。

玛格特：哪一个好一点呢，是打呼噜呢，还是倒着吸气？

安妮：打呼噜好一点，因为当我发出响声时，呼噜声就停了，不会弄醒打呼的人。

凯蒂，我在信中没有告诉玛格特，可我想要坦诚地告诉你，我在睡梦中常常梦到彼得。前天晚上，我梦见我在我们的起居间里滑冰，和一个来自阿波罗溜冰场的男孩；跟他来的还有他妹妹，一个细长腿、总是穿一件蓝色连衣裙的女孩。我很殷勤地做了自我介绍，并问了他的姓名。他也叫彼得。在我的梦里，我真的不知道我已经认识过多少个彼得了！

后来，我梦见我们去到了彼得的房间，在楼梯口那个地方面对面地站着。我跟他说着什么，他给了我一个吻，不过，他说他并不那么爱我，我不应该大献殷勤。我用一种绝望和恳求的声音说："我没有，彼得！"

当我醒来时，我很高兴，知道是梦，彼得并没有这么说。

昨晚我梦见我们在接吻，可触到他的脸颊时却并不像看起来的那么光润，令我很失望。像是爸爸的已经有了胡子茬儿的脸颊。

安妮

1944年3月10日　星期五

亲爱的凯蒂：

"祸不单行"这句谚语很适合于描述我们今天的情况，彼得也这么说。让我来告诉你发生的这些倒霉事吧，现在我们还心有悸悸呢。

首先是梅普病了，她在昨天参加亨克和安吉的婚礼时受了风，得了感冒。再是克莱曼先生由于上次的胃出血，到现在还没能上班，所以只剩下了贝普一个人在顶着。第三是警察逮捕了一个人（他的名字我不便透露），此人对我们至关重要，因为一直是他在给我们提供马铃薯、黄油和果酱。M. 先生（我这样称呼他）有五个十三岁以下的孩子，还有一个快要出生的。

昨晚，我们又经受了一次小小的惊吓：正在我们吃晚饭的时候，突然有人敲隔壁的门。让我们整个晚上都处在紧张和担心之中。

最近，我根本没有心情来记下这里所发生的事情。我的心里很难过。你不要以为我是为了自己难过。我是为可怜的好心肠的 M. 先生伤心，可在我的日记里我又不能用大量的篇幅来写他。

星期二、星期三和星期四的四点三十分到五点十五分，我都待在彼得的屋子里。我们一起学法语，也聊许多的事情。每到下午的时候，我就急切地盼望着这个时刻的到来，而且，最令我高兴的是，我觉得彼得也一样渴望地见到我。

安妮

1944年3月11日　星期六

亲爱的凯蒂：

　　这几天，我连安静地坐一会儿也很难做到。我在楼梯上跑上跑下。我想跟彼得说话，可又担心他嫌我烦。他已经告诉了我一点儿他的过去、他的父母和他自己，可这远远不够。我也不知道为什么，我总是在渴求他告诉我更多，更多。他以前有点儿讨厌我，我也讨厌他。我早就改变了对他的看法，但我怎么知道他也改变了他对我的看法呢？我认为他也改变了，可那也并不意味着我们就必然会成为最好的朋友，尽管对我来说，如果是这样的话，我们在这里的时间会好过得多。不过，我也不愿意让这一点搞得我整天坐卧不安的。我用了那么多的时间去想他，我不能因为我痛苦，就把你也揽了进来！

安妮

1944年3月12日　星期天

亲爱的凯蒂：

　　日子一天一天地过去，事情也变得越来越奇怪。看彼得现在的神情举止，他好像是生我的气了。我克制住自己，尽可能地不去追他，尽可能地跟他少说话，可这做起来却不容易！发生什么事了？是什么叫他一会儿离我远远的，一会儿又跑回到我的身边？或许，事情并不像我想象得那么严重。或许他和我一样，只是心情不好而已，到了明天一切又都会好了起来！

我心中这么的难过、痛苦，可外表上还得要保持一个正常的状态，真是很难。我得跟别人说话，在屋里帮着干活，陪别人坐着，甚至要装出很高兴的样子！我更想着能到户外去，找个地方，想一个人待多久，就待多久！我想，我是被搞得有点儿六神无主了，凯蒂，我心里乱糟糟的：一方面，我想他想疯了，只要我们在一个房间里，我的眼睛就离不开他的身上；另一方面，我纳闷他为什么会对我这么重要，为什么我不能再度平静下来！

无论是白天还是晚上，只要我醒着，我便会问我自己："你有没有给他足够的他一个人待的时间？你是不是在楼上待的时间太长了？你会不会谈了太多严肃的话题，对此他还没有足够的心理准备？也许，他就不喜欢你，这一切都是你自己想象出来的。可是，那他为什么又要跟我讲那么多有关他自己的事情呢？是不是他后悔告诉我了？"等等，等等。

昨天下午，听到了外面许多不好的消息，我很疲惫，我在我的小床上睡了一会。我只想睡觉，不愿多想。我一直睡到四点钟，那时我必须起来到隔壁去了。我必须回答母亲的问话，又得想出一个我为什么会睡觉的理由，向父亲解释，这做起来也并不容易。我说我头疼，这也不全是谎话，因为我心里确实很痛！

一般人，像我这样年龄的一般的女孩子，会觉得我自怜得不像话。其实，我只是说说而已，我只是跟你说知心话，在其他的时候我尽量表现得快快乐乐的、自信十足的，用这法子来避免人家多问，避免招来责骂和猜忌。

玛格特对我很好，愿意让我跟她讲知心话儿，可我不愿意什么事也跟她讲。她对我太认真了，太把我当回事了，花很长的时间来想她的这个疯疯癫癫的妹子，我只要一张口，她就盯着我看，想知道，我是在装呢，还是在说真格的。

因为我们总在一起，我不想让知道我的心事的人成天跟我在一块。我什么时候才能把我这乱糟糟的思想理清？什么时候才能再找回我内心的安宁？

安妮

1944年3月14日　星期二

亲爱的凯蒂：

听到我给你讲我们今天要吃的东西，你一定会觉得很有趣（尽管我不会）。清扫房间的女人正在楼下干活，我此刻坐在铺着凡·达恩太太的油布的餐桌前，用喷了香水的手帕捂着我的嘴和鼻子。你或许弄不明白我为什么会这么做，所以让我现在就慢慢给你道来。给我们提供食物配给卡的人们都被逮起来了，我们只剩下了五张黑市上的食物购置券——没有配给卡，没有油脂，没有食油。自从梅普和克莱曼先生又病了以后，贝普买不回东西来。我们能吃的食物少得可怜。到明天，我们就会吃尽了所有的肥肉，黄油或是人造黄油。我们不能吃油炸的马铃薯（我们吃它，是要省下面包），所以我们就喝滚烫的小米粥。今天的午饭是土豆泥和腌制的甘蓝菜。这就是我为什么要用手帕的原因。你根本想象不到腌制了几年的甘蓝菜的味道会有多么的熏人！厨房里闻起来像是坏了的李子、臭鸡蛋和卤水的味道。啊，就是想想这些要吃的东西，都几乎会让我吐出来！还有我们存放的马铃薯染上了奇怪的病，每两筐里就有一筐要扔进垃圾箱里。我们争着想弄清它们得了什么病，以此来逗乐子，最后我们得出结论说，它们是得了癌症、天花和麻疹。说实话，在战争已经进行到第四个年头的时候，藏匿的滋味是非常难受的。如果我们不再吃这些发臭的食物就好了！

说真的，如果生活的其他方面令人满意，食物的事对我来说也就算不上什么了。但糟糕的是，这样倒霉的处境开始使我们每一个人变得烦躁起来。下面就是我们这里的五个成年人对现在局势的看法（孩子不允许有自己的意见，这一次我破例地遵循了这个规则）：

凡·达恩太太："老早以前，我就不想再做厨房里的皇后了。但是坐着无事可做，也是挺烦人的，所以我就又去做饭了。不过，我还是忍不住要发牢骚：没有油，这饭怎么做？厨房里的熏人的味道让我的胃里作呕。再说，我做饭又能得到什么回报呢！唯有人们的牢骚和怨言。我总是那个倒霉的人，挨骂的总是我。更何况，在我看来，战争基本上没有进展，德国人最终会获得胜利。一想到我们就要挨饿了，我心里非常的恐慌，在我心情不好的时候，我会对每一个走近我的人发火。"

凡·达恩先生："我只是在抽烟，抽烟，抽烟。食物、政治形势、我老婆凯丽的情绪，都似乎并不算太糟。凯丽是我可爱的女人。要是我没有烟抽，我就会得病，然后我就需要吃肉。生活就变得难以忍受，看不出有任何好的兆头，密室里即将发生激烈的争吵。我的凯丽是个白痴。"

弗兰克太太："食物并不是特别的重要，不过，我现在要是有一片黑面包吃就好了，因为我太饿了。如果我是凡·达恩太太，我早就让凡·达恩先生戒烟了。可我现在却极需要抽支烟，因为我觉得我的头晕得在旋转。凡·达恩夫妇可真是爱搬弄是非的一家人。英国人也可能会犯许多的错误，但战事还是有进展的。我应该由衷地庆幸我不在波兰。"

弗兰克先生："现在一切都好。我并不需要什么。保持平静的心情，我们有充裕的时间。只要有马铃薯吃，我就不会怕。最好把配给给我们的食物分给贝普一部分。政治局面正在往好的方向发展，对此我采取绝对的乐观态度。"

杜塞尔先生："我必须完成我为自己定下的任务，一切都必须按时完成。政治局面看起来挺'鼓舞人心'的，我们不可能出什么问题的。我，我，我……"

安妮

1944年3月16日　星期四

亲爱的凯蒂：

啊，能让我从这黯淡、残酷的现实中解脱出来一会儿吗？我今天一整天听到的都是："如果这些事发生，我们将要有麻烦。如果某某病了，我们只得自己来供养自己。如果……"

我这里不写出来，你也知道后面会是什么，我想你对我们密室里的成员已经有了足够的了解，能猜出他们会说些什么。

之所以说了这么多的"如果"，是因为库格勒先生被叫了去，要做六天的劳役，贝普得了重感冒，在家里躺着，估计明天也得待在家里，梅普的流行性感冒还没有好，这次克莱曼先生的胃出血很多，叫他失去了知觉。都是些令人痛苦的消息！

我们认为库格勒先生应该找个可靠的大夫，开个身体有病的医疗诊断书，把它交到市政大厅。仓库里的员工明天要放一天假，所以贝普会是一个人在办公室里。如果贝普来不了，办公室的门就会继续锁着，我们就得像耗子那样保持安静，免得让凯格公司的人听到我们。在一点钟时，让会来我们这里待半个小时，查看一下我们，就像动物管理员来救助被遗弃的生命那样。

今天下午，让终于给我们带来了一些外面的消息。大家都围坐在他的旁边来听。

他和我们这些充满了感激之心的人谈起了食物，想让我们高兴。最近，一直是梅普的一个朋友，P. 太太给他做饭。前天，让吃的是萝卜和绿豆，昨天吃的是剩饭，今天 P. 太太给做的是大豌豆，明天她计划把剩余的萝卜切碎和马铃薯搭配在一起吃。

我们问了有关给梅普请医生的事。

"医生吗？"让说，"什么医生？我今早给他打电话，是他的秘书接的。我提出要开一个治流行性感冒的药方，被告知我可以在明天早晨的八点钟到九点去拿。如果你得的是重感冒，那么大夫自己会来接电话，跟你说：'伸出你的舌头，说啊。噢，我听出来了，你的嗓子感染了。我这就给你开一个药方，你明天拿着它去药店吧。再见。'就是这样，他这工作可太好做了，用电话来诊断。不过，我不会怪人家大夫的。毕竟，一个人只有两只手，这些天来，得病的人太多了，而大夫却太少了。"

对让讲的这个电话诊断的故事，我们大家都笑了。我能想象到一个大夫的候诊室里会是个什么样子。大夫不会再对没钱的病人翘起鼻子，而是会对那些病得较轻的人说："嘿，你在这里干什么？到最后面去排队，病重的人优先！"

安妮

1944年3月16日　星期四

亲爱的凯蒂：

今天天气真好，真是风清日丽、少见的好天气。我这就到阁楼上去。

我现在知道为什么我显得比彼得更加烦躁不安了。彼得有他自己的房间，在那里他可以做功课、进行思考、憧憬、睡觉。而我呢，总是被人们从这里赶到那里。在我与杜塞尔合住的屋子里，我从没有在那儿单独待上一会儿的机会，尽管这是我最向往的。这也是我为什么要去到阁楼上的一个原因。当我在阁楼上，或是给你写信的时候，我就觉得我做回了自己，哪怕是一小会儿。尽管如此，我也不要呻吟，发牢骚，相反，我要勇敢地去面对！

感谢上苍，别人并没有察觉出我内心的情感，只是我渐渐变得安静，变得更看不起的我的母亲，不像以前那么跟父亲亲近，也一点儿不愿意让玛格特分享我的思想；我把自己封闭起来。我要保持我一贯自信的样子，绝不能让任何人知道，我的理智和情感在进行着斗争。迄今为止，总是理智占着上风，真不知道什么时候情感才能占了上风？有时我担心情感会占上风，可大多数的时候我倒是希望它们能占上风！

噢，不跟彼得谈这些事情，真的很难做到，不过，我知道我得等他谈起；在白天时，我得使劲地装，装着一切如旧，像什么事情也没有发生过一样！凯蒂，安妮疯了，不过，我们现在不就是处在疯狂的时代，处在极端残酷的环境下吗？

最使我感到痛快的，还是我能把我所有的思想和感情写下来；否则的话，我非窒息了不可。我不知道彼得会怎么看待这些事情？我一直想望着有一天，我能跟他谈谈这些事情。他一定猜测到了我内心的一些东西，因为他不太可能会爱上这个他已经有所了解的外在的安妮！像彼得这样一个喜爱安静、平和的人，怎么能够容忍这样一个吵吵闹闹的安妮？他会是第一个和唯一一个发现藏在结实的外壳下面的那个我的人吗？这个发现会很久，还是很快？不是有一个古老的格言说爱情与怜悯连亲吗？它不是也可以适用于这里的情形吗？因为我常常同情他，就像我同情自己一样！

我真的不知道如何开口，真的不知道，那么，我怎么能指望彼得先开口，既然他的表达能力还差我一截呢？如果我能给他写信，那么至少他可以知道我想要说什么，因为当面大声地说出来，确实很难！

安妮

1944年3月17日　星期五

亲爱的凯蒂：

前面的担心后来证明都是没有必要的，贝普只是嗓子有点疼，不是流行性感冒，库格勒先生开下了医生证明，没有去服劳役。整个密室的人都松了一口气。这里的一切都进展顺利！除了玛格特和我厌烦了我们的父母之外。

你不要误解了我。我仍然一如既往地爱我的父亲，玛格特既爱父亲又爱母亲，只是当你长成我们这么大的时候，有些事情上你想自己做决定，不想让大人干涉过多了。我一上楼，他们就问我去干什么；吃饭时不许我加盐；妈妈每到晚上八点十五分的时候，就问我是不是该换上睡衣了。我想读的每本书，他们都要检查。老实说，这种检查并不严格，我几乎什么书都可以看，只是我和玛格特腻味了听他们的指令和问题。

这里还有一些事情让我的父母不高兴了：我不再喜欢在早晨、中午、晚上问安的时候，给他们吻了。所有那些亲昵的称呼都显得那么做作；爸爸喜欢说的有关放屁和上厕所的话，让人听了厌恶。总而言之，我现在最想要的就是离开他们的陪伴一会儿，可他们不懂得这一点。我和玛格特没有告诉过他们。告诉他们又有什么用呢？说了他们也不会明白。

昨晚玛格特说："真正让我觉得不自在的是，如果你不小心用手托住了下巴，叹息了一两声，父母立刻就会问，你哪儿不舒服了，是头疼了吗？"

令我们俩感到吃惊的是，往日家庭生活的信任、和谐突然就觉得所剩无多了！这很大程度上是因为在这里，一切的关系都有点走了样。在处理事情的时候，我们仍然被当成小孩子看，而在心理上我们比同龄的女孩要成熟多了。尽管我只有十四岁，但我知道我想要什么，知道谁对谁错。我有我自己的见解、思想、原则，尽管这话出自一个十来岁的孩子，显得有些狂妄，可我觉得我更像是一个成年人，而不是孩子了——我觉得我可以完全独立而不依赖于别人了。我知道我比母亲更擅长辩论或是对问题展开讨论。我更客观一些，我不过分地夸大，我更整洁，动手的能力更强，为此，我觉得我在许多方面都优胜于母亲。假如我爱谁，我必定首先会钦佩他和尊重他，可我对母亲既没有尊重，也钦佩不起来！

只要我有了彼得，一切都会好起来。我在许多方面都佩服彼得，他聪明，又有绅士风度！

安妮

1944年3月18日　星期六

亲爱的凯蒂：

我已经把我自己和我的感情更多地告诉了你一个人（除你之外，我谁也没有），那么，在这其中，为什么不应该再包括上性呢？

父母们，广而言之，大多数的成年人们，在谈到性时，都比较特别。他们不是告诉他们十二岁的儿女们有关性的知识，而是一旦说起这一话题，就会叫孩子们到外面去玩，让他们日后自己去获得这方面的东西。到后来，当他们发现孩子们已懂得了时，他们就以为孩子们不是知道的比应该知道的多了，就是少了。那么，他们为什么不去给孩子们讲讲这方面的问题，来对他们的失职加以弥补呢？

阻止成年人这么去做的一个绊脚石——尽管在我看来，至多是一块鹅卵石——是他们担心一旦孩子们意识到，在大多数情况下，所谓的贞洁或是操守只是无稽之谈，他们的孩子们就再也不会把婚姻看得神圣或是圣洁了。至于我的看法，一个男子在结婚前有一些这方面的经验，也未必就是坏事。毕竟，它与婚姻本身毫无关系，不是吗？

在我刚到十一岁，父母就告诉我月经的事了。不过，那个时候，我还是不知道这血是从哪里来的，它有什么用。在我十二岁半的时候，我从杰奎琳（她可不像我一样什么也不懂）那里听到了不少。我的本能告诉了我，当一个男人和一个女人在一起时他们会干什么；起初，我都觉得我的这个想法似乎过于大胆了，可后来杰奎琳对我的说法加以了肯定，我为自己能想象出这一点颇为自豪！

也是杰奎琳告诉我，婴儿不是从母亲的肚子里出来的。她是这样说的："其成分从什么地方进去，其最终的产品也应该从那里出来！"我和杰奎琳还发现了我们的处女膜，又从一本有关性教育的书里，知道了更多其他的细节。我还知道有方法可以避免怀孕，但它在体内是如何运作的，对我还是个谜。来到密室后，爸爸给我说过妓女的事，不过，我还是有许多不清楚的地方。

要是母亲不告诉她们的孩子这些知识，孩子们就会东拼西凑地听来，这不是正确的态度。

即使是星期天，我也不觉得乏味了！因为我和彼得一直待在阁楼上。我闭着眼睛坐在那里，憧憬遐想着，那种感觉真好。

安妮

1944年3月19日　星期日

亲爱的凯蒂：

　　昨天对我来说是非常重要的一天。午饭后，一切都和往常一样。五点钟，我给母亲准备好了马铃薯，母亲让我把一些猪血香肠拿给彼得。一开始我不愿意，不过后来我还是去了。彼得不愿收下我送来的香肠，我有一个可怕的感觉，觉得他还记着在关于不信任这一话题上的争吵。突然，我再也忍不住了，眼睛里浸满了泪水。我什么也没说，回来把盘子给了母亲，然后到了洗漱间，痛哭了一场。后来，我决定跟彼得把事情说个清楚。晚饭之前，我们四个人帮助彼得做字谜，所以我那时也不能说什么。在我们坐下来吃饭的时候，我悄悄地跟他说："今晚你打算练习速写吗？"

　　"不练。"他回答说。

　　"一会我想和你谈谈。"

　　他同意了。

　　洗完碗后，我去到彼得的房间，问他不接受香肠是不是因为我们上次的争吵。所幸的是，不是因为这个，他只是认为这样急着就收下，显得没有教养。楼下很热，我的脸红得像个龙虾。因此下去为玛格特拿回些水来后，我又上了楼，想呼吸点儿清凉空气。为了面子好看，我先去了凡·达恩夫妇的房间，在他们家的窗户那里站了一会儿后才走到彼得的屋子。彼得家里的窗户开着，他正站在窗户的左边，我进去后就站到了右边。挨近开着的窗户，在半明半暗中说话，比在大白天的亮光下自在得多，我觉得彼得也这么想。我们俩聊了很多，很多，我无法把它们全部记下来。但感觉真好，那是我在密室里以来所度过的最美好的一个傍晚。我在这里简短地给你描述一下我们聊到的各种话题。

首先，我们俩谈到密室里的那些个争吵，以及最近以来我对这些争吵的看法如何会有了很大的不同，然后谈到我们变得与父母渐渐地疏离了。我跟彼得讲了我的父亲、母亲，玛格特和我自己。他有一次问："你们在道晚安时，彼此都要亲吻一下，是吗？"

"一下？是十几下。你们家没有，是吗？"

"没有，我从来没有真正吻过任何人。"

"甚至在你过生日的时候也没有吗？"

"哦，在生日上有的。"

我们谈到我们两个对各自的父母都不信任，谈到他的父母彼此很相爱，我希望他和他们能说心里话，但是他说他不愿意这么做；以及我怎么在被窝里伤心地痛哭，他去到顶楼上是如何的发作；玛格特与我最近才开始彼此了解对方，可很少把心里话告诉对方。能想到的，我们都谈了，关于信任、情感，以及我们自己。噢，凯蒂，他正像我想象中的那么棒。

后来，我们谈到了 1942 年，那时的我们与现在大不相同；我们简直认不出那个时期的自己了。在一开始时，我们两个是如何的不能容忍对方。他认为我吵吵嚷嚷烦死人，我很快就断定他是一个呆板乏味的人。我当时真不懂他为什么不跟我互送秋波，可现在我却为这一点而感到庆幸。他也提到他那阵子常常躲在自己的屋子里。我说我的喧嚷和活蹦乱跳跟他的安静沉默是同一个硬币的两面，我也喜欢安静平和，但在密室里没有我自己待的地方，没有我的任何东西，除了日记。每个人见了我都恨不得我掉头而去，尤其是杜塞尔先生，另外，我又不想总跟父母待在一起。我们又说到，他怎么高兴我的父母有孩子，我怎么高兴他在这里。我如何了解他对独处的渴求，他与他父母的关系，以及在他父母吵架时，我多么希望能帮助他。

"可你总是在帮助着我呢！"他说。

"我怎么帮你了？"我有点儿地惊讶问。

"你总是那么快活。"

这是他整个晚上说的最为中听的一句话。他还告诉我，他不像以前那么介意我去他的房间了；事实上，他现在喜欢我去。我也告诉他我父母给我的那些昵称都没有意义，晚安时的亲吻也不能自然而然地就导致了彼此的信任。我们也谈到用自己的方式做事，谈到日记、孤独、一个人外表和内在的不同、我外在的伪装，等等。

那个傍晚过得特别的美好。彼得一定开始对我有那种朋友似的爱了，在眼下这就足够了。我感到快乐，心中充满感激。我无法用语言来描述这种心情。对不起，凯蒂，我今天写的不如平时那么好。我只是想到什么就写下了什么！

我有种感觉，我和彼得之间好像有个秘密。每当他用充满柔情的眼睛，用他那种笑容、那种眨眼的方式看我时，我心中就好像泻进了光芒。我希望事情就这样发展下去，希望我们有更多的时间在一起，度过更快乐的时光。

安妮

1944年3月20日　星期一

亲爱的凯蒂：

今天早晨，彼得问我傍晚时是否还去他那里。他肯定地说我不会打扰他，并且说一个人能待的地方，就不愁容下两个人。我说我不能每天傍晚过去，父母会反对的，但他以为我不必怕父母说什么。我告诉他星期六傍晚的时候，我抽时间过去，还对他讲要是看到月亮出来时告诉我一声。

"好的。"他说，"或许，我们可以到楼下去，在那里看月亮。"我同意了，我并不真的那么怕窃贼。

就在这个时候，我快乐的心里拂上了一片阴影。我早就知道玛格特也喜欢彼得，只是不知道喜欢到什么程度，一想到这，我的高兴劲儿就没了。现在我每一次去看彼得，无形之中都是对她的一种伤害。有趣的是，她从来不把这一点表露出来。我知道，那样的话，我会非常嫉妒的，可是玛格特却说，我没有必要对她感到抱歉。

"我觉得，你现在成了出局的那一个，这样不太好。"我说。

"我已经习惯这样了。"她不无怨气地回答说。

我不敢告诉彼得。或许，以后会的，但现在我和他首先需要讨论许多别的事情。

妈妈昨晚扇了我耳光，这也是我应挨的。我以后再不能对她表现得太冷淡，或是看不起她。无论如何，我应该再试着对妈妈好，把不敬的话留在心里！

甚至父亲也不像他从前那么好了。他一直尽量试着不把我当孩子看，可现在又有点儿过于冷淡了。我们拭目以待，看看最终会怎么样！爸爸警告我说，如果不做代数，我在战后就不好入学。我只能是等着，看究竟如何，不过，如果我能得到一本新书，我愿意再重新开始学代数。

就写这么多了。凯蒂，我现在只想看着彼得，什么也不做，我心中充满了对他的感情。

安妮

我于 1944 年 3 月 20 日，也就是今天，收到了玛格特的一封示好的信：

安妮，我昨天说我对你并不嫉妒的话时，我说的也不完全是实情。情况是这样的：我并不嫉妒你或是彼得，我只是为至今没有找到一个能与我分享我的思想和情感的人，而感到难过，在最近的将来，我也不可能找到。可这正是我希望（从我的心底）你们俩能够做到彼此信任的原因。在这里，你们已经失去了许多，许多在别人看来是理当应有的东西。

从另一方面来说，我确信，我跟彼得的关系从来也没有走得太近过。因为我认为我需要一个在感情上觉得很亲近的人，在我们分享彼此的思想之前，我想让我们之间有这样的一种感觉，就是他完全地懂我，甚至我不说什么，他也懂我。鉴于此，我觉得我要找的人应该在智力上优胜于我，彼得并不是这样的人。可我知道你的感情与他的接近。

所以，你不要因为好像是拿走了我理应得的东西，而去责备你自己；没有比这离真实更远的了。你和彼得可以在增进你们的友谊中彼此获得更多。

我的回答：

亲爱的玛格特：

你的信令我十分感动，不过对这样的局面我还是不能完全高兴起来，我想我永远不会。

在眼下，我和彼得并不像你所认为的那样相互信任。我觉得你已经开始对彼得有一种姐弟般的情感，也像我那样的愿意帮助他。或许，你在将来的某一天就能做到这一点了，可这不是我们心里所想的那种信任。我相信，信任必须来自双方；我认为这就是我和父亲之所以不能真正走近的原因。不过，不要让我们再说这件事了。要是你还有要讨论的事情，请写信，因为对我来说，写比面对面的谈，更容易表达得好。你知道我是多么的钦佩你，总是希望你和爸爸的一些优点能惠泽于我，因为你和爸爸是最优秀的。

安妮

1944年3月22日　星期三

亲爱的凯蒂：

　　昨晚我收到了玛格特的这封信：

亲爱的安妮：

　　看了你昨天的信以后，知道你每去到彼得那里学习或是聊天时，你的良心都会觉得愧疚，这让我心里很不安；你完全没有必要这样。在我的心里，我知道会有一个人值得我信任（就像我值得他信任一样），但是这个人不是彼得。

　　然而，正如你说的，我的确是把彼得视如兄弟，一个年轻的弟弟；我们一直都在试探，姐弟般的情感可能会，也可能不会在后来的日子里发展起来。可是现在，肯定还没有到那个阶段。因此，你没有必要为我难过。既然你们现在已成了知己，就尽量地享受吧。

　　与此同时，这里的事情变得越来美妙了。我想，凯蒂，在密室里可能就会有真正的爱情发展起来了。所有那些说我要嫁给彼得的玩笑，如果在这里待的时间足够长的话，也不是完全没有可能变为现实。我并不是说，我想要嫁给彼得。我甚至都不知道长大后的彼得会是什么样子，或者我们是否能相爱那么久，一直相爱到结婚。

　　我现在确信彼得也爱我，我只是不知道是以什么方式。我不能判断出他是想要一个好朋友，还是把我作为一个女孩，或者妹妹那样爱着。当他说他父母争吵时我总是在帮他，我高兴极了，这使我进一步相信了他对我的友谊。我昨天问他，如果有十几个安妮老是闯进来看他，他会怎么做。他回答说："如果她们都像你一样，那就不算糟。"他十分的热情，我想他是真的喜欢看到我的。同时，他正在刻苦地学法文，有时甚至睡下了还要学，一直学到十点五十。

噢，想起星期六晚上，想起我们说的话，想起我们的卿卿我我，我第一次对自己感到了满意；我的意思是说，再有这样的场合，我还会说同样的话，一个字儿也不会改，就像我平时那样的说一不二。他好英俊，不管是他笑着，还是静静地坐着，他都那么的可爱。他好甜，好美，好善良。我想，我最令他惊讶的是当他发现我一点儿也不像那个看似浅薄、世故的安妮，而是像他一样，也是个梦想家，而且烦恼也一样多！

昨晚，吃过晚饭后，我等着他约我上楼去。但是，什么也没有发生，我就走开了。他下楼告诉杜塞尔是听广播的时间了，然后在洗漱间那儿转悠了一阵子，但是见杜塞尔一直没出来，就又上了楼。他在他的房间里踱了一会儿步后，就早早地睡了。

整个晚上，我一直都坐卧不安，不断地往洗漱间跑，用冷水浇我的脸。我读了一会儿书，呆想了一阵子，不停地看着表，焦急地等待着，一直倾听着他的脚步声，感到异常的疲惫，我也早早地睡了。

今晚，我得洗个澡，明天呢？

明天还很远呢！

玛格特

我的回信：

最亲爱的玛格特：

我想，最好的办法就是静观其变。用不了多长时间，我和彼得就得决定，我们是回到老样子，还是向前走。我不知道事情会怎么发展，我只能看到我的鼻端。

我能肯定的一点是：如果彼得和我成为了朋友，我将告诉他，你也同样喜欢他，如果需要，也会随时帮助他。我断定，你不愿意我这么做，但我不管。我不知道彼得对你是怎么想的，等机会到来时我会问他的。恰恰相反，我不认为这是坏事！我们欢迎你一起到阁楼上来，或到我们去的任何地方。你不会影响到我们。因为我们有个心照不宣的约定，只是在晚上，在夜色降临的时候谈话。

振作起你的精神！我正在尽自己的全力，虽然并不容易。你的机会的到来也许比你预想的要早。

安妮

1944年3月23日　星期四

亲爱的凯蒂：

我们这里的一切又恢复了正常。给我们领食物配给卡的人们从监狱里被释放回来了，谢天谢地！

梅普昨天好了，回来了，今天她的丈夫又有了流行性感冒的发冷发热的症状，躺在了家里。贝普好多了，只是还有点咳嗽，克莱曼先生得在家歇息一段时间了。

昨天，一架飞机在我们的附近坠毁，机乘人员及时地离开了机舱。飞机坠落在一座学校的建筑物上，所幸的是里面没有孩子们。有一阵短暂的交火，有几个人死于枪战。在飞行员们降落的时候，德国人不停地扫射。阿姆斯特丹的居民看到后，都对这种野蛮的行径义愤填膺。我们（密室里的女性）也吓得不轻。噢，我讨厌这机关枪的声音。

下面谈谈我自己。

我昨天跟彼得在一起了，不知怎么的，我们最终谈到了性这个话题上。老早以前，我就想好了要问彼得一些这方面的事情。他什么都知道，什么都懂；当我说我和玛格特有许多东西不了解的时候，他很惊讶。我告诉他许多有关我和玛格特，以及我们父母的情况，并且说近来我有什么问题也不问他们了。他说他愿意告诉我，我感激地接受了。他描述了避孕器是如何发生作用的，我大胆地问他男孩子如何就会知道他们自己是发育成熟了。他说对这一点他也得想一想，他说今晚告诉我。我给他讲了发生在杰奎琳身上的事情，我说对强壮的男孩，女孩子们是怎么也反抗不过他们的。"哦，你不必害怕我的。"他说。

当那天傍晚我们又在一起时，他告诉了我男孩成熟的标志是什么。尽管稍稍有些尴尬，可和他讨论这方面的问题还是觉得挺有趣的。无论是他，还是我，都没有想到我们两个能够这样公开地跟异性谈这样亲密的事情。我想我现在懂得一些这方面的事了。他还用德语跟我讲了许多预防法。

那天晚上，在洗漱间玛格特和我聊起布拉姆和特里斯，她的两个朋友。

今天早晨，我遇到了一件意想不到的烦心事：早饭后，彼得叫我跟他上楼。"你在我的背后耍我，"他说，"我听到了昨晚你和你姐姐在洗漱间里的谈话。我以为你只是想看看我彼得知道多少，然后再好好地取笑我一番！"

我一下子懵了！我尽力地解释，让他放弃这一荒唐的想法；我能理解他现在的感受，可这不是真实的！

"噢，不是这样的，彼得，"我说，"我绝不会做小人。我跟你说过，我不会把你讲给我的事情告诉任何人，我不会的。先是一副道貌岸然的样子，然后处心积虑地去损人……不，彼得，我不会这样子来开玩笑。这不公平。真的，我什么也没说。你难道不相信我吗？"他说他相信我，可我觉得我们这件事还得再谈上一次。一整体天我什么也没做，就想这件事了。不过，我还得感谢上苍，他径直找过来，倒出了他脑子里的想法。要是他闷在肚子里，认为我就是那样的一个小人，那会更糟。彼得真是个可爱的男孩！

现在，我不会对彼得再有所隐瞒！

安妮

1944年3月24日　星期五

亲爱的凯蒂：

现在我常常在晚饭后到楼上彼得的房间里呼吸夜晚的新鲜空气。我们在黑暗中交谈比在刺眼的阳光下惬意多了，这让我们更容易找到有意思的话题。坐在彼得身边的椅子上往外看，是一件温馨、恬适的事情。每次我钻进彼得的房间，凡·达恩夫妇和杜塞尔总会说些不三不四的话，什么"安妮的第二个家"啦，什么"一个年轻小伙子和一个年轻姑娘晚上一起待在黑屋子里是否成体统"啦。对他们这些所谓的"俏皮话"，彼得的表情显得惊人地镇定。顺便提一下，妈妈也对这事好奇得不得了，恨不得问问我们到底在谈什么，可心里又害怕我会拒绝回答。彼得说这只不过是因为大人嫉妒我们年轻罢了，用不着把他们那些讨厌的闲话放在心上。

有时候彼得会下楼来找我，尽管他小心翼翼地尽量不惹人注意，可他的脸还是红得厉害，紧张得几乎说不出话来，结果弄得我们俩都很尴尬。幸好我不会脸红，那种感觉一定糟透了。

还有一个让我烦恼的原因：当我在楼上享受彼得的陪伴时，玛格特却独自一人待在楼下。可我能有什么办法呢？要是她上楼来跟我们在一起，我是不会介意的，但她这个人一点儿也不合群，宁可像根木桩那样，自个儿坐在那里。

对我们这突如其来的友情，我不得不忍受没完没了的闲言碎语。不知有多少次，他们在饭桌上聊起我们，说什么假如战争还要持续五年的话，密室里就得来一场婚礼啦。我们才不在意这些闲话呢，真是蠢极了。难道我们的父母忘记了他们也曾年轻过吗？看来是忘光啦。不管怎么说，当我们认真的时候，他们却在那里嘲笑；当我们闹着玩时，他们又假正经起来。

我不知道接下来会发生什么，不知道我们之间的话题会不会说完。不过只要我们的友情像这样持续下去，即便没什么话说，我们也可以待在一起。只要彼得的父母别那么大惊小怪就好啦。看见我经常来找彼得，他们大概很不高兴吧，何况彼得和我绝不可能透露我们谈话的内容。要是知道我们在谈论那么私密的事情，他们更要大吃一惊了。

安妮

1944年3月25日　星期六

亲爱的凯蒂：

只有在事情成为既成的事实之后，你才会意识到你的变化有多大。我有了一个翻天覆地的变化，我的一切都不一样了：我的见解，我的思想，我的具有批判性的世界观。内在的，外在的，都变了。而且，因为这是真的，我还可以有把握地再加上一句说，我是朝好的方向变了。我曾经告诉过你，被大家捧了好几年后，我一下子要调整到面对成人和充满指责的残酷的现实世界，是很艰难的。不过，我之所以遭受这么多的责骂和嘲讽，在很大程度上要怪我的父母。在家里时，他们让我享受生活，这无可厚非，但是在这里他们不应该怂恿我跟他们站在一边，在争吵和是非的闲话中，只让我听"他们"这一边的说辞。过了很久我才发现是非应该是各家一半。我现在知道，这里犯的许多错误，是小的有过失，老的也脱不了干系。我的父母在对待凡·达恩一家上所犯的最大错误就是，他们从未有过一种坦诚和友好的态度（不得不承认，虽然友善有时是装出来的）。我最想要的是大家相安无事，我既不想争吵，也不要传闲话。对父亲和玛格特，这不难做到，可对我母亲，就难了，弄得不好，她有时会重重地敲打我一下。至于凡·达恩先生，你可以先同意他，静静地听他说，用你的玩笑来回应他的老掉牙的玩笑，将他争取到自己一边。要把凡·达恩太太争取过来，也不难，你可以跟她开诚布公地谈，当是你的错误时你就勇于承认；尽管她的缺点有许多，可她也能坦诚地承认自己的错误。我十分清楚，她对我的看法也不像一开始时那么糟了。这是因为我诚实，当面对人家说出自己的看法，尽管我的想法也许不太投合人家的心意；我想做到诚实，我想诚实能够使你走得更远，让你能够心安理得。

昨天，凡·达恩太太说起我们给克莱曼先生大米的事："我们只是一味地给予，给予，给予。可是，到了一定的程度，我想也就够了。克莱曼先生只要费心一点，他也不愁搞到大米的。为什么我们要把自己的全都给出去呢？我们也一样需要嘛。"

"噢，凡·达恩太太，"我说，"我不同意你的观点。克莱曼先生是不愁搞到点儿大米，可他平时就不爱为这种事操心。批评正在帮助我们的人，不太好。只要我们能省得出来的，我们就应该尽量地接济他们。一个星期少上一碟米，还不太要紧；我们总是有豆子可以吃的。"

凡·达恩太太并不像我这么看，不过，她补充说即便她不同意，她也愿意退一步想，她能做到这样，足可以了。

这方面我说得够多了。总之，有时候我知道我怎么做是对的，有时候我有疑虑，但我终究会达到我想要达到的目的。我知道我能！尤其是现在，我又有了帮手，彼得帮助我渡过了许多的难关和坎坷！

老实说，我真的不知道彼得爱我到什么程度，我们是否能发展到亲吻的那一步；不管怎么说，我不愿意勉强！我告诉过父亲，我常去看彼得，问他是否赞同，当然啦，他赞同！

现在，我能把以前藏在心底的事比较自如地讲给彼得听了。比如，我告诉他我以后想当作家，如果成不了职业作家，我就在工作之余写作。

我没有多少钱，也没有多少世俗的财产，我不漂亮，也不那么聪明，可是我快乐，而且立志永远快乐，我对人有爱心，天生地相信人，我希望每个人都能快乐。

安妮

虚度的一天，虽然阳光灿烂，

却也和夜晚一样的黑暗。

（这是我几个星期前写的，现在的情况已经不是这样了，不过，我还是把它留在这里，因为我写的诗太少了，它们之间间隔得太长。）

1944年3月27日　星期一

亲爱的凯蒂：

在我们藏匿的生涯中，政治应该至少占据较长的一个章节，可我总是在回避这个题目，因为我对它几乎没有兴趣。不过，今天我将用一整篇日记来写它。

当然啦，对这一题目有许多不同的见解，在战争时期常常听到人们谈政治，也并不奇怪，但是，因为对政治的讨论而引起过多的争执，那简直就是愚蠢！让他们去嘲笑、诅咒、打赌、抱怨，做他们想干的一切，只要不影响别人。只是不要让他们吵架，因为这只能把事情搞得更糟。外面来的人给我们带来许多消息，后来证明都是不真实的；可迄今为止我们的广播还没有说过谎。让、梅普、克莱曼先生、库格勒先生，他们的政治情绪或高涨，或低落，尽管让的波动最小。

在密室里，他们一谈到政治，情绪总是一样的。在无数的关于登陆、空袭、演讲等等的争论中，时不时发出这样的喊叫声："不可能！""上帝，如果他们现在才开始，什么时候结束啊？""太棒了，好极了，不能再好了。"

乐观主义者，悲观主义者——还有现实主义者——纷纷乐此不疲地发表他们的见解，就像在其他事情上一样，他们都坚信真理是掌握在自己手中。一位夫人因为她的先生毫无保留地相信英国人，而感到气恼；丈夫却因为妻子对他热爱的民族出言不逊，而大动干戈！

就这样，争论从早晨一直持续到深夜；有趣的是，他们从来也不会感到疲倦。我发现了一个奥秘，其效果是巨大的，就像是你用针扎了某个人，然后看着他不停地跳起来。你相信吗，凯蒂，我一旦开始谈论政治，哪怕只是一个小问题，或是一个词语，或是一个句子，在你还没有意识到的时候，全家人已经都加入进来！

好像德国的国防军报道和英国的 BBC 电台还不够，他们现在又加进来一个有关空袭方面的特别报道。总之，很精彩！可事情的另一面是，英国空军昼夜接连不断地出动。就像德国人的电台一天 24 个小时不停地制造谎言一样，英国人的电台很早就开始广播了，从早晨八点，一个小时一次，一直到晚上九点、十点，甚至十一点。这是一个有力的证明，证明成年人具有无限的耐心，但同时也证明他们的脑子已经有点木了（我的意思是说，他们中的一些，因为我不想伤害任何人）。一个人每天最多听两次广播，应该就足够了。但是，这些傻瓜们却不是这样……"音乐节目""工人节目"、弗朗克·菲利浦普的奥兰治电台、女王陛下，等等，等等，节目一个接一个，并且都能找到自己的热心听众。成年人们只要不在吃饭或是睡觉，他们就围聚在收音机前，谈着吃饭、睡觉和政治。唉，情形变得越来越无聊，我努力要做的就是不要把自己变成一个干瘪的小老太婆！尽管我处在年长的人们中间，这也不乏是个不坏的主意！

一个很好的例子是温斯顿·丘吉尔的演说。

星期天晚上，九点钟。茶水已经准备好了，放在桌子上，客人们到了。

杜塞尔坐在收音机的左边，凡·达恩先生正对着收音机，彼得坐在旁边。母亲挨着凡·达恩先生，凡·达恩太太坐在他们俩的身后。玛格特和我坐在最后一排，父亲坐在桌子旁边。我明白我对我们座次顺序的描述也许不太清晰，不过，这并无大碍。男人们都抽着烟，彼得因为听得入迷闭上了眼睛；妈妈穿着一件深色的长晨衣，和凡·达恩太太两人正怕得发抖，因为有飞机不顾丘吉尔的讲演，在我们头顶上飞过，目标是鲁尔地区；父亲呷着茶，我和玛格特亲密地依偎在一起，莫西睡在我俩的腿上。玛格特的头发戴着发卷，我穿着的睡衣看着又小又短，紧紧地裹在身上。一切都显得那么温馨，那么安详、舒适，这一次真的给我这样的感觉。然而，我提着心等待着演讲的结束。他们已经变得迫不及待、摩拳擦掌，等着开始另一场辩论！就像猫诱老鼠出洞一样，他们用话相互刺激对方，使讨论变成争吵。

安妮

1944年3月28日　星期二

亲爱的凯蒂：

尽管我想更多地谈政治，可今天我还有许多其他的消息要告诉你。其一是，母亲正式提出不让我去彼得的房间了，因为据她说，凡·达恩太太已经开始妒忌了。其二是，彼得已邀请玛格特和我们一起上阁楼；他只是出于礼貌说说而已，还是就是想让她去，我不得而知。其三是，我问父亲我是不是要考虑凡·达恩太太的心情，父亲说我没有必要那么做。

我现在该怎么办？母亲生气了，不愿意我再上阁楼，想让我在跟杜塞尔先生合住的屋子里做作业。也许母亲自己也嫉妒了。爸爸并不反对我们有时几个小时地待在一起，认为我们这样的相处很好。玛格特也喜欢彼得，但是觉得三个人在一起，不会像两个人谈得那么畅快，谈的事情也不可能一样。

而且，母亲认为彼得是爱上我了。说真的，我倒希望真是这样。这么一来，我们俩不就真的是相爱了，更容易做到彼此了解。母亲说，彼得总在看我。哦，我想我们俩有时是互相地眨眨眼睛。可他如果喜欢我的酒窝，总看着我的脸，我能不去看他吗？

我的处境很糟糕。母亲反对我，我也反对她。父亲装着看不见，任我和母亲暗暗地争斗。妈妈很难过，因为她仍然爱着我，不过，我却无所谓了，因为她对我来说，并不像以前那么重要了。

至于彼得……我还不想放弃。他那么可爱，我那么的爱慕他。我和他之间很可能建立起一种真正美好的关系，为什么这些大人们要又一次地干涉我们的事情呢？所幸的是，我习惯于掩藏起自己的感情，所以我没有把对他的痴迷表露出来。彼得会向我表白吗？将来我们能脸儿贴着脸儿吗，就像我跟梦中的那个彼得一样地依偎在一起？噢，彼得，你与我梦中的那个彼得，是同一个人！人们都不了解我们，他们永远不会明白，我们不说一句话，只是静静地坐在一起，就感到满足了。他们不知道是什么把我们相互吸引在一起！噢，我们什么时候才能冲破这重重的阻挠？然而，我们愿意去战胜这些困难，因为这会使我们的爱情变得更加美好。在他把头枕在胳膊上、闭上眼时，他看上去依然是个孩子；在他跟莫西玩耍、跟我聊天时，他心中充满了爱；在他扛着马铃薯和其他重物的时候，他是那么的强壮；在他看着外面机枪的射击或是穿过黑暗的房子，去寻找窃贼的时候，他那么的勇敢；在他显出尴尬和笨拙时，他又是那么的可爱；在他给我解释着什么而不是我教着他什么时，他更令人爱。我几乎希望他在任何一个方面都比我强！

我们才不在乎我们的那两个母亲呢。噢，要是他向我表白就好了！

爸爸总是说我自负，其实，我不是，我只是有点儿爱虚荣罢了！基本上没有人说我漂亮，除了在学校时的一个男孩，他说我笑起来的时候很美。昨天，彼得发自内心地赞扬我了，我把我们有趣的谈话给你简略地描述一下。

彼得常跟我说："笑一个！"我觉得很奇怪，所以，昨天我就问他："为什么你老想让我笑呢？"

"因为你笑时，脸上有酒窝。你是怎么弄出酒窝的？"

"我天生就有。这是我仅有的美的标志。"

"不，不，我可不这么认为！"

"可确实如此。我知道我长得不漂亮。我以前不漂亮，以后也不会！"

"不，我觉得你长得很漂亮。"

"不是的。"

"你漂亮，你应该相信我的话，你真的漂亮。"随后，我把同样的赞誉给予了他。

安妮

1944年3月29日　星期三

亲爱的凯蒂：

博克斯坦先生，荷兰的内阁大臣，在奥兰治电台说，战后，政府将从民间收集与战争有关的日记和书信，予以发表。当然啦，大家一下子就想到了我的日记。你想象一下，要是我出版一部描写密室的小说，那该有多好。只要看书的标题，人们就会以为这是一部侦探小说了。

还是说正经的吧，战争结束十年后，再讲述我们犹太人在藏匿期间怎么生活，吃什么，聊什么，人们也许会感兴趣的。尽管我给你讲了我们这里不少的情形了，你可能对我们还是知之甚少。你知道，在上个星期日的空袭中，女人们吓成什么样子吗？那一天，有三百五十架英国飞机在伊莫登扔下五百五十吨炸弹，房屋被气浪冲击得像草叶一样直晃动。哦，还有许多种传染病在我们这里肆虐。

你一点儿也不知道这些情况，要把这一切的细节都描述出来，恐怕用上一整天的时间也不够。买蔬菜，买食品，都得排队；大夫们不敢出诊去看病人，因为只要他们一转身，他们的汽车或是自行车就被盗了；盗匪和小偷比比皆是，让你不由得会问自己，是什么东西进了荷兰人的脑子里，让他们变得如此的爱偷窃。八岁到十一岁的孩子打破别人家的玻璃，把能拿走的东西都拿走。人们甚至不敢离开家里五分钟，因为等他们回来时，东西可能早就都不见了。每天的报纸上都登满了悬赏的广告，想找回来丢失了的打字机、波斯地毯、电子钟、衣服衣料等。街上的大钟被拆走，公共电话机连同电话线都被拽走。

老百姓的情绪也变得很糟糕。每个人都在挨饿，除了人造咖啡，一个星期的食物配给吃不到两天。反攻的消息还等不到，男人们正在被用轮船运往德国，孩子们都营养不良，在生病。几乎所有人穿着的衣服和鞋子都是破破烂烂的。换一只新鞋底，黑市上就得七盾半。另外，很少再有修鞋匠揽活了，或者一双鞋你得等上四个月才能修好，而在这段时间里，很可能你的鞋子就找不着了。

物极必反：在食物越来越匮乏，控制措施越来越严厉的情况下，人们对当局的反抗也日益强烈。食品配给处的官员、警察，还有其他的官员们，不是在帮助着他们的市民，就是出卖他们，把他们送进监狱。庆幸的是，只有一小部分的荷兰人站在德国人一边。

　　　　　　　　　　　　　　　　　　　　　安妮

1944年3月31日　星期五

亲爱的凯蒂：

天气还很寒冷，可大多数人家已经快有一个月没有取暖用的煤了。听起来很糟糕，不是吗？对于苏联战线，人们有一种普遍的乐观情绪，因为那边总是炮声隆隆！我并不多写政治方面的事，可是我必须向你通报，苏联人他们目前推进到了哪里。他们已经打到了波兰边境和罗马尼亚的普鲁特河，已经接近敖德萨，并且包围了特诺普洱。每天晚上，我们都盼望着来自斯大林那边的特别公告。

在莫斯科，人们放了那么多的礼炮，整个城市必定整天都响着炮声。我不知道他们这么做是觉得好玩，好像战争又近在咫尺，还是他们就没有别的方式来表达欢乐！

匈牙利被德国军队占领了。

在那里还居住着一百万的犹太人，他们也注定要遭厄运了。

密室里没有什么特别的事情发生。今天是凡·达恩先生的生日。他得到了两包烟和可以冲一杯咖啡的咖啡粉；库格勒先生送了柠檬果汁，梅普送了沙丁鱼罐头，我们送的是科隆香水、丁香和郁金香，还有一个添加了草莓和醋栗的大蛋糕，因为用的面粉和黄油都不好，这个蛋糕易碎，不过还是非常好吃的。

关于我和彼得的闲话现在少多了。今晚他要来我们家里叫我。他真的很讨人喜欢，你不觉得吗，因为他平时最不愿意这么做！我和彼得是好朋友。我们经常在一起，无话不谈。谈到微妙的话题时，我们也用不着回避，不像我跟其他的男孩子在一起时那样。比如说，我们谈到血，进而谈到月经。他认为我们女人真的很坚强，能经受住那么多血的流失，我也很坚强。我不知道这是为什么。

我在这里的生活变得美好多了。上帝没有抛弃我，他以后也不会。

安妮

1944年4月1日　星期六

亲爱的凯蒂：

然而，一切还是那么难。你知道我指的是什么，不是吗？我渴望着让他吻我，可那吻却迟迟不来。他是不是仍然在把我当朋友？难道我就只能做他的朋友吗？

你和我都清楚，我很坚强，能独自扛很多重担。我从未把我的忧愁告诉过任何人，我从未依附过母亲，但是我却想把我的头倚在他的肩头，静静地坐在阁楼上。

我不能，我不能忘记彼得和我脸贴着脸儿的那个梦，梦里一切都显得那么美好！他有这样的渴求吗？他是因为羞怯说不出他爱我吗？为什么他那么喜欢跟我在一起？噢，为什么他不跟我表白呢？

我必须停下来，我必须保持冷静。我要再次让自己变得坚强，只要我有耐心，一切都会顺理成章。唉，现在糟糕的是，似乎是我在追他。我总是不得不上楼去的那个人，他从来没有主动找过我。不过，这可能是因为我没有单独的房间。他理解我为什么反对。噢，他比我想的更懂事。

安妮

1944年4月3日　星期一

亲爱的凯蒂：

　　我将一反我惯常的写作风格，详细地给你描述一下我们饮食的情况，因为食物的问题不仅在密室里，就是在整个荷兰，乃至欧洲，都变得日益重要起来。

　　我们已待在这儿二十一个月，在我们所吃的食物中，我们已经历过了许多个"循环"——你一会儿就会明白这句话的意思了。"食物循环"是在一个时期内，我们仅仅有一种菜，或是一种食物可吃。在很长的一段时间里，我们只有苣荬菜可吃。掺沙的、不掺沙的苣荬菜，苣荬菜和土豆泥，苣荬菜和土豆泥的砂锅。然后，是吃菠菜，后来又是吃苤蓝、婆罗门参、黄瓜、西红柿、泡菜等。

　　当你的中饭和晚饭，只有泡菜可吃的时候，你就知道什么是苦了。而且，在你饿着肚子的情况下，你还得做许多事情。不过，接下来的情况会更糟，因为现在连蔬菜也没有了。

　　我们一个星期的午餐是蚕豆、豌豆、汤、马铃薯加团子，或是烂萝卜，然后又转回到蚕豆。因为缺粮，每顿饭都得吃土豆，从早饭开始，到后来就炸着吃。做汤，我们用的是蚕豆、菜豆、土豆等。不管是什么里面都放着蚕豆，包括面包里面。晚饭我们总是吃土豆和仿肉汁，还有甜菜沙拉。另外，我还得跟你说一说团子。我们是用政府发的面粉、水和酵母做成团子，这些团子跟胶似的，很硬，吃到肚子里感觉像是石头一样。

　　为我们这一个星期的饭食锦上添花的是，肝肠和在没有黄油的面包上抹的果酱。然而，我们依然活着，而且，在很多时候，还觉得很可口！

安妮

1944年4月5日 星期三

亲爱的凯蒂：

　　有很长一段时间，我真不知道我为什么还要下苦功去学习。战争的结束还看不到影子，它显得那么不真实，像个神话故事。如果战争到九月份还结束不了，我就不打算继续上学了，因为我不愿意留级两年。

　　这些日子里，我只想着彼得，除了彼得，我什么也不想，白天想，梦中想，以至于到了星期六晚上时，我已痛苦不堪。跟彼得在一起时，我强忍着眼泪，和凡·达恩先生一起喝柠檬汁时，我兴奋、激动、发狂似的大声地笑，可一留下我一个人的时候，我知道我又要失声痛哭了。我穿着睡衣，坐在地板上，开始热烈地祈祷。末了，在冰冷的地板上，我拿胸脯顶住双膝，把头枕在胳膊上哭了起来。大声地哭泣又让我清醒过来，我止住了哭声，不想叫隔壁的人听到。然后，我努力鼓励自己，一遍又一遍地说："我必须，我必须，我必须……"这样一种不寻常的坐姿逐渐让我的肢体发麻，我一下子靠在了床沿上，硬撑到十点半钟，才上床睡觉。感情的宣泄也到此结束！

　　现在，它真的结束了。我终于认识到我必须坚持学习，不断地增长知识和本领，成为一名女记者，因为这正是我所向往的！我知道我能写作。有几个故事写得还不错，我对密室的描写很风趣，我的许多日记写得生动、活泼，不过……我是否真有才能，还有待观察。

　　《埃娃的梦》是我写得最好的一个童话故事，奇怪的是，我真的不知道这个故事我是怎么想出来的。《卡迪的一生》里也有一些地方写得不错，不过，从整体篇章上看，很一般。我是一个最严厉、最优秀的批评家，我知道什么地方写得好，什么地方写得不好。如果你自己不写作，你就不可能体会到写作有多么美妙。我以前总是遗憾我不会画画，可是现在我至少可以因为我能写作而感到高兴了。如果我没有写书，或是写文章的才能，我总可以为我自己而写吧。当然，我不会满足于为自己写作的。我无法想象像我妈妈、凡·达恩太太和其他的女人那样生活，她们为工作奔忙，然后很快就被人忘记了。除了丈夫和孩子们，我还需要有一个我能以献身的事业！我不想像大多数人那样虚度年华。我想做一个有用的人，能给所有的人带来欢乐的人。我希望在我死后仍然活在人们的心里！我感谢上帝，因为他赋予了我写作的才能，我可以用它来发展自己，来表达我内心的一切！

在我写作的时候，我就丢开了我所有的烦恼。我的悲伤消失了，我的精神又振作了起来！但是，还有一个问题，我以后能写出伟大的作品吗？我能成为一名记者或是作家吗？

我希望，我真切地希望我能，因为写作能让我记录下一切，我的思想、理想和遐想。

我有好长时间没有接着写《卡迪的一生》了。在我的脑子里，我早已勾勒出了故事后来的发展脉络，只是写起来似乎并不顺畅。我也许永远完成不了这部作品，它最终会被扔进废纸篓子或是火炉里。这样的结果当然不好，不过，那个时候我会对自己说："一个十四岁的孩子，没有什么写作的经验，你还不能写出哲理性的作品呢。"

这样，我又扬起了风帆，继续向前。会成功的，因为我已立志于写作！

安妮

1944年4月6日　星期四

亲爱的凯蒂:

　　你问我的爱好和兴趣是什么,我愿意回答你,可我还是要事先告诉你,我的爱好有很多,很多,你可不要惊奇哟。

　　首先是写作,不过我并不认为它是个爱好。

　　第二是皇族家谱。我在报纸、书籍和文件中寻找,寻找有关法国、德国、西班牙、英国、奥地利、苏联、挪威和荷兰等皇族的家谱。我取得不少进展,因为长期以来我在读传记和历史书籍的时候一直在做笔记。我甚至抄下了许多有关历史方面的段落。

　　我的第三个爱好是:历史。父亲已给我买了不少这方面的书籍。我现在特别盼望着能去公立图书馆的那一天,去查阅我需要的所有资料。

　　第四个爱好是希腊和罗马神话。这方面我也有许多书。我能说出九个缪斯的名字,七个宙斯的情人。我还有赫尔克里斯的妻子们的材料。

　　我的其他爱好是收集电影明星的照片和家庭照片。我酷爱读书,酷爱书籍。我喜欢艺术史,尤其是有关作家、诗人和画家的这一部分;有关音乐家的,我或许以后也会涉猎。我讨厌代数、几何、算术。学校里的其他课程我都喜欢,不过历史是我的最爱!

安妮

1944年4月11日　星期二

亲爱的凯蒂：

　　我的脑子还在发晕，我真不知道该从何说起了。星期四（我上次给你写信的那天）一切如常。星期五下午，我们玩大富翁；星期六下午也是。日子过得很快。星期六下午大约两点的时候，密集的枪声响起，男人们说是机关枪。此外，一切安安静静。

　　星期日下午，彼得在四点半时来看我，是我约他的。在五点十五分我们去到前阁楼，在那里我们一直待到六点。六点到七点十五分，收音机播出一场很美妙的莫扎特音乐会；我特别喜欢那首小夜曲。我真受不了在厨房里听音乐，因为优美的音乐撩动我内心的最深处。星期日晚上，彼得无法洗澡，因为洗澡盆被拿到办公室的厨房里，装满了要洗的衣服。我和彼得一起到前阁楼去，为了坐着舒服点儿，我拿上了我屋子里的仅有的一个垫子。我俩坐在了板条箱上。由于箱子和坐垫都比较窄小，我俩紧紧地依偎着，背后面靠着两个木箱；莫西也坐在我们的旁边，所以我们到底没少掉一个陪媪。在九点差一刻的时候，凡·达恩先生吹着口哨上来了，问我们是否拿了杜塞尔先生的垫子。我们一下子跳起来，提着坐垫，和猫、凡·达恩先生一起下楼。这个垫子可惹了大祸，杜塞尔先生非常生气，因为我拿的这个垫子是他当睡枕用的，他担心上面会有跳蚤。因为这个垫子，他在整个房间里大喊大叫。为了报复，我和彼得在他的床上塞了两把硬刷子，可杜塞尔突然又要回他的房里坐坐，我们只好把它们拿掉了。为这段小小的插曲，我们俩痛痛快快地笑了一回。

　　可是，我们很快就高兴不起来了。在晚上九点半时，彼得轻轻地叩门，请父亲上楼去，帮他看一个很难的英语句子。

"有点奇怪，"我对玛格特说，"这就是个借口。看他们说话的样子，就知道贼又来了！"我说对了。就是在那个时候，有人偷偷溜进了仓库。父亲、凡·达恩先生，和彼得瞬间下了楼，玛格特、母亲、凡·达恩太太和我在上面等。四个吓坏了的女人在一起，不能不说话，所以我们就说个不停，直到楼下传来一声重重的关门声。在那之后，一切都安静下来。钟响了，是九点四十五分。我们都脸色苍白，尽管很害怕，可还保持着镇静。男人们去哪里了？那声重重的门响是怎么回事？他们是不是在跟盗贼们搏斗？我们吓得什么也不能想了，我们所能做的就是等待。

十点钟的时候，楼梯上传来脚步声。面色苍白而又紧张的父亲走了进来，后面跟着凡·达恩先生。"关掉灯，轻轻地上楼，可能警察要来了！"

所有的灯立即关掉了，我抓了件夹克，和大家一起上楼，在楼上静静地坐了下来。

"发生什么事啦？快告诉我们！"

没有人回答，男人们已经又下楼去了。直到晚上十点半，四个男人才回来。有两人在彼得开着的那扇窗户边守望。通往平台的门锁上了，书架也关上了。我们把一件毛衣罩在了夜间开的小灯上，这时，男人们告诉了我们所发生的事情。

当时彼得正在楼梯的平台上，突然听到了两声重重的关门声。他到了楼下，看见仓库门左边的那个大的嵌板不见了。他跑上楼来，发出警报，四个男人一起下了楼。在他们进到仓库时，窃贼们正在东翻西找。不由分说，凡·达恩先生大喊一声："警察！"听到有急促的脚步向外跑去，窃贼们跑了。那个嵌板又放回到门上，免得叫警察发现了，可是紧接着从外面重重的一脚，又把嵌板给踢飞了。窃贼竟如此大胆，令他们惊讶不已。彼得和凡·达恩先生顿时大怒，将一把斧子扔了过去，一切暂时安静下来。嵌板又被安了上去，可很快又被踢了下来。门外有一男一女打着手电筒，从破洞那儿照进来，刺目的光照亮了整个仓库。"搞什么……"我们里面的人咕噜了一句。现在他们的角色倒过来了，里面的四个人不再是警察，倒成了窃贼。四个人一起匆忙跑上楼来。杜塞尔先生和凡·达恩先生抱起了杜塞尔的书，彼得打开了厨房和私人办公室所有的门窗，在把话机摔倒在地上后，四个人一起上来，掩上了身后的书架。

第一部分结束。

很可能是那两个晃手电筒的一男一女引起了警察的警觉。那是复活节的星期日的晚上。第二天，是复活节的星期一，办公室要关闭，这意味着我们得等到星期二才可以走动。想想看，我们得在这样的惊吓中，静静地坐上一个白天、两个晚上！我们什么也无暇去想，就只能在漆黑中呆坐着——凡·达恩太太害怕得关灭了小灯。我们不敢大声说话，只要听到一点儿响动，有人就"嘘，嘘"。

那时是晚上十点半，很快到了十一点。一点声音也没有。父亲和凡·达恩先生轮流到楼上来看我们。到了十一点十五分时，楼下有了响动。楼上呢，你只能听到这整个一大家子的呼吸声。脚步声先是响在房子里，私人办公室，厨房，临了……响在了楼道里，我们一下子屏住了呼吸，八颗心怦怦地跳着。然后，脚步声抵达了楼梯口，随后是书架那里的一阵翻腾。这一刻我们的紧张真是无法描述。

"这下我们全完了。"我说，脑子里浮现出当晚我们十五人被盖世太保全部拖走的情形。

又一次对书架的翻腾，又一次。然后，我听到了一个罐头盒掉到地上的声音，随之，脚步声远去了。我们脱险了，至少在眼下！人们开始浑身颤抖，我听见好几对牙齿在打战，没有人说得出话来。就这样子我们待到了十一点半。

整幢房子里不再有响声，可是我们楼梯的平台上亮起了灯，就在书架的前面。难道是警察看到这儿可疑，还是他们走时忘记了？会不会有人再回来把它关掉？我们开始说得出话来了。

整幢房子里不再有人，不过，或许还有人守在外面。那时，我们做着三件事：猜测着发生的事情，怕得身上发抖，去上厕所。因为桶子都在阁楼里，我们只能拿彼得的铁废纸篓子当尿桶。凡·达恩先生先来，我父亲随后，可我母亲实在不好意思。父亲把它拿到了隔壁，玛格特、凡·达恩太太、我，最后还有母亲用它解了手。大家要用手纸，幸亏我口袋里有一些。那个铁废纸桶子臭气四溢，大家说话都是低声细语，人人都精疲力竭了。此时已是中夜。

"躺在地板上，睡一睡吧！"有人给了我和玛格特枕头和毯子。玛格特躺在了靠着橱柜的地方，我在桌脚之间找到了睡处。在你睡下的时候，臭味就不那么熏人了。不过，凡·达恩太太还是去拿来一些漂白粉，还拿一块抹布盖在了那个铁桶上。

谈话声、悄语声、恐惧、臭味、放屁声，还有人们不断地起来上厕所，在这样的环境中要想睡着，谈何容易！不过，到了两点半的时候，我还是困得睡着了，睡到了三点半，醒了看到凡·达恩太太的头枕在我的脚上。

"喂，给我件衣服让我穿上。"我说。有人给我递了过来：一条宽松的羊毛裤子，套在了睡衣上，一件红毛衣，一条黑裙子，白长统袜，和一双破旧的及膝袜。

凡·达恩太太坐回椅子上，凡·达恩先生把头枕在了我的脚上。从三点半钟开始，我心事重重，浑身发抖，弄得凡·达恩先生无法入睡。我在等着警察的归来。我们将告诉他们，我们是藏匿者。如果他们是好人，我们就安全了；如果他们是纳粹的同路人，我们就尽可能地买通他们！

"我们应该把收音机藏起来！"凡·达恩太太叹着气说。

"对，藏在炉子里。"凡·达恩先生附和着说，"如果他们能找到我们，他们也能找到收音机！"

"那么，他们也能找到安妮的日记了。"父亲加了一句。

"那么，就烧掉它吧。"这里面最胆小的人建议说。

这一对话和警察刚才把书架推得砰砰地响的两段时间，是我最害怕的两个时刻。噢，不要烧掉我的日记；我的日记毁了，我也就完了！谢天谢地，父亲没有再说什么。

把大家说的话都记下来，也没什么意义；大家说了很多。我安慰着吓坏了的凡·达恩太太。我们谈到逃命，被盖世太保盘问，给克莱曼先生打电话，以及大家要勇敢等。

"我们的行动举止应该像士兵那样，凡·达恩太太。如果是我们牺牲的时刻到了，那么好吧，我们是为女王和国家，为自由、真理和正义而捐躯，就像电台里所说的那样。只是这样一来，我们会连累到帮助了我们的人！"

一个小时以后，凡·达恩先生又跟他太太换了位置，父亲坐到了我的旁边。男人们不停地抽着烟，偶尔有一声叹息传来，又有人去用便桶，然后一切又重新开始。

四点，五点，五点三十分。我走到彼得那边和他一起坐到窗边去听，我们坐得很近，彼此能感觉到对方身体的颤抖；我们时而说上一两句话，仔细听有什么声音。隔壁的屋子里，他们放下了全黑窗帘，计划着给克莱曼先生打电话时要说的事情，他们打算在七点给他打电话，叫他派一个人过来。他们这样做是有一定风险的，因为在门口或是仓库守卫的警察很可能听到他们打电话的，更加危险的是，警察随时可能再回来。

下面就是他们列出来在电话中要说的事项，为了简洁，我把它抄录在这里：

盗贼夜闯：警察进入大楼，搜查到书架那里，没再向前。盗贼显然是受到惊扰，砸开仓库门，由花园逃走。正门已关，库格勒一定是从二道门离开的。

打字机和计算机还在私人办公室的黑柜子里。

梅普和贝普的待洗的衣物在厨房的洗浴盆里。

只有贝普和库格勒有二道门的钥匙，门锁可能被砸了。

设法向让示警，让他拿到钥匙，查看一下办公室。记着喂猫。

除此以外，一切都在按照计划顺利进行。跟库格勒先生通了电话，门闩都取掉了，打字机又放回到柜子里。临了，我们又围着桌子坐下来，等待着让或是警察的到来。

彼得睡着了，凡·达恩先生和我躺在地板上，听见楼下传来很大的脚步声。我悄悄地站了起来，说："是让来了！"

"不是，是警察！"他们都这样说。

我们的书架这边有敲门声，紧接着听到梅普吹的口哨声。凡·达恩太太这一下再也撑不住了，身子一软，瘫在了椅子上，脸色和纸一样苍白。如果危险的局面再持续一分钟，她就会晕过去了。

让和梅普进来，迎面的景象好不有趣。单是桌上就值得照张相片：一本《电影和剧场》杂志，正好打开到跳舞女郎的那一页，页面上沾满了果酱和果胶（是我们用来抵抗腹泻的药）；两坛果酱，半卷面包，四分之一卷面包，果胶，一面镜子，一把梳子，火柴，灰烬，烟卷，烟叶，一个烟灰缸，几本书，一条内裤，一个手电筒，凡·达恩太太的梳子以及卫生纸等。

人们用欢呼和眼泪来迎接让和梅普。让找了一块松木板钉在了门的缺口上后，就跟梅普走了，去向警察报案。梅普还在仓库门底下找到一张斯理格斯写的纸条，斯理格斯是这一带的巡夜员，在他发现了门上的破洞以后，报了警。让也计划找斯理格斯谈谈。

于是我们有了半个小时，把房间和我们自己整理一下。我还不曾看到过我们的屋子在三十分钟里能有这么大的变化。我和玛格特下楼整理了床铺，到洗漱间刷牙、洗脸、梳头。然后，我整理了一下房间，又到了楼上。桌上的东西都已经清理了，我们拿来水，冲咖啡，泡茶，煮牛奶，摆好桌子。父亲和彼得倒掉我们临时使用的夜壶，又用热水和漂白粉清洗。最大的那个临时夜壶满得溢到了边上，重得抬起来都吃力。更糟糕的是它漏了，因此只好先把它放到一个桶里。

到了十一点，让回来了，也和我们一起上桌，渐渐地大家的心情变得轻松了。让给我们讲了下面的情况：

让去的时候，斯理格斯在睡觉，他妻子告诉让，她丈夫在巡夜的时候，看到了门上的洞。他叫来警察，有两个警察进了楼里搜查。斯理格斯作为巡夜员，每晚带着两条狗，骑着脚踏车，在这一带巡视。他妻子说，斯理格斯会在星期二来，告诉库格勒先生有关的情况。警察局里似乎没有人知道窃贼夜盗的事，不过，他们做了记录，说星期二早晨过来看看。

在往回走的路上，让碰巧遇上了凡·贺文先生，就是给我们供应马铃薯的人，告诉了他窃贼夜盗的事。"我已经知道了。"凡·贺文先生平静地说，"昨天晚上，我和妻子经过那里的时候，看到了门上的洞。我太太要走，可我还是用手电筒往里面照了照，那些贼一定是那个时候逃走的。为了稳妥起见，我没有叫警察。我想那样对你没好处。我什么也不知道，不过，我还是多了个心眼。"让谢了他，就赶了回来。凡·贺文先生显然是怀疑我们藏在这里，因为他总是在吃中午饭的时候送来马铃薯。一个好心人！

让到了一点才离开，我们也洗完盘子，八个人全都去睡了。我在两点四十五的时候醒了，看见杜塞尔先生已经起来。我睡眼惺忪地去洗漱间，在那里碰上了彼得，他刚下楼来。我们约好在办公室见面。我稍微收拾了一下自己，就下了楼。

"经过了这么多，你还敢去前阁楼吗？"彼得问。我点了点头，拿起我的枕头，用一块布包着，我们一起上去。天气真好，尽管防空的警笛马上就要开始响了，我们还是停在那儿没动。彼得用胳膊搂住了我的肩膀，我搂住了他的，我们就这样静静地坐着，坐到四点，直到玛格特来叫我们喝咖啡。

我们吃着面包，喝着柠檬汁，开着玩笑（我们终于可以笑出来了），一切又恢复到了正常。那天晚上，我对彼得表示了感谢，因为他是我们之中最勇敢的。

我们还从来没有经历过那天晚上的危险。上帝真的在眷顾我们。想想看，警察就在书架的那一边，灯亮着，可没有一个人发现我们藏在里面！"这下我们完了！"我在那一刻悄悄地说，但我们又一次得到了幸免。当反攻开始，炸弹不断往下扔的时候，每个人都将只顾着自己，可这一次我们真的为帮助着我们的这些善良、无辜的基督徒们担心。

"我们得救了，请继续拯救我们吧！"我们异口同声地说。

这一事件带来了很多的变化。现在，杜塞尔要在洗漱间做他的事，彼得要在每晚的八点半到九点半之间巡逻。彼得也不能再打开他房间里的窗户，因为凯格公司有人注意到那扇窗开着。在晚上九点半以后，不能再冲马桶。斯理格斯先生被雇来当守夜人，今晚有一个地下抗敌的木匠要来，拿白色的法兰克福床架做个拒马。密室里进行着激烈的争辩。库格勒先生怪我们太不小心，让也叫我们以后再也不能下楼。我们现在必须要做的是，确定斯理格斯是否可靠，他的两只狗在听到门后有声音时会不会乱叫，拒马如何来做，等等，等等。

好心的人们一再地提醒我们要牢记这个事实：我们是身带镣铐的犹太人，被囚禁在一个地方，没有任何权利，却有无数的责任。我们把感情放在一边，我们必须坚强和勇敢，忍受痛苦，没有怨言，尽力而为，相信上帝。终有一天，这可怕的战争将会结束。那个时候，我们又将会是人，而不只是犹太人！

是谁把这一束缚强加在我们头上？是谁把我们和其他所有的人分离开来？是谁让我们经受这样的痛苦？是上帝把我们降到现在的地位，

可上帝也会再将我们提升起来。在世人的眼中，我们注定要受罪，但是，在经历了这么多的苦难后，如果还有犹太人活下来，那么，我们犹太人将会被作为世人效仿的典范。谁知道呢，也许我们的宗教会教导世界和世上所有的人们如何向善，这就是我们得受苦受难的理由，唯一的理由。我们永远不可能只是荷兰人，或是英国人，或是什么其他国家的人，我们将永远是犹太人。我们还得继续做犹太人，不过，到那个时候，我们将是心甘情愿那么做。

一定要勇敢！让我们牢记我们的职责，并毫无怨言地去履行它。我们将会有一个光明的未来。上帝从来不曾抛弃过我们这个民族。多少个世纪以来，犹太人必须受苦，多少个世纪以来他们一直顽强地活着，长期的苦难只能使他们变得更加坚强。弱者将会消亡，强者将会活下去，永远不会被打败！

那天晚上，我真的以为我要死掉了。我等着警察的到来，准备好了赴死，就像战场上的士兵那样。我很高兴我能把自己的生命献给我的国家。可现在，我既然幸免于难，我战后的第一个愿望就是成为一名荷兰公民。我爱荷兰人，我爱这个国家和她的语言，我要在这里工作。如有必要，我将给女王本人写信，不达到我的目的，我绝不会放弃！

我现在觉得我变得越来越独立了，不再像以前那样依靠父母。尽管我年纪还小，我却比母亲有更多的勇气面对生活，有更多的正义感。我知道我想要什么，我心中有自己的目标，有自己的见解和宗教，有我所热爱的东西。只要我能做我自己，我就心满意足了。我知道我是一位女性，一位有着极大的勇气和力量的女性！

如果上帝让我活下去，我将取得比母亲更大的成绩，我会让世人都听到我的声音，我将步入世界，为人类而工作！

现在，我知道人最需要的是勇气和快乐！

安妮

1944年4月14日　星期五

亲爱的凯蒂：

　　密室里的每一个人都仍然很紧张。皮姆几乎到了令人厌烦的地步；凡·达恩太太得了感冒，躺在床上，哼哼唧唧的；凡·达恩先生因为没有烟抽，脸色变得苍白；杜塞尔先生由于不得不放弃他许多令他舒适的东西，正挑着每个人的刺儿，等等，等等。我们最近似乎是走了背运。马桶漏水，水管堵塞。幸亏我们有许多关系，不久就会把这些都修好的。

　　正像你知道的，我偶尔也会有多情善感的时候，可我这样是有道理的：每当我和彼得依偎地坐在硬木头箱子上，我们的手臂相互搭在对方的肩头，彼得玩弄着我的一缕秀发的时候；当外面有鸟儿啼唱，当树上的枝条抽出嫩芽，当太阳灿烂地照耀、天空是如此湛蓝的时候——噢，这个时候，我就会生出无限的遐想！

　　我在这里看到的都是愁眉不展的面孔，我听到的都是难以抑制的抱怨和叹息。你会以为我们的生活是突然变成了这样。其实不然，事情的变坏都是由你自己造成的。在密室里，甚至没有一个人愿意努力去树立个榜样。我们每个人都不得不自己想法子，来克服我们的坏情绪！

　　每一天你都能听到："要是这一切都已经结束，就好了。"

工作、勇气、希望和爱心，
鼓舞着我去拼搏和抗争！

　　凯蒂，我今天真的是有点儿失态了，我也不知道这是为什么。我写得也语无伦次，我从一件事一下子就跳到了另一件事情上，有时候我真的怀疑，是否有人会对我的这些笨拙的描写感兴趣。我的日记无论是对博尔吉斯坦先生，还是对葛布兰迪先生，都不会有什么用。（博尔吉斯坦先生是荷兰教育部部长，葛布兰迪先生是荷兰的首相，两人当时都流亡在英国。参阅安妮 1944 年 3 月 29 日的日记。）

安妮

1944年4月15日　星期六

亲爱的凯蒂：

你肯定也会再一次这么说的："可怕的事情一件接着一件。什么时候才是个头呢？"你猜猜现在发生什么事了？彼得忘记打开大门的门闩，结果库格勒和仓库的员工们都进不来。他是去到克格公司里，从那里砸开了办公室厨房的窗户，从后面进来的。密室的窗户都开着，克格公司的人也都看到了。他们对此会怎么想？凡·麦阿伦会怎么想？库格勒很生气。我们则怪他没有对房门做任何加固，才使我们做出这样的蠢事！彼得非常的懊恼。母亲说她也为彼得感到很难过，彼得都几乎要哭出来了。我们也同样有责任，因为我们（还有凡·达恩先生）平时每天都提醒彼得拉开门闩的。或许，我在稍后一点也会去安慰他。我很想帮助他。

最近几周，密室里还发生了一些新的情况：

上个星期天，博奇突然病了。他静静地卧在那儿不动，还流着口水。梅普用一块毛巾把他裹起来，塞进她的购物包里，带他去宠物医院。博奇是得了肠炎，兽医给开了些药。彼得喂了他几次药，再后来博奇就不怎么在家待了。我想他是出去追他的心上人了。可是现在他的鼻子肿了，人们一抱起他来，他就咪咪地叫——他也许是在偷吃食物的时候，被人给打了。莫西有几天叫不出声来了。正当我们也想让她去看看兽医时，她渐渐地好了起来。

现在，我们每晚都把阁楼的窗户开开一条缝。我和彼得常常在晚上时坐在阁楼里。

用了一些水泥和腻子粉，我们的马桶很快就修好了。坏了的水龙头也换上了新的。

克莱曼先生的身体也有好转，他打算找一个专家看看。我们都希望他不需要动手术就好了。

这个月我们得到八张食品配给证。在接下来的两个星期，我们只好吃豆子而不吃燕麦片和谷物了。我们最近吃的一顿美食是什锦酸菜。如果不走运的话，你每天都只有加了芥末酱的酸黄瓜可吃。

蔬菜很难搞到，我们只有生菜，生菜，还是生菜。我们的正餐就是马铃薯和仿肉汁。

苏联人已经占领了大半个克里米亚半岛。英国人刚刚推进到卡西诺。我们不得不指望西方战线。最近有许多次很严重的空袭，在海牙市政府大楼被炸毁。所有的荷兰人都将颁发新的食物配给证。

今天就写到这里吧。

安妮

1944年4月16日　星期日

亲爱的凯蒂：

记住昨天的日期，因为那是我的一个好日子。对每一个女孩子来说，得到她的初吻的那一天，不都是个重要的日子吗？对我来说，当然也不例外。布拉姆吻过我的左颊，沃德斯特拉吻过我的右颊，那都不算数。我是如何突然就得到了这一初吻的呢，让我现在来告诉你。

昨晚八点钟的时候，我和彼得坐在他的长榻上，没多久，他就用一只胳膊搂住了我（因为不是星期六，彼得没有穿他的工装）。"我们往那边坐一点好吗？"我说，"这样我的头就不用老碰着橱柜了。"

他移了老远，差不多到了墙根那里。我把一只手臂从他腋下伸过去，搭在了他的背上，他用他的搂住了我的肩头，这样我几乎就快要被他抱在怀里了。我们以前也这样子坐过，可从来也没有像昨晚挨得那么近。他紧紧地搂着我，我的左侧贴着他的胸膛；我的心开始剧烈地跳动起来。可还有呢，一直到我的头倚在了他的肩上，顶着了他的头，他才满意。大约五分钟以后，我坐了起来，可不久他就把我的头捧在了他的手里，贴近到他的脸。噢，那种感觉太美妙了，我几乎说不出话来，一种快乐感淹没了我。他抚摸着我的脸颊和胳膊，抚弄着我的头发（动作略显得有些笨拙）。大多时候，我们都是头挨着头。

凯蒂，那股传遍我全身的感觉，我没法向你形容。我的幸福无法用语言表达，我想彼得也是。

在九点半时，我们站了起来。彼得穿着他的网球鞋，在楼里巡夜时不易弄出响动，我站在他的旁边。我当时不知怎么的恰好又向前靠了靠，这样在下楼之前，他隔着我的头发吻到了我的左颊和我的半个耳朵。我头也不回地跑下楼去。今天我好渴望还会有。

现在是星期天早晨，将近十一点钟。

安妮

1944年4月17日　星期一

亲爱的凯蒂：

　　你觉得爸爸妈妈会同意像我这样年纪的一个女孩子坐在长榻上，和一个十七岁半的男孩接吻吗？我认为他们不会，可在这件事情上我相信我自己的判断。躺在他的怀抱里遐想，心里充满的是一种恬适与安全感，我俩的脸儿贴着脸儿让我的心里感到激奋，想着有一个人总在等我，我又觉得有一种说不出的美好。但是，这里出现了一个但是，彼得会不会再往前走呢？我没有忘记他的允诺，但是……他毕竟还是个孩子！

　　我知道，我这样子显得很早熟。我甚至还不到十五岁，就这么独立——这让别人会有点儿难以理解。我确信在没有提到订婚或是结婚之前，玛格特绝不会吻男孩的。不管是彼得，还是我，事先都没有想着这样去做。我相信母亲在遇到父亲之前，也没有碰过别的男人。要是我的女同学们或是杰奎琳知道了，我躺在彼得的怀里，我的心房就贴在他的胸脯上，她们会怎么说？

　　噢，安妮，你太令人惊讶了！可是，认真地想一想，我就一点儿也不感到惊讶了。我们被羁缚在这里，隔绝了与外面世界的联系，一整天尤其是最近一段时间，一直处在担心和惊恐之中。既然我们彼此相爱，那么为什么我们要抑制自己呢？在这样特殊的环境下，我们为什么就不能亲吻呢？为什么我们就非得等待，等到我们到了年龄的时候呢？为什么我们首先要征得大人们的同意呢？

　　我已经决定要自己管我自己的事。彼得从来没有要伤害或是让我不快活的意思。那么，我们为什么不能做我的心灵告诉我的事，让我们俩都快乐呢？

不过，凯蒂，我觉得你也看出来了，我心中有疑虑。一定是我内心的诚实感在起来反对我们的这种偷偷摸摸的行为。你认为我有责任告诉父亲我正在做的事情吗？你认为我们的秘密应该让第三个人知道吗？爱情的甜蜜会因此失去不少，但我的内心会觉得好受一些。我要把这一点告诉彼得。

噢，是的，我还有许多事情要和彼得讨论，因为我看不到我们俩这样亲热的意义何在。敞开心扉地交流思想需要很大的勇气和彼此之间的信任，而我们也会因此变得更为坚强起来！

安妮

又及：昨天早晨，我们六点钟就起床了，因为密室的人又都听到了盗贼夜里闯入的声音。这次受害的一定是我们的一个邻居。在早晨七点我们检查门窗的时候，我们的门都关得好好的，我们躲过了一劫！

1944年4月18日　星期二

亲爱的凯蒂：

我们这里一切都好。昨晚，木匠来了，在门板上钉了几块铁片。爸爸终于发表意见说，他预计在五月二十号之前，苏联和意大利，还有西面，很快就会有大规模的反攻行动；战争持续得越久，这个地方就越难解放。

昨天，我和彼得终于有了一个谈话的机会，谈起了那个我们拖延了十天的话题。我把女孩子的一切都讲给他听，直截了当地讨论到最隐秘的方面。我觉得很有趣，他以前一直认为女人的阴部在插图中是被删掉的，所以看不见，他没想到是在女人的两腿中间。临下楼时，我们接吻了，就吻在嘴唇的附近。那个感觉真好！

我哪天也许会带上我的《钟爱名言录》上阁楼，这样我和彼得就能更深入地探讨一些事情。我觉得整天就是搂搂抱抱的也没有什么意思，我希望他也能这样想。

在一个不是那么寒冷的冬天过去以后，我们迎来了一个和暖的春天。四月的天气最宜人，既不太热，又不太冷，有时还来上一阵细雨。我们的核桃树顶出了嫩叶，这儿那儿的还开着一些小的花朵。

贝普在星期六来的时候，带来了四束花：三束水仙，一束风信子（这是给我的）。库格勒先生给我们带来了很多的报纸。

我该去做代数了，凯蒂，再见。

安妮

1944年4月9日　星期三

亲爱的凯蒂：

坐在打开的窗前，听着外面鸟儿的啾鸣，感受着照在脸上的阳光，依偎着你爱的男孩，享受着大自然，凯蒂，有什么能比这更美好的吗？依偎在他的怀里，有一种平和与安详的感觉，知道他就在我的身边，可不必去说什么。给我带来这么美好的感觉的东西，怎么可能会是错的呢？噢，如果我们能就这样永远地不被打搅，甚至也没有莫西，那该有多好啊。

安妮

1944年4月21日 星期五

亲爱的凯蒂：

昨天我嗓子疼，在床上躺了一天，可刚躺到下午，我就开始烦了，又因为没有引起发烧，我今天就起来了。我的嗓子几乎全好了。

你大概也发现了，昨天是"领袖"（希特勒）55岁生日，今天是约克郡伊丽莎公主阁下18岁的生日。英国BBC广播电台报道说，王室子女通常在这个年龄宣布成年，她却没有。我们一直在猜想这位美丽的公主会嫁给哪个王子，可想不出一个合适的人选；或许，她的妹妹，格丽特·罗斯，可以嫁给比利时皇储包杜因！

我们这里，倒霉的事情接二连三。我们外面的门刚刚加固好，凡·麦阿伦这个人就又露头了。很有可能他就是偷我们土豆粉的那个人，现在他又想把这件事推到贝普头上。因此密室又一次喧闹起来，也就不足为怪了。贝普简直气坏了。或许库格勒先生最终总能追查出这个阴险的家伙。

今天早晨，贝·多芬街上的那个估价商到这里来了，他出价四百基尔特买我们的五斗橱。在我们看，其他的买家们给的价格也都很低。

我想问一下《王子》杂志，看他们能否接受我的一个神话故事，当然是用笔名发表。可是迄今为止，我的神话故事写得都太长了，所以我觉得希望不大。

下次再谈，亲爱的。

安妮

1944年4月25日　星期二

亲爱的凯蒂：

在过去的十天里，杜塞尔先生一直不跟凡·达恩先生说话，这都是因为遭窃以来制定了新的安全措施，其中的一条是不再允许他在晚上那个时间下楼。彼得和凡·达恩先生在晚上九点半做完最后一次巡逻以后，任何人就再也不准下去。在晚上八九点以后和早晨八点以后，都不能冲马桶。窗户只能在早晨开，在库格勒办公室的灯还亮着的时候，再不能用棍子把窗户支起来。这最后一项也是杜塞尔斗气的原因。他说凡·达恩先生对他大喊大叫，可这也只能是怪他自己。他说他宁愿没有吃的，也不能没有空气，必须要想出一个办法，让窗户能开着。

"我将跟库格勒先生谈这件事。"杜塞尔对我说。

我说我们从未跟库格勒先生谈过这类事情，这些事只能是在我们内部商量解决。

"什么事情总是背着我搞。我非得和你父亲谈谈不可。"

在星期六下午和星期天的时间里，杜塞尔先生也不许再坐到库格勒先生的办公室里了，因为隔壁就是凯格公司，如果那里恰好有人就会听到杜塞尔先生的动静。可杜塞尔先生却不管这一套，又径直坐进办公室里去了。凡·达恩先生非常生气，父亲下楼去找他谈，他拿一些牵强的理由来搪塞，可父亲这一回再也不愿意由着他。现在，父亲也尽可能地少和杜塞尔打交道了，因为他侮辱了父亲。我们谁也不知道他说了什么，但一定是一些非常难听的话。

而下个星期就是这个可怜人的生日了。在你和大家怄气的时候，你怎么来庆祝你的生日？你不和大家说话，人家送你礼物，你怎么接受？

　　福斯库古尔先生的健康状况急剧恶化。在过去十多天的时间里，他的体温都在华氏一百零四度。医生说他的病已经没有办法治了，认为他的癌已扩散到他的肺部。可怜的人，我们好想帮他，可现在只有上帝能帮他了！

　　我写了一篇很有意思的故事，叫《探险家布鲁利》，读给我们这里的三个人听，大受欢迎。

　　我的感冒还没好，又传染给了玛格特，还有我的父母。但愿彼得不要染上。他总想吻我，说我是他的黄金宝藏。人不能这样叫的，傻孩子！但是他好甜！

安妮

1944年4月27日　星期四

亲爱的凯蒂：

　　凡·达恩太太今天早晨心情不好。一直在发牢骚，抱怨她得了感冒，也没有药治她的咳嗽，一直流鼻涕。接着她又嘟囔说太阳没有出来，反攻迟迟没有开始，我们连窗户外面的景物也看不到，等等，等等。我们大家都禁不住笑她，情况还没有那么糟，不一会儿她也笑了。

　　我们做马铃薯面条布丁的秘方，因为没有洋葱，有所改动：

　　把剥了皮的马铃薯碾碎，再加进去一点儿咸盐和政府配给的面粉。在烤箱里抹上一层石蜡或是硬脂，然后把面团放进去烘烤二十一二个小时。吃的时候再蘸上点儿草莓糖浆。

眼下我正在读《查理五世》，是哥廷根大学的一位教授写的，这本书是他用了四十年的时间写成的。我用了五天读了五十页，再多就读不了了。全书有五百九十八页，你算算我得读多长时间啊。这还没有算上第二部呢。不过，非常的有趣！

你知道一个女学生在一天里的功课有多少吗？就拿我来说吧，首先要把有关纳尔逊最后一次战役的文章中的一段，从荷兰文翻译成英文。然后，读北方战争（1700—1721），这其中涉及的人物有彼得大帝、查理十二世、奥古斯特二世、斯坦尼斯瓦夫·莱什琴斯基、马泽巴，地点有勃兰登堡、前波美拉尼亚和丹麦，连同与此相关的那些年代。再下来学到巴西的巴伊亚烟草和丰富的咖啡种植，有一百五十万人口的里约热内卢、伯南布哥、圣保罗，还有亚马逊河。我读到黑人、白人、黑人和白人的混血儿、印第安人、混血儿、百分之五十以上的文盲和疟疾。还有些时间，我就很快地浏览一下家谱：路德维希·威廉、恩斯特·卡西米尔、亨德里克·卡西米尔一世，直到小玛格丽特·弗朗西斯卡（1943年生于渥太华）。

十二点钟：我到阁楼上去学，读教会史……哦，一会儿就到一点了！

两点钟的时候，可怜的我又要坐在那里做功课。这回该学窄鼻猴和宽鼻猴。凯蒂，你能很快地告诉我一只河马有多少个脚趾头吗？

接下来是《圣经》，诺亚方舟、闪、含和雅弗。还有《查理五世》。再后来跟彼得一块儿念英语，读萨克雷的《上校》。接下来是一个法语测试，然后是密西西比河与密苏里河之间的比较。

今天就写到这里吧，再见！

安妮

1944年4月28日　星期五

亲爱的凯蒂：

　　我从未忘记过我那次梦见彼得·思琪弗的事（参阅我一月初的日记）。甚至到现在我依然能够感觉到他的脸颊贴到我脸上时的温暖，那种美好的感觉弥补起所有的苦难和不愉快。有一阵子，我对这个彼得也有这样的感觉，可从来没有这么强烈过……直到昨天晚上。像往常一样，我们搂着坐在长榻上。突然原来的那个安妮消失了，一个新的安妮在这里，这个新安妮从来没有那么多的自信，也不爱逗笑，她只想得到爱，得到温暖。

　　我紧靠他坐着，感到心中涌起一股热流。我的眼泪顺着我的鼻子，簌簌地流下来，滴在了他的衣服上。他注意到了吗？他没有动，看不出他察觉到没有。他也有和我同样的感觉吗？他一句话也没说。他能意识到在他身边有两个安妮吗？我的问题都没有得到答案。

　　八点半的时候，我站了起来，步到窗前，那儿也是我们说再见的地方。我仍在战栗，我仍然是那个新安妮。他走过来，我用胳膊搂住他的脖子，吻他的左脸颊，在我要吻他的右脸颊时，我的嘴唇碰上了他的，我们的嘴唇紧紧地吻在了一起。我们热烈地拥抱着，拥抱着，永远不要松开！

　　彼得需要温柔和体贴。在他的生命当中，他第一次感受到一个女孩的温情。他第一次看到即使那些"讨厌鬼们"也有一个内在的自我和可爱的心灵，当她们与你单独在一起的时候，她们就变成了另外一人。在他的生命中，他第一次把他自己和他的友谊给予了另一个人。他以前从未有过朋友，不管是男的，还是女的。现在我们彼此找到了对方。从这方面来讲，我过去也不了解他，也从未有过一个可以交心的朋友，也没有想到会发展成现在的……

那个老问题一直在纠缠着我："这样做正确吗？"我这么快就坠入爱河，我的情感和欲望简直与彼得的一样强烈，这样对吗？我，一个女孩，应该让自己走出这么远吗？

这里只可能有一个回答："我已经渴望了这么久，我是那么的孤独和寂寞，现在我终于找到了慰藉和快乐！"

早晨我们像往常一样，中午也是（例外的时候不多）。可是到了晚上，这一已经被压抑了一整天的渴盼，那种对我们已享有过的幸福和激情的渴盼，就奔涌着浮到了表层，我们脑子里所能想的就只有对方了。每晚在我们吻别后，我都想跑开很远、很远，再也不要见到他；跑到黑暗中去，自己一个人待着！

在阁楼十四个台阶的下面，有什么在等待着我？是点亮了的灯光、劈头盖脸的问题和大声的嘲笑。我必须表现得要像往常一样，希望不要引起他们的注意。

我的心灵还太脆弱，还不能够从我昨晚那样的经历中恢复过来。那个温柔的安妮并不是常常出现，所以在她刚到来时，她不愿意这么快就让自己被推出门外。彼得打动了我的心，我还从未被如此的打动过，除了在梦中！他占据了我的身心，叫我寝食难安。是不是每个人都需要一些时间，让他们自己安静下来，使他们再回到平时的状态？噢，彼得，你对我做了什么？你从我这里想得到什么？

这会把我引向何方？噢，现在我明白贝普了。既然我自己也有了亲身的体验，我现在理解我的疑惑了。我长大后，如果他要娶我，我会怎么回答呢？安妮，你说实话！你不会嫁他，是吗？可是现在舍去，也很难。彼得还很少有个性，很少有意志力、勇气和力量。他还是个孩子，在心理上并不比我成熟；他想要的就是快乐和心境的平和。我真的就只有十四岁吗？我真的只是个傻傻的女学生吗？我真的是在什么方面都那么没有经验吗？我比同龄的孩子都经历得多，我经历了一些几乎很少有人经历过的事情。

我害怕我自己，害怕我的渴望会让我太快地委身。那以后我还怎么跟其他的男孩子正当地相处呢？噢，太难了，感情和理智永远是处在冲突之中。适当的时候，两者之间也能有和谐，可我能肯定我自己是选对时机了吗？

安妮

1944年5月2日　星期二

亲爱的凯蒂：

星期六晚上，我问彼得我是不是应该把我们俩的事告诉父亲。在我们讨论了一会儿后，他说他觉得我应该告诉父亲。我很高兴，这说明他是个明理的孩子。我从楼上下来后，就跟父亲一块去打水。走在楼梯里时，我说："爸爸，我想你一定已经猜想到了当我和彼得在一起时，我俩不会是每个人靠着一堵墙，离得老远。你认为我们有错吗？"

父亲停了一下后回答："不，我并不认为这有什么错。只是，你们住得太近了，安妮，你们应该格外地当心才对。"他还说了些类似的话，然后我们就上楼了。

星期天的早晨父亲叫过我来说："安妮，我一直在想你说的话。"（噢，我知道后面跟着要说的会是什么！）"在我们待着的密室里，这样的行为并不明智。我以为你们仅仅是朋友。彼得是爱上你了吗？"

"当然没有啦。"我说。

"哦，你知道我了解你们两个人。不过，你应该表现出一定的克制；

不要总是到楼上去，尽可能地不要去怂恿他。在这类事情上，采取主动的总是男方，而女方则往往是步步为营。在外面，当你有自由的时候，情形与这里的完全不同。你可以见到别的男孩子们和女孩子们，你可以到户外，参加各种的运动和活动。可是在这里，如果你们的关系太近了，想分开都很难。事实上，你们每天每个小时都在相互见到对方。小心点儿，安妮，不要太当真了！"

"我没有，爸爸。不过，彼得是一个很诚实、很好的男孩。"

"是的，但他的性格还不是那么坚强。无论是向好，还是向坏，他都很容易受到影响。我希望他能保持他的优点，向好的方向发展，因为从本性上来讲，他是个好人。"

我们又聊了一会儿，最后商定父亲再去跟彼得谈。

星期日下午，当我们在前阁楼的时候，彼得问我："你跟你父亲谈了吗，安妮？"

"谈了。"我说，"我这就把我们的谈话告诉你。我爸爸并不认为我们有错，他只是说在密室里，大家都挤在这狭小的空间，很容易导致冲突。"

"我们俩早就商定不争吵，我将遵守我的诺言。"

"我也是，彼得。可是，父亲认为我们并没有当真，他认为我们只是朋友。你认为我们还能是朋友吗？"

"是的，你呢？"

"我也是。我跟父亲说，我信任你。我真的相信你，彼得，就像我相信父亲一样。我认为你值得我信任，不是吗？"

"我希望是这样。"（彼得害羞，脸红了。）

"我相信你，彼得。"我继续说，"我相信你的人格，相信你将来会有出息。"

在那之后，我们谈了些别的事情。后来我说："将来我们从这里出去以后，我想你就不会再想着我了。"

他一下子生气了："你说的不是事实，安妮。噢，不，我不愿意你那样的认为我！"

就在这时候，有人喊我们了。

父亲的确和彼得谈过了，星期一的时候，彼得对我说："你父亲认为我们的友谊可能发展成爱情。"他说，"不过，我告诉他我们会控制我们自己的。"

父亲希望我不要经常上楼，可是我不想这么做。这不只是因为我想和彼得在一起，而且因为我说过我信任他。我信任彼得，我想把这一点证明给他看，如果我出于不信任，待在楼下，那我就永远不能够向他证明。

不，我要上楼去！

在这个时候，杜塞尔的问题也解决了。星期六晚上吃饭的时候，他用标准的荷兰语向大家道歉，凡·达恩先生也马上表示了歉意。杜塞尔一定用一整天的时间来练习他的这段道歉辞了。

星期日是杜塞尔先生的生日，过得很祥和。我们给了他一瓶1919年酿制的好酒，凡·达恩夫妇给了他一罐辣泡菜和一包剃须刀片，库格勒先生给了他一瓶柠檬果汁，梅普送了他一本《小小马丁》的书，贝普送了一盆花。杜塞尔送给每个人一个鸡蛋。

安妮

1944年5月3日　星期三

亲爱的凯蒂：

首先是这一周以来的消息！我们这段时间没谈政治，因为没有什么战事值得报导。我现在也开始相信反攻将要到来。然而，他们不能把一切都让人家苏联人单独干；事实上，苏联人那里眼下也没什么大的进展。

克莱曼先生现在每天早晨来办公室。他给彼得的长沙发买来一组新弹簧，于是彼得不得不自己动手修理；这也并不奇怪，彼得这一段时间不在状态。克莱曼先生也给猫弄来了一些杀死猫身上跳蚤的药粉。

我告诉过你了吗，我们的博奇失踪了。从上个星期四以来我们就连它的影子也没有见着。她可能早已进了动物天堂，成了哪个"动物爱好者"餐桌上的一顿佳肴。或许哪个有钱的女孩会买一项用博奇的皮毛制作的帽子。彼得很是伤心。

有两个星期了，我们到了星期六的时候，总是在十一点半钟吃午饭，早晨我们只能喝上一杯热粥。从明天开始，我们以后每天都是如此了，这样我们可以省下一顿饭。蔬菜还是很难买到。今天下午我们吃的是已有点坏了的煮莴苣。生菜、菠菜，和煮莴苣，再没有别的。再加上有点腐烂了的马铃薯，就成一份绝美搭配了！

我有两个多月没有来月经了，上个星期六它终于来了。尽管有诸多的不便和不舒服，我还是挺高兴，它没有丢弃我。

正如你一定可以想象到的，我们常常绝望地问自己："这场战争究竟有什么意义？噢，为什么人们不能和睦地相处？为什么要摧毁一切？"

提出这些问题是很自然的，但是迄今为止，没有人能给出一个满意的答案。为什么英国制造着越来越大和越来越先进的飞机和炸弹，而与此同时又在重建着一排排的新房？为什么每天都有千百万的经费投入战争，而不愿为医学、艺术家和穷人花费一个铜板？为什么人们不得不忍饥挨饿，而在世界上的另一些地方，堆积如山的食品却正在坏掉、腐烂？噢，为什么世界变得如此疯狂？

我不相信战争只是政治家和资本家们所为。噢，不是这样，普通的人们也多少有点儿责任；不然的话，各个民族和世界上的人们早就起来反抗了！在人们身上存在一种摧毁的欲望，一种疯狂、谋杀和杀戮的欲望。在全人类没有经历一次彻底的改变之前，将来还会有战争爆发，那些精心建造起来的、培养起来的，和成长起来的一切，还会遭到破坏和毁灭，一切又得重新开始！

我的情绪常有低落的时候，可是我从来也不绝望。我把我们藏匿的生活看成是一场有趣的冒险经历，充满了危险和浪漫，其中的每一份艰险都是我日记美妙的素材。我现在决心过一种与别的女孩不同的生活，在将来不做一个普通的家庭妇女。我在密室里的经历就是这样一种富于意义的生活的一个良好开端，这就是我即使处在危险的时刻，也能看到其幽默好笑的那一面的原因（也是唯一的原因）。

我还很年轻，有许多的潜质；我年轻而又坚强，在经历着一次巨大的冒险；我处在风险的中央，不可能整天地去抱怨，因为那么做毫无意义！我有许多的好品质：快乐、乐天的性格和富有力量。每一天我都能感觉到自己在成长，我的内心在成熟，意识到解放的日子在临近，我感觉到大自然的美和周围人们的善良。我常常想这是一次多么令人激奋、令人荡气回肠的冒险！有了这一切，我怎么可能绝望呢？

安妮

1944年5月5日　星期五

亲爱的凯蒂：

爸爸因为我不高兴了。在我们星期日的谈话以后，他以为我就不会再经常上楼去了。他不想让我和彼得之间的"接吻"再继续下去。我不想听到这个词。谈这种事已经够糟的了——他为什么还非要让我觉得更糟不可呢？我今天还要和他谈谈。玛格特给了我一些好的建议。

我把我大致要跟爸爸说的话写在了下面：

爸爸，我想，你想让我给你个解释，所以我现在就来说说我的看法。你对我有点儿失望，你本想着我对自己会有所约束，你无疑希望我拿出一个十四岁的女孩应该有的行为。但在这一点上你错了！

打我们从 1942 年 7 月来到这里，直到几个星期之前，我没有过轻松的时候。如果你知道我晚上常常在被窝里失声痛哭，觉得自己那么的不快活、沮丧和孤独，你就会理解我为什么想要上楼去了！我现在已经成熟到不需要母亲或是任何一个人的照顾。这种变化不是发生在一夜之间，我是经过漫长而艰苦的心理斗争，流了许多的眼泪，才变成现在这么独立的。你可以笑我，不相信我说的话，我并不在乎。我知道我是一个独立的人，我觉得我的行为没有必要对你负责。我告诉你，只是因为我不想让你认为，我是在背着你做事。只有一个人是我应该负责的，那就是我自己。

在我遇到问题的时候，每一个人——包括你——都是闭上眼睛，不帮助我。相反，我得到的都是你们对我的教训，要我别吵，其实，我话多，我吵闹，只是为了使自己不老是那么痛苦。我表现出过分的自信，也是为了让自己不要听到我内心的声音。在过去一年半的时间里，我每天都是在演戏。我从不抱怨，从未拿下过自己的面具，而现在……现在战斗都结束了。我赢了！在心理和身体上，我都独立了。我再也不需要有个母亲，在磨练中我变成了一个更为坚强的人。

既然这一切已经过去，既然我知道我已经赢得了战斗，我就想走我自己的路，走我认为正确的路。不要把我还当作一个十四岁的孩子，因为这一切的苦难已经使我变得成熟；对我的行为，我不会后悔，我将走我认为自己该走的路！

温和的劝说不能阻止我上楼。你要不强行制止，要不就充分地信任我。不管你怎么做，就是别管我！

安妮

1944年5月6日　星期六

亲爱的凯蒂：

　　在昨晚吃饭前，我把我写好的信放进父亲的口袋了。听玛格特说，父亲读了信后，整个晚上都很痛苦。可怜的皮姆，我原本应该知道这封信会带来什么样的后果。父亲是那么的敏感！我立刻和彼得说，他什么也别再问了。皮姆也没有跟我谈这件事。他之后会跟我谈吗？

　　这里的一切又基本上恢复了平时的样子。让和库格勒说起外面的人们和物价，几乎让人不敢相信：半磅茶叶就350盾，半磅咖啡80盾，一磅黄油35盾，一颗鸡蛋1.45盾，100克的保加利亚烟草要14盾！每个人都在黑市上做交易，每个跑街的小伙计都有东西要买。送面包的孩子弄来了纱线，一小缕就要90分，送牛奶的搞来了食品配给证，一个殡仪馆的老板卖干酪。入室盗窃、谋杀、偷窃，屡见不鲜，甚至连警察和守夜人也参与在了其中。每个人都想着把食物往自己肚子里塞，因为工资早就冻结不涨了，人们不得不去行骗。每天都有许多15—17岁或17岁以上的女孩子失踪，叫警察们忙也忙不过来。

　　我想把关于艾伦的神话故事尽快写完，将它作为有趣的礼物在父亲生日的那一天送给他，连同它所有的版权。

　　再见！（其实，这样说不准确。在英国广播电台的德文节目里，在节目结束时他们总是说"再听"。所以，我想我应该说"再写"。）

安妮

1944年5月7日　星期日早晨

亲爱的凯蒂：

昨天下午，父亲跟我进行了一次长谈。我哭得泣不成声，父亲也哭了。凯蒂，你知道父亲跟我说了些什么吗？

"在我的一生中，我收到过许多信，你的这一封是最让我伤心的。你受到父母百般的宠爱，不管发生了什么，父母都会去帮助和保护你。而你却说你的行为无需父母操心、父母去管！你觉得你受了委屈，你无奈，只能我行我素了。不，安妮，你对我们太不公平了！

"或许，你并不是这个意思，可这却是你写在信里的东西。不，安妮，我们对你的关爱以及为你所做的一切，都不该受到这样的谴责！"

噢，我失败得好惨，这是我做得最糟的一件事了。我用眼泪、用哭来使自己显得重要，好让父亲看重我。我无疑是承受了我的那一份悲苦，我对母亲的表述也是真实的。但是，谴责皮姆，谴责这么好、这么善良、为我甘愿付出一切的人，我真是太狠心了。

有个人对我猛击一掌，让我骄傲的头脑能够清醒过来，是件好事，因为一直以来我太沾沾自喜了。并非安妮小姐做的每一件事都是好的！任何给自己的至亲有意造成这样伤痛的人，都应该受到鄙视，是最最让人看不起的！

最使我感到羞愧的是爸爸对我原谅的方式，他说他打算把这封信扔到火炉里，他现在对我更好了，好像他才是那个做了错事的人。噢，安妮，你还有很多的东西要学。从现在就开始吧——再也不要瞧不起，或是总是责备，别人！

我有过许多的不愉快，可在我这个年龄的人谁没有过呢？我在人前常常是装出一副样子，可我几乎都快要意识不到这一点了。我觉得孤独，可我从未处在过绝望的境地！不像父亲，他有一次拿着刀子跑到街上，要结束自己的生命。我还从未经历过那样的绝望。

我应该深深地，而且现在也确实，感到愧疚。做过的事，已经无法挽回，但你至少可以叫这样的事情再不要发生。我要重头做起，这不会有多难的，既然我现在有了彼得。他爱我，我也爱他。而且，我有我的书籍，我的写作和我的日记。我长得并不丑，脑子也不笨，我的性情也很乐观，我还想陶冶出一个好的性格！

是的，安妮，那时的你完全晓得你写了一封既无情又不真实的信，可你当时能为你写出这样的信而感到自豪！我要重新以爸爸为榜样，不断地提高自己。

安妮

1944年5月8日　星期一

亲爱的凯蒂：

我给你讲过我的家庭了吗？我想我没有，所以现在让我讲给你听吧。我的父亲出生在法兰克福的一个非常富有的家庭：祖父米切尔·弗兰克拥有一家银行，后来成了百万富翁。祖父开始创业时并没有什么钱，都是他后来发展得好。在父亲年轻时，他过着奢华的生活，每周都有社交活动、舞会、宴请、美丽的姑娘、华尔兹、晚宴、豪华的公馆，应有尽有。在祖父死后，大部分的财富都损失掉了。经过第一次世界大战和后来的通货膨胀，财产全没了。直到一战之前，父亲还有许多有钱的亲戚，因此他还是受到了极其良好的教育，只是在今天他也不得不为他的过去感到惋惜了，因为在他 55 年的生涯中，他第一次坐在餐桌前舔光盘子里的食物。

母亲的家庭虽说不像父亲的家庭那么富有，可日子过得也很充裕，我们经常听她讲起她的一些经历，私人舞会，仆人如云，有 250 人参加的盛大婚礼，直听得我们目瞪口呆。

如今我们再也算不上是富有了，可我把希望寄托于战后。我可以向你保证，我不像母亲和玛格特那样，一心想要过资产阶级的生活。我想去巴黎一年，再去伦敦一年，在那里学习语言和艺术史。而玛格特却是想到巴勒斯坦当幼儿教师。我脑中还常常出现父母亲讲述过的场景，盛大的宴会，华丽的衣饰，有良好教养的上流人物。就如我以前经常告诉你的，我想多看看世界，多经历一些，当然啦，有点钱也并不赖！

今天早晨，梅普跟我说起她在星期六刚参加过的她表妹的订婚典礼。她表妹的父母都是有钱人家，而新郎的家庭甚至更加的富有，因此宴会很丰盛。梅普讲到宴会上所有的佳肴时，我们都快要流口水了，什么肉丸子蔬菜汤、奶酪小面包、加鸡蛋的冷餐配菜、煎牛排、小点心、葡萄酒和香烟，样样都特别的充足（当然都是从黑市上买来的）。梅普喝了十杯烧酒，抽了三支烟——这还像是我们那位"喝酒要有节制"的提倡者吗？如果梅普都喝了这么多，那么她的丈夫又该有多少酒下肚了呢？每个赴宴的人都有点儿喝高了。还有两个侦缉队的警察也去了，还给新郎新娘拍了照片。梅普马上就记下了他们俩的名字和地址，以备发生什么情况时求得他们帮助，无论是什么时候，梅普都在想着我们这些藏匿者。

梅普向我们讲了那么多好吃的东西，而我们每天的早饭只有两勺稀粥，饿得没办法。我们每天吃的都是半生不熟的菠菜（为了维生素的缘故！）和坏土豆，还有煮过的生菜、莴苣，完了又是菠菜，菠菜。或许我们这样吃得最终会像动画片中的大力水手那么强壮，尽管到目前为止，我还没有看到有这样的迹象！

要是梅普带我们去了，我们就不会让别的客人们吃那么多了。我们将把眼见到的一切美食一扫而光，甚至把餐桌也吞到肚子里去。我可以告诉你，我们大家围坐在梅普身边，好像我们平生就没有听到过这么多好吃的东西和那么多体面的人似的！而这里的玛格特和我可都是名声显赫的百万富翁的孙女呢。这个世界已经有点儿疯狂了！

安妮

1944年5月9日

亲爱的凯蒂：

我已经写完了《艾伦》这篇神话故事。我已把它抄在了精美的信纸上，还用红墨水涂饰了一下，一页一页地缝了起来。它看起来很漂亮，可我还是不知道它作为生日礼物行不行。玛格特和母亲都写了诗。

今天下午库格勒先生上楼来过了，他说，从星期一开始，布洛克斯太太每天下午想在办公室里待上两个小时。这还得了！这样一来，办公室的人就不能上楼，马铃薯也就送不上来了，贝普吃不到晚饭，我们不能上卫生间、不能走动等，诸多的不便！我们想出种种的方法来阻止她。凡·达恩先生说，在她的咖啡里放些灵一点的泻药，也许就行。"不行，"克莱曼先生说，"不要这么做，那样的话，她会霸着桶子，我们休想让她离开了。"

大家一阵大笑。"桶子？"凡·达恩太太问，"什么意思？"有人给了一个解释。"用这个词合适吗？"贝普天真地问。"试想一下，"贝普咯咯地笑着说，"你去毕珍科夫买东西，问说桶子在哪儿。听的人甚至还不晓得你在说什么呢！"

借用一下这个术语，杜塞尔先生现在就在"桶子"上，每天的十二点三十分整，他准在那里。今天下午，我大着胆子用一张粉红色的纸写下了这几行字：

> 杜塞尔先生上厕所时间表
> 早晨 7:15 到 7:30
> 下午一点以后
> 除了上面的时间，如有必要时还会在此！

在杜塞尔先生还在卫生间里的时候，我把这张纸钉在了卫生间的门上。我或许可以再加上"违者将被监禁！"，因为我们的卫生间的门里外都可以锁上。

凡·达恩先生最新的笑话：

在讲完《圣经》中有关亚当和夏娃的那一段故事以后，有个十三岁的男孩问他的父亲："爸爸，我是怎么生出来的？"

他的父亲回答说："一只鹳鸟把你从大海中衔来，放到你母亲的床上，然后在她的大腿上重重地啄了一口。出了不少的血，害得你母亲在床上躺了一个星期。"

这个男孩不满意父亲的回答，于是问他的母亲："妈妈，你是怎么生出来的，我又是怎么生出来的？"

他的母亲告诉他同样的故事。最后，他想听更精彩一点的，就去问他的姥爷。"告诉我，姥爷，"他说，"你是怎么生出来的，你的女儿又是怎么生出来的？"结果，他第三次听到了同样的故事。

当天晚上他在日记中写道："经过仔细的询问之后，我必须做出这样的结论，在我们家里，已有三代人没有过性交了！"

我还有作业要做，现在已经下午三点了。

安妮

又及：我想我跟你提到过我们新来的清洁工了。我想告你一下，她已婚，六十岁，听觉特别差！她这样很好，我们密室里的八个人弄出大的动静，她也不会听到。

噢，凯蒂，今天的天气真好。要是我能够出去走走就好了。

1944年5月10日　星期三

亲爱的凯蒂：

昨天下午我们正在阁楼里做法文功课，突然听到在我身后有水的滴答声，我问彼得这是怎么回事。他顾不上回答，就奔向了出事地点——顶层（莫西正蹲在她湿漉漉的、里面垫了草的盒子旁边），一把推开了莫西。随后是一片叫嚷声，这时已经撒完了尿的莫西撒腿就跑。为了卧得舒服一点，莫西找到一处与她的盒子相似的地方，一堆软软的刨花，刨花下面是裂了缝的地板。她的尿液滴到了下面的阁楼，一直流到了放着马铃薯的桶子那里，阁楼的地板也有裂缝，黄黄的尿液渗到楼下的顶棚上，滴到了下面的餐桌上，滴在一堆袜子和书籍中间。

这情景太有趣了，我笑得前仰后合。此时莫西卧在了一个椅子底下，彼得拿着一盆水、漂白粉和一块抹布来了，凡·达恩先生在极力地示意，让大家安静。房间里很快静了下来，可高高的屋顶上的猫尿还在散发着臭味。马铃薯和刨花也沾上了尿骚味，父亲用一个桶装走了刨花，拿到楼下去烧掉。

安妮

1944年5月11日　星期四

亲爱的凯蒂：

我有一则新的素描让你开心：

彼得的头发该剪了，像往常一样，是他的母亲给他剪。在七点二十五分他消失在他的房间，七点三十分时，只穿着一条游泳裤和一双网球鞋从他的屋子里走出来。

"你这就上来吗？"他问母亲。

"对，我马上就上去，可我还没找到推子呢！"

彼得帮着母亲在她装化妆品的抽屉里找寻。"不要这样的乱翻，彼得。"她有点儿不满地说。

我没听见彼得的回答，不过话一定说得很粗鲁，因为他母亲打了他的胳膊一下。彼得也打了她一下，结果他的母亲用了全身的力气，重重地给了他一拳，彼得抽回了手臂，脸上是一副嘲讽又略带惊恐的表情。"你再来，老女人！"

凡·达恩太太没有动。彼得上前抓住她的手腕，拽着她在屋子里转。她大声地笑着、嚷着、踢着、骂着，也没能让彼得松手。彼得一直把她拉到楼梯口才松开。凡·达恩太太回到屋子里，在长长地叹息了一声后，一屁股坐在了椅子上。

"这真像是莫扎特的歌剧里母亲被诱拐的那一幕。"我开玩笑地说。

"哦，像吗？可他弄痛了我。"

我弄了点凉水过来，给她敷了敷又红又肿的手腕。彼得仍然站在楼梯口，等得又有些不耐烦了，手里提着他的皮带大步走进来，宛如一个驯狮者一样。凡·达恩太太没有动,还坐在她的写字桌旁,翻找着手绢。"你必须先给妈妈道歉。"

"道歉可以,我现在就向你道歉,不过这只是因为如果我不这么做,我们就得这样一直待到半夜。"

凡·达恩太太无奈地笑了笑。她站起来走到门口时,觉得有必要给我们解释一下(这里的我们是指父亲、母亲和我,当时我们正在忙着洗碗)。"他以前在家,可不是这样的。"她说,"我拿皮带使劲地抽他,痛得他一溜烟地跑到楼下去!他从前从未这么无礼过。在密室里,他这已不是第一次了。这就是现代社会教育出来的现代的孩子。我从未那样抓过我母亲的胳膊。你那样子对待过你母亲吗,弗兰克?"她非常的烦恼,来回地踱着步,脑子里想到什么就说着什么,她还没有上楼去。又过了好一阵子,她总算离开了。

还没过五分钟,她又从楼上跑了下来,哧哧地喘着气,一下子把围裙扔在了椅子上。我问她给彼得理了发没有,她说她要下楼去。她像一阵龙卷风一样,冲下了楼,或许径直就扑到她丈夫的怀里。

她到八点才又上来,这一次是跟她的丈夫一起。彼得被从阁楼上拖了下来,被狗血喷头地骂了一顿:野蛮的家伙,没教养的混蛋,坏的榜样,人家安妮怎么好,人家玛格特如何优秀,等等。

今天,似乎一切又恢复了平静!

安妮

又及:在星期二和星期三,我们受人爱戴的女王又向国人讲话了。她正在度假,她将以良好的身体状况返回荷兰。

在她的讲话里,她运用了这样一些词语:"我不久将回到荷兰","很快就会迎来解放","英雄主义","沉重的负担"。

1944年5月11日　星期四

亲爱的凯蒂：

　　因为我把放着学习用具的箱子——包括我的自来水笔——留在了楼上，而且又不允许我在午休的时候打扰他们（中午两点半之前），所以我只能用铅笔来给你写这封信了。

　　目前我有许多的事情要做——这听起来似乎令人难以相信——我简直没有足够的时间来完成这堆积如山的学习任务。要我简单地告诉你我所要做的工作吗？到明天我必须读完《伽利略传》的上部，因为书必须要还给图书馆了。昨天才开始看，但我能看完的。下周我想读《十字路口上的巴勒斯坦》和《伽利略传》的下部。昨天我看完了《查理五世》的第一部分，急需把我从中摘录出来的家谱材料和所做的笔记整理出来。接下来，对我从各种书籍中摘选出来的三页外来词汇，我要把它们读会，记熟，背写下来。第四件工作是我的电影明星照片乱得要死，必须整理了。这得用去好几天的时间，而安妮教授呢，就像上面说的，已经忙不过来了，乱就让它再乱一段时间吧。然后，这里还有希腊神话中的人物，忒修斯、俄狄浦斯、珀琉斯、俄耳甫斯、伊阿宋、赫尔库勒斯，这些人物之间的关系和他们的来龙去脉，我都必须一一地理清楚，因为他们的行为、事迹就像是一团乱麻，萦绕在我的脑子里。还应该了解一下古希腊雕塑家米隆和菲狄亚斯的材料，不然的话，我就完全不知道他们两在整个图景中的位置。对七年战争和九年战争也要做这样的处理。现在，我把一切东西都混淆在一起了。唉，像我这样的烂记性又有什么办法呢！我到了八十岁，还不知道会怎么忘事呢！

　　噢，还有一件事，《圣经》。我需要多久才能读到苏珊娜沐浴的故事呢？还有索多玛和蛾摩拉的罪过又是怎么回事？有多少的东西需要学，需要问啊！在此期间，我把普法尔兹的丽泽洛完全丢在一边了。

你看出来了吗，凯蒂？我的工作满得都要溢出来了。

现在，我们谈点别的。你早就知道，我的愿望是有一天成为一位女记者，再后来，成为一位名作家。这一宏伟的理想或是有点狂妄的梦想是否能够实现，还需要时间来证明，不过，我现在就已经有了一些好的题目了。不管怎样，战后我想写一部叫《密室》的书。能否成功还有待实践的证明。不过我的日记就是很好的素材。

我还需要完成《凯迪的一生》。我已经想好了故事后来发展的情节。凯迪在疗养院治好病以后，就回到家里，继续给汉斯写信。那是在 1941 年，不久凯迪就发现了汉斯的亲纳粹的倾向，由于凯迪深切地同情犹太人的处境以及她的朋友玛丽安妮，渐渐地他们俩关系疏远了。他们俩遇到后一起回来，可是当汉斯跟另一个女孩好上的时候，他们两人就不再来往了。凯迪很是伤心，她想找个好些的工作，就开始学习护理。在毕业以后，由她父亲的一个朋友极力推荐，在瑞士的一家 TB 疗养院当了护士。在她的第一个假期，她去了科莫湖，在那儿她碰上了汉斯。汉斯告诉她，两年前他娶了他后来好上的那位姑娘，可没想到她在情绪极度低迷时自杀了。现在又遇到了他的可爱的凯迪，他才意识到他是多么的爱她，并再次请求她嫁给他。凯迪拒绝了，尽管她仍然十分的爱他，可她的自尊不允许她这么做。汉斯走了，两年后凯迪得知他最终定居在了英国，在那里他一直和疾病作斗争。

在凯迪二十七岁时，她嫁了一位叫西门的富商。渐渐地她也爱上了西门，可没有爱汉斯爱得那么深。她生了两个女孩和一个男孩。她和西门过得很幸福，只是忘不了汉斯，直到有天晚上梦见了他，跟他做了道别。

……

这个故事不是那种胡编乱造的感伤文字，它是以我父亲的生平作蓝本的。

安妮

1944年5月13日　星期六

亲爱的凯蒂：

　　昨天是爸爸的生日，也是爸爸和妈妈结婚十九年的纪念日，这一天，那个清洁妇没有来……艳阳高照，自进入 1944 年以来，阳光还没有这么明媚过。我们的那棵核桃树上开满了花儿，长满了绿叶，比去年长得更加繁茂。

　　爸爸收到了克莱曼先生送的一本林奈的传记，库格勒送了一本以大自然为题材的书，杜塞尔送一本《阿姆斯特丹的运河》，凡·达恩夫妇送了一个很大的盒子（包装得非常漂亮，具有专业水准），里面装了三个鸡蛋、一瓶啤酒、一罐酸乳和一条绿色的领带。跟这些一比，我们送的那罐糖蜜就显得微不足道了。我送的玫瑰比起梅普和贝普的红色的康乃馨，闻起来更加美妙。爸爸真的快要被宠坏了。西蒙斯蛋糕店送来了五十个花色小蛋糕，真好吃！爸爸请我们吃香料蛋糕，男人有啤酒，女士有酸乳。一切都棒极了！

安妮

1944年5月16日　星期二

亲爱的凯蒂：

　　今天，我想换一个话题聊（因为我们好长时间都没有再聊到这方面的事情了），给你讲述一下昨晚发生在凡·达恩夫妇之间的一场小小的争论：

凡·达恩太太："德国人已经赢得了足够的时间，来加强他们的大西洋防线，他们会投入他们所有的力量，去抵御英国人的进攻。这确实令人惊讶，德国人的实力真强啊！"

凡·达恩先生："噢，是的，令人惊讶。"

凡·达恩太太："的确如此嘛！"

凡·达恩先生："他们如此强大，他们必定会赢得战争，这就是你想说的意思吗？"

凡·达恩太太："他们很可能会的。没有谁能说服我，使我相信他们不会。"

凡·达恩先生："我甚至不愿意回答你的这个问题。"

凡·达恩太太："可是到后来你总是要回答我。每一次，你都忍不住要说话，要反驳我。"

凡·达恩先生："不，不是的。我总是把我的话压缩到最少的几个字。"

凡·达恩太太："可是，你每次总要反驳，而且你总是对的！你的预言几乎就没有一个实现过，你也知道！"

凡·达恩先生："到目前为止，我的预言大多是对的。"

凡·达恩太太："这不是真的。你说去年就会反攻，芬兰到现在已经结束战争，意大利战役在去年冬天就早该结束了，苏联人早该攻下利沃夫了。噢，可你的这些预言没有一个兑现了的。"

凡·达恩先生："为什么你不闭上你的乌鸦嘴？总有一天，我会证明给你看，谁是对的。我不能容忍你的这种胡说八道，你会后悔的，我会让你把你说出的话再咽回到肚子里！"（第一场落幕）

我听着咯咯地笑起来，母亲也忍不住笑了，甚至彼得也绷住了嘴，担心笑了出来。噢，这些个愚蠢的成年人。在他们批评孩子们之前，他们自己先需要再多学习一些!

从星期五开始，我们又能晚上开着窗子睡了。

安妮

我们密室成员各自的兴趣：

（对所学课程和所阅读东西的一个总览）

凡·达恩先生：不学课程，经常在克诺尔百科全书和词汇学中查找东西；喜欢读侦探故事和爱情故事，以及医学方面的书籍。

凡·达恩太太：上着一门函授英语课程；喜欢读传记小说，有时也读其他各类小说。

弗兰克先生：在学英语（读狄更斯的作品）和拉丁语；从不读小说，只喜欢读地方志和人物志之类的书。

弗兰克太太：上着一门函授英语课程；除了侦探故事，什么都读。

杜塞尔先生：在学习英语、西班牙语和荷兰语，却不见有什么进展；什么都读；在做评论时随大流。

彼得·凡·达恩：在学习英语、法语（函授教程），学习荷兰语、英语和德语方面的速记法，函授商务英语、经济学、数学；很少阅读，有时读点儿地理。

玛格特·弗兰克：英语、法语、德语和荷兰语的函授教程，英语、德语、荷兰语方面的速记法，以及三角学、基础几何、机械学、物理学、化学、代数、几何学、英国文学、法国文学、德国文学、荷兰文学、书籍管理学、地理、现代史、生物学、经济学；什么都读，最喜欢读的是宗教和医学书籍。

安妮·弗兰克：法语、英语、德语和荷兰语方面的速记法，以及几何、代数、历史、地理、艺术史、神话学、生物学、《圣经》史、荷兰文学；喜欢读传记和历史书籍（有时也读小说和一些轻松读物）。

1944年5月19日　星期五

亲爱的凯蒂：

　　昨天我特别不舒服，呕吐（我安妮竟然也呕吐！）、头痛、肚子痛，没有一处不痛的。今天觉得好多了。我饿坏了，可是晚饭又是褐豆，我想我不会吃。

　　我和彼得之间相处得很融洽。可怜的彼得甚至比我更需要温情。在每晚告别他吻我时，脸还会发红，接吻后还会请求再吻一次。我是不是只是博奇的一个较好的替代品？对此我并不在乎。只要知道有个人在爱着他，他就会很快乐。

　　在我付出努力获得胜利之后，我让自己站开了一点儿，不过你不要以为我的爱已经冷却了。彼得是个可爱的男孩，我只是关闭了我的心府，如果他想把这个锁打开，他必须用更结实的铁锹才行！

安妮

1944年5月20日　星期六

亲爱的凯蒂：

　　昨晚我从阁楼上下来，刚进到屋里就看到放康乃馨的花瓶翻倒在了地上。母亲正跪着用布子擦地上的水，玛格特正从地板上捞起我湿了的本子。"这是怎么了？"我觉得有些不妙，焦急地问。在她们没有回答之前，我站在那里估算着我的损失。我的整个有关家谱的资料，我的笔记本、书籍等都泡在了水中。我几乎哭了出来，气得要死，嘴里开始喊起了德语。到底说了些什么，我一个字也不记得了，不过，据玛格特讲，我说了"不可挽回的损失""太糟糕了""不能弥补的"等等。法蒂尔忍不住大声地笑起来，莫迪尔和玛格特也跟着大笑起来，可是我却想哭，因为我所有的工作和辛辛苦苦做的笔记全泡汤了。

我又仔细查看了一下，所幸的是，这一"不可估量的损失"并不像我预想的那么严重。在阁楼上，我把湿了后贴在一起的纸张，一页一页地剥离开。这种情形，我看了也不由得笑了起来。

在把我晾开的这些纸页交给了彼得看护后，我又到了楼下。

"有哪些书湿透了？"我问正在整理着这些书的玛格特。

"代数。"玛格特说。

不过，还有点儿运气，我的代数书并没有完全毁掉，我真想叫它掉进花瓶里才好呢。我最讨厌的书就是代数了。在我之前，这本代数书的扉页上已至少写有了二十个姑娘的名字。书页已经发黄，里面到处有涂写，以及划掉的字和修改过的地方。在我下次心情不好的时候，我一准会把这本讨厌的书撕成碎片！

安妮

1944年5月22日　星期一

亲爱的凯蒂：

5月20日那一天，父亲打赌输了，赔了凡·达恩太太五罐酸乳：反攻仍然没有开始。我敢肯定地说，全阿姆斯特丹，全荷兰，乃至整个欧洲的西海岸，一直到西班牙，都在日夜地谈论反攻的事，都在争辩、打赌……和期盼着。

悬念逐渐升温，到了令人狂热的程度；我们心目中的"好"荷兰人并不是个个都相信英国人，并不是人人都认为英国人的虚张声势是一个多管用的战略决策。噢，人们希望看到的是行动——伟大的、大无畏的行动。

没有人的眼光能看得超过自己的鼻端，没有人去想英国人正在为他们自己的国家和人民战斗；每个人都认为尽可能快地拯救荷兰是英国的责任。英国人欠了我们什么？荷兰人做了什么，配得上人家这么慷慨的帮助？噢，错了，荷兰人大错特错了。英国人虽然虚张声势了，可他们无疑不应该比其他的国家（无论大小，现在被德军占领的国家）对战争负有更多的责任。英国人也没有打算找理由为自己辩解；诚然，在德国重新武装它自己的那些年，英国人一直在睡觉，可所有其他的国家，尤其是那些德国的邻国，不也都在睡觉吗？英国和世界上的其他国家如今终于认识到，把头埋在沙子里没用，现在，每一个国家，尤其是英国，正在为他们的鸵鸟政策付出沉重的代价。

没有一个国家会毫无理由地去牺牲它的人民，尤其是不会为了另一个国家的利益这么去做，英国也不例外。反攻、解放和自由终究会到来，不过，是英国，而不是那些被占领的国家，来选择最佳的时机。

我们非常难过和沮丧，因为听说许多人已经改变了对犹太人的态度。有人告诉我们，反犹主义在一向对犹太人友好的圈子里也纷纷地冒了出来。这件事给予我们非常深的触动。这种怨恨的情绪是可以理解的，甚至也许是出于人性，但是，这一怨恨并不会因此而变为对的。基督徒说，犹太人向德国人举发帮助过他们的人，害得这些人也遭到了德国人的野蛮对待，使他们的命运变得一样的悲惨。这是实情。但是，就像任何其他的事物一样，人们应该从两个方面来看待这件事情：如果是基督徒处在我们的境况，他们会有不同的表现吗？不管是犹太人，还是基督徒，在面对德国人的压力时，有谁能保持沉默呢？谁都知道，那实际上是不可能的，那么，为什么要求犹太人做别人不可能做到的事情呢？

现在处在地下圈子里的人们说，战争以前从德国移民到荷兰，后来又被送到波兰去的犹太人，以后不准再回到荷兰。他们在荷兰获得庇护，可在德国人完蛋以后，他们就应该再回到德国去。

听到这话，你不禁会纳闷，我们到底为什么要打这场艰苦而又漫长的战争呢。人们告诉我们，我们是为自由、真理和正义而战！可战争还没有结束，就起了纷争，犹太人就被当成了次等生物。噢，真令人难过，非常的难过，有句话在被我们当今的世界无数次地证明着："一个基督徒的所为，只代表他自己；而一个犹太人的所为，则是对所有犹太人的写照。"

说实话，我搞不懂，荷兰人，一个善良、诚实、正直的民族，怎么会这样来评价我们？我们，这个世界上最受压迫、最不幸、最可怜的民族。

我只有一个愿望：希望这反犹太人的风气很快就会过去，荷兰人终将会显露出他们的本色，永远不偏离他们心中的公道正义，因为这些说法是非正义的！

如果他们真的实行这一条（一个可怕的威胁），那么现在还留在荷兰的这一小批犹太人就得非走不可。我们也将不得不背起我们的行囊，动身离去，离开这个美丽的国家，这个曾经怀着一片仁慈之心收留了我们的国家。

我爱荷兰。我曾经希望它能成为我的祖国，既然我已经失去了我的，现在我仍然这样希望！

安妮

1944年5月25日 星期四

亲爱的凯蒂:

贝普订婚了！这消息并不那么令我们惊讶，我们中间也没有谁为此感到特别的高兴。伯图斯是个很壮实、很稳重的年轻人，可是贝普并不爱他，在我看来，这就足以成为劝说贝普放弃这桩婚姻的理由。

贝普努力着想在这个世界上往前走，而伯图斯则在把她往回拽；伯图斯是个工人，没有什么理想和抱负，我觉得他不能让贝普幸福。我知道贝普这么做是想尽快终止她的犹豫不决；四个星期前，她决定给他写信放弃这场恋爱，可是这么做让她觉得更糟。所以她给他写了封信，现在她订婚了。

有几个因素促成了这门亲事。第一，贝普有病的父亲非常喜欢伯图斯。第二，贝普是这一带女孩里年龄最大的女孩子了，她母亲常常逗她，叫她老处女。第三，她二十四岁了，二十四岁在贝普看来是个不小的年龄了。

母亲说，如果贝普只是跟伯图斯搞搞对象，那还行。我不知道，我只是为贝普感到难过，也能理解她的孤独。他们结婚得等到战后，因为伯图斯还在藏匿，或者说在地下。另外，他们俩都没有钱，心中也没有什么大的打算。这对贝普来说是个多么悲凉的前景，而我们呢，都衷心地希望她生活得美好。我只希望，在贝普的影响下，伯图斯能不断地进步，或者贝普再找一个，找一个懂得欣赏和珍惜她的人！

安妮

在同一天：

每天都有事情发生。今天早晨，凡·贺文先生被捕了。他在家里藏了两个犹太人。这对我们是一个沉重的打击，不仅是因为这些可怜的犹太人又颤巍巍地站在深渊边上了，也是因为凡·贺文先生要遭厄运了。

这个世界是颠倒了。最为遵纪守法的公民不断地被送往集中营、监狱和单辟的囚室里，而地痞流氓等社会渣滓却在统治着老的、少的、贫穷的和富有的。有人做黑市买卖被抓了，有人因藏匿犹太人和其他不幸的人们被抓了。只要你不是纳粹或是他们的同党，你就不知道你的今天和明天会发生什么。

凡·贺文先生的被捕对我们是个很大的损失。贝普一个女孩子家，不可能给我们拖来大量的土豆，我们也不应该这样地要求人家，因此给我们的选择只能是少吃。我们是如何做的，我以后告诉你，不过，不管我们怎么做，也不可能使这里的生活好过一些。母亲说我们不吃早饭了，中午吃粥和面包，晚上吃油炸的土豆，如果可能，每周吃上一两次蔬菜或是莴苣。再多就没有了。我们要挨饿了，不过，这还是要比被抓住强。

安妮

1944年5月26日　星期五

亲爱的凯蒂：

我终于能静静地坐在窗架的缝隙前面，把我想告诉你的一切写给你了。

　　我觉得现在是我这几个月来最苦的日子。就是发生了上次窃贼夜盗的事件，我也没有感到这样的沮丧。一方面是凡·贺文先生的事、犹太人的问题（我们密室里的人都在详尽地讨论这个问题）、反攻（迟迟不见动静）、糟糕的食物、紧张的局势、悲凉的气氛，以及我对彼得的失望；另一方面，是贝普的订婚、五旬节、鲜花、库格勒先生的生日、蛋糕，以及有关酒店、电影和音乐会的消息。这两方面之间有着巨大的鸿沟，一个总是存在着的鸿沟。今天我们对藏匿生活喜剧性的一面能纵情地大笑，明天（这样的天数还会不少）我们就会慌乱起来，惧怕、紧张和绝望便会写在了脸上。

　　梅普和库格勒先生为我们以及所有藏匿中的人们肩负着最重的担子——梅普为我们愿意做一切事情，库格勒先生为我们八个人担负着巨大的责任，这重大责任给他带来的压力、高度的紧张和劳累，有时都让他有点儿透不过气、说不出话来。克莱曼先生和贝普也非常照顾我们，不过，他们俩有时可以有几个小时或是几天的时间，不为我们操心，去做他们自己的事情，克莱曼先生要治治他的病，贝普要处处她的对象，可眼下两人进行得好像并不那么顺利。另外，他们会串串门，会会朋友，过几天一般人的生活，所以他们俩的紧张有时可以得到暂时的缓解，而我们的神经在这两年来却从来没有放松过。这一日益变得沉重、变得不可忍受的重负，不知在我们的身上还要压多久？

　　水管又堵塞了。我们不能用水，即便用，也只有滴漏下来的那点儿水；马桶也不能用水冲了，我们只得用马桶刷子；脏水则用一只大陶罐来装。今天我们凑合一下，可要是管道工不能一个人修好，以后怎么办？卫生部星期二才能派人过来。

　　梅普给我们送来一个葡萄面包，上面写着"五旬节快乐"。这似乎有点儿取笑我们，因为我们的情绪离"快乐"太远了。

　　自从凡·贺文先生出事以后，我们大家变得更加提心吊胆。只要一有动静，四面八方就有人送出"嘘"声，而且我们做什么事情都声音更小了。既然警察可以闯进凡·贺文家里，那么，他们也可以轻易地闯进我们这里！如果是那样，我们怎么办？……不，我不敢往下想了。可是今天这个问题一直在我心上，排遣不去，而且，我一直以来所感到的恐惧都一下子放大，出现在我面前。

今天晚上八点钟，我独自下楼使用洗漱间。楼下没有人，因为大家都在听广播。我想让自己勇敢一点，可很难。我向来觉得在楼上要比那又大又空又静的楼下，安全得多；独自一人在下面，听着楼上传来的压低了的语声和街道上的喇叭声，我总是加快动作，提醒着自己现在是在安全的地方，才不会发抖。

自从上次跟父亲谈过以后，梅普对我们更加的好了。哦，可我还没告诉你是怎么回事呢。一天下午，梅普上楼来，涨红着脸，直截了当地问父亲，我们是不是认为他们也染上了社会上的"反犹太病"。父亲一时愣在了那里，后来赶忙劝说她千万不要这么想，可梅普心中好像还留着疑问。现在他们为我们的事情更加积极了，对我们遇到的麻烦和困难也更加关心了，尽管我们肯定是不应该拿我们的烦恼去麻烦他们。噢，这些人是多么善良、多么崇高的人们！

我一遍又一遍地问自己，要是我们没有躲起来，要是我们死了，不必再经受这些苦难，而别人也省下为我们扛担子，那样会不会更好一点。但是，我们都不敢那么去想。我们仍然热爱生命，我们还没有忘记大自然的声音，我们还存有希望，希望有未来……有一切。

让什么事情赶快地发生吧，哪怕是空袭也好。什么也没有比这焦虑更摧残人了。让结局到来吧，不管它有多么残酷；至少，在那个时候，我们会知道我们到底是胜利者还是被征服者。

安妮

1944年5月31日　星期三

亲爱的凯蒂：

　　这个星期六和星期天，还有接下来的星期一和星期二，天气都太热了，热得让人握不住笔，这就是我这几天没有给你写信的原因。星期五水管堵了，星期六来人给修好了。克莱曼太太下午来过了，跟我们聊了好长时间。她和杰奎琳都在同一个曲棍球俱乐部。星期天贝普过来，看有没有盗贼闯入过，留下来吃了早饭。星期一（因为是五旬节，人们休息）杰斯先生过来做我们密室的看守人，星期二我们终于又可以打开窗户了。周末的五旬节很少有过这么美好和和暖的天气，或许，说"热"更准确一点儿。待在密室里，炎热的天气叫人非常难受。为了让你对我们所发的牢骚有点儿了解，我给你简略地描述一下这酷热的天气。

　　星期六："好极了，棒极了的天气。"在早晨时，我们都这么说。"如果不这么热就好了。"到了下午窗户又得关上的时候，我们这样说。

　　星期天："天气热得叫人受不了，黄油在化掉，面包很快就干干的了，牛奶也变酸了，窗户不能打开，没有一处可以凉快的地方。我们这些可怜的被遗弃的人待在这里，出不上气来，而别的人都在欢度五旬节。"（凡·达恩太太如是说。）

　　星期一："我的脚在疼，我没有凉快的衣服穿，在这么热的天气里，我连碗也不想洗了！"牢骚从早晨能发到晚上。我们的环境太糟糕了。

　　我简直忍受不了这酷热了。好在今天有凉风吹了进来，可太阳还在炙热地照耀。

安妮

1944年6月2日　星期五

亲爱的凯蒂：

"谁要是到阁楼上去的话，别忘了带伞，最好是那种大伞！"这样你就不会遭受一场"家庭阵雨"了。荷兰有个谚语说："高处干爽，平安无恙。"可它显然不适合于战争时期（天上有飞机扫射！），也不适合于藏匿的人们（上面有猫睡的盒子！）。莫西养成了一个习惯，不是在报纸上，就是在木质地板的裂缝中间方便，所以我们总是担心淋上淅淅沥沥的尿雨，还有猫的尿骚味。仓库里新来的那只叫摩特杰的猫也有同样的毛病。凡是家中的猫没有养成良好的卫生习惯的，都能想象到充斥于屋子里的那股骚味，比仓库里的胡椒和百里香的味道还要难闻。

我有了一个对付枪炮声的新办法：当枪炮声太大时，去到最近的木质楼梯口，上上下下在楼梯上不停地跑，至少要绊倒那么一两次。来回跑动的响声和摔倒后的皮肉之痛会叫你听不到了枪炮声，也就更不会去担心它了。在下使用了这道秘方，效果极佳！

安妮

1944年6月5日　星期一

亲爱的凯蒂：

我们密室里出现了新问题。杜塞尔和弗兰克夫妇为分黄油的事吵了一架。最终是杜塞尔认输了。凡·达恩太太和杜塞尔关系亲密，两人调情卖俏，互送媚眼，接吻。杜塞尔开始想女人了。

凡·达恩夫妇不明白，在我们自己都吃不上的情况下，我们为什么要在库格勒先生生日的时候，给他送五香粉的蛋糕。他们显得有点儿太小心眼了。楼上的情绪也不好，凡·达恩太太感冒了。杜塞尔得到了啤酒商的酵母片，而我们没有。

第五军团已经拿下了罗马，这座城市没有被战火毁掉。都是希特勒夸大的宣传。

基本上没有马铃薯和蔬菜可吃了，仅有的一块面包还是发了霉的。

仓库里新来的猫闻不了胡椒味儿。她睡在她的盒子里，在刨花里方便，不让人抱。

天气很糟糕。针对法国西海岸和加来海岸的轰炸还在继续。

没有人愿意要美元，黄金甚至还不如美元。

我们放钱的黑匣子快要见底了。到了下个月，我们可怎么过呢？

安妮

1944年6月6日　星期二

亲爱的凯蒂：

"反攻的日子到了。"中午十二点，英国BBC广播电台这样宣布道。

"反攻的日子到了。"反攻真的开始了！

早晨八点，英国人报道：加来、布洛涅、勒哈弗尔、瑟堡还有加来海岸遭到猛烈的轰炸。对于占领区居民的安全措施是，所有距离海岸三十五公里以内地区的居民要提防轰炸。如有可能，英国人将提前一小时散发传单。

据德国报道，英国伞兵部队在法国海岸登陆。英国 BBC 广播电台报道："德国海军正在跟英国的登陆艇作战。"

早晨九点吃早饭的时候，我们密室的人在讨论中得出了结论：这是一次试验性的登陆，像两年前在迪埃普的登陆一样。

十点钟，BBC 电台用德语、荷兰语、法语和其他语言广播："反攻已经开始！"就是说，这是"真正的"反攻了。在十一点，BBC 电台用德语广播盟军最高统帅艾森豪威尔的讲话。

十二点，BBC 用英语广播："这是反攻的日子。"艾森豪威尔对法国人说："艰苦卓绝的战斗即将开始，可在这之后，就是胜利的到来。1944 年将是我们彻底取得胜利的一年。祝愿一切顺利！"

BBC 在下午一点用英语广播：有 1100 架飞机在天空飞行，运送军队，轰炸敌人的后方；4000 艘登陆艇和小船在瑟堡和勒哈弗尔之间的海岸，正不停地把部队和物资运送到岸上。英国和美国的军队已经在与德军激战。比利时首相盖布兰德、挪威国王哈康、法国总统戴高乐、英国国王先后讲话，最后还有丘吉尔也发表了鼓舞人心的讲话。

密室中的我们处于极度的喜悦之中！难道我们等待已久的解放真的就要到来了吗，这一谈论已久，依然显得如此美好和遥不可及的解放？这个 1944 年真的会给我们带来胜利吗？我们还不知道，但是只要有希望在，我们就会再度鼓起勇气，重新变得坚强起来。我们需要勇敢地承受还会到来的恐惧、匮乏和苦难。现在我们要保持冷静和镇定，咬紧牙关！法国、意大利，甚至德国都在叫苦，可我们却不能，我们没有这样的权利！

噢，凯蒂，我觉得反攻到来的最美好之处，就是我们的朋友也在到来。那些可怕的德国人压迫我们这么久，他们时时威胁着我们的生命，但想到朋友和得救，我们就有了信心！这不仅事关我们犹太人，而且事关荷兰和所有被德军占领的欧洲国家。玛格特说，也许到九月份我们就能回到学校上课了。

安妮

又及：我总是把最新的消息告诉你！

昨晚和今天早晨，稻草人和橱窗模特降落到德军的后方，在它们一触到地面时就爆炸了。也有许多伞兵降落下来，他们的脸都涂得黑黑的，不易被发现。当晚在法国海岸扔下了5500吨的炸弹，随之，在清晨6点钟，第一艘登陆艇靠岸。今天有20000架飞机出动。德军的炮兵阵地甚至在登陆之前，就被摧毁；一个小的桥头堡已经形成。一切进展顺利，尽管天气不好。军队和人民真是"团结一心，众志成城"。

1944年6月9日　星期五

亲爱的凯蒂：

登陆的大好消息来了！盟军已拿下了法国海边一个叫巴郁的村子，现在正进攻凯恩。盟军的意思很明显，就是要切断瑟堡所在的那个半岛上的运输线。每天晚上，战地记者都在报道着战斗的艰苦、官兵的勇敢和战斗精神。为了第一时间得到战斗的消息，写出精彩的故事，记者们都使出了他们浑身的解数。一些伤员们回到英国后也在电台上讲话。尽管天气很糟糕，但飞机却在天上勇敢地作战。我们从BBC上听到，丘吉尔本来要和部队一起登陆，艾森豪威尔和其他将领劝他打消了这个念头。想想看，他已经是七十岁的老人了，却有这样的勇气！

在我们这里，激奋之情有点儿平静下来了，但我们都希望战争能在年底之前结束。也是该结束的时候了！凡·达恩太太整天牢骚，让人受不了；现在她不再拿登陆来烦我们，她整天唉声叹气，埋怨天气不好。真想把她摁到一桶冷水里，扔到顶层上去！

密室里除了凡·达恩先生和彼得，大家都读了《匈牙利狂想曲》三部曲，是神童、作曲家兼钢琴大师李斯特的一部传记。这是一部非常有趣的书，尽管我觉得书中有点太强调女人了。李斯特不仅是他那个时代最伟大最著名的钢琴师，也是最看重女性的人，甚至在他七十岁的时候，也是如此。他的风流韵事多得不胜枚举，这其中有玛丽·达古伯爵夫人，卡罗琳·桑·维根斯坦侯爵夫人，舞蹈家萝拉·蒙特兹，钢琴家安妮丝·京华斯，钢琴家苏菲·孟特，切尔卡西亚公主欧尔嘉·亨克尼纳，欧嘉·迈恩朵夫男爵夫人，还有不知道姓氏的女演员莉拉，等等。书中最有意思的是谈音乐和艺术的部分。提到的人物有舒曼、克拉拉·维克、柏辽兹、勃拉姆斯、贝多芬、约阿希姆、瓦格纳、汉斯·冯·比洛、安东·鲁宾斯坦、肖邦、雨果、巴尔扎克、席勒、哈梅尔、车尔尼、罗西尼、凯鲁比尼、帕格尼尼、门德尔松等等。

李斯特看起来是个谦谦君子，慷慨大方，又非常谦虚，只是虚荣心特别强。他乐于助人，认为艺术高于一切，非常喜欢白兰地和女人。他见不得眼泪，是位绅士，有求必应，对金钱不感兴趣，关注世人和宗教自由。

安妮

1944年6月13日　星期二

亲爱的凯蒂：

我又过了个生日，现在十五岁了。我收到不少的礼物。有爸妈送的施普林格的五卷集《艺术史》、一套内衣、两条腰带、一块手帕、两瓶酸奶、一罐果酱、一个姜汁饼、一本植物学的书，玛格特送了一副金手镯，凡·达恩夫妇送我一本贴画簿，杜塞尔送了甜豌豆，梅普和贝普送的是糖和练习簿，还有库格勒先生送的精贵的礼物：《玛利亚·特蕾西亚》和三片全脂奶酪。我从彼得那里得到一束美丽的芍药花；这个可怜的孩子费了好大的劲，想找到一个更好一点儿的礼物，却没有成功。

虽说天气恶劣，瓢泼大雨，狂风大作，海浪冲天，可反攻一直在卓有成效地进行。昨天，丘吉尔、史密斯、艾森豪威尔，和阿诺德来到已被英军占领和解放了的村庄。丘吉尔上了一艘炮轰海岸的鱼雷艇，像许多的官兵们一样，他似乎就不知道害怕为何物——真叫人钦佩！

从我们所在的密室这个位置，我们很难探测出荷兰人的情绪。毋庸置疑，许多人都很高兴，"无所事事"的英国人终于动起来，他们挽起袖子，投入到战斗中间。那些现在还声称他们不想叫英国人来占领的人们，并没有意识到他们这样说很不公平。他们的推理和思路可以归结为：英国必须参战，必须战斗和牺牲她的儿女们，来解放荷兰和其他被占领的国家。仗打完了，就不应该再待在荷兰：他们应该向所有被占领的国家道歉，把属荷兰的东印度群岛归还给它的主人后，便应遍体鳞伤地回到他们的英国去了。一帮傻瓜。可是，正像我以前说过的，许多的荷兰人都是这样认为的。他们不想一想，如果英国跟德国签署了和平条约（它有很多的机会这么做），荷兰和它的邻国将会是什么样的命运？那样的话，荷兰就会成为德国的，荷兰会逃脱这样的一个命运吗?!

这些看不起英国人，把英国骂成"老爷政府"，说英国人胆小、德国人可恶的荷兰人，应该幡然醒悟，把他们头脑里的糊涂思想理理清楚！

希冀、思绪、苛责和辱骂等常常萦绕在我的脑子里。我并不像许多人所认为的那样自负，我比别人更了解我的缺点和短处，但区别在于，我知道我想要改变，将会改变，而且已经有了很大的改变！

　　我常常问自己，为什么大家仍然认为我是咄咄逼人，一副无所不知的样子呢？我真的有那么高傲吗？是我高傲，还是他们高傲呢？我知道，这听起来有点疯狂，可我并不打算划掉最后的这个句子，因为实际上它并非如此。大家都知道，两个主要谴责我的人，凡·达恩太太和杜塞尔是那种智商较低的人，用的词再不好听一些，简直是"愚蠢"！愚蠢的人往往不能容忍别人做得比他们好，这方面的一个最好的例子就是这两个笨蛋，凡·达恩太太和杜塞尔。凡·达恩太太认为我愚蠢，恰恰是因为我并不像她那样缺乏才智；她认为我咄咄逼人，是因为她比我更胜一筹；她觉得我的裙子短，是因为她的更短；她认为我是个"万事通"，是因为她在她一无所知的事情上比我更能说。杜塞尔也是这样。不过，我最爱说的一个俗语是"无风不起浪"，那我就承认我是个"万事通"吧。

　　我性格中的一个我自己控制不了的地方是，我对自己的批评和苛责比别人更严厉。如果妈妈的忠告加训诫一股脑儿地都冲我来，我就会受不了，变得绝望和叛逆，我就会顶嘴，去反驳每一个人，直到大家都熟悉的我的那个口头禅又冒了出来："没有一个人理解我！"

　　这句话深深地印在我的脑子里，尽管听起来这话有点儿离谱，可却有真实的成分在里面。有时候，我太深地陷入自责之中，以至于想听到几句安慰的话儿，帮我从泥淖中挣脱出来。如果有一个能认真地对待我的情感的人出现！啊，我还没有找到这样的一个人，所以寻找还得继续。

　　我知道，你现在一定是想着彼得，不是吗，凯蒂？彼得爱我，这是真的，但不是作为女朋友，而是作为一般的朋友。他的感情在一天天地升温，可是却有一股神秘的力量在往后拉拽着我们俩，我也不知道那是什么。

　　我有时想，我对他的强烈的渴望是夸大了的。可这也并不是事实，因为如果我一两天不能见到他，我对他的渴望就会让我不顾一切。彼得是个善良的好小伙，可我也不能否认他在许多方面都令我失望。我特别不喜欢他对宗教的那种厌恶态度，不喜欢他关于食物和其相关的事物的谈论。不过，我仍然确信我们会遵守我们的约定，永远不吵架。彼得爱好和平，对人宽容、随和，他能让我在他面前说许多他妈妈都不能说的话。他下决心努力要把他习字帖中的污渍处理干净，把他的事情安排得井井有条。可是他为什么要把他最深的自我隐藏起来，从不让我走近呢？当然啦，他比我更加的内敛，可从经验中（尽管我总被指责为是纸上谈兵）我也知道，即便是最不擅长交流的人，随着时间的推移，也会渴望能有一个人倾诉心事。

我和彼得都是在密室里度过了我们最爱思考的岁月。我们常常讨论未来、过去和现在，正如我告诉过你的，我错过了最真实、最珍贵的，可我知道它就在那里。

是不是因为我有那么久没有到过户外了，我对大自然的感觉就会变得迟钝？我记得有那么一段时间，湛蓝的天空、啭鸣的小鸟、银色的月光和绽放的花蕾，都不能长久地吸引我。自从来到这里以后，我改变了许多。比如说，圣灵降临节那天的夜里，天气很热，我强睁着眼睛，熬到了十一点半，为了能就我一个人好好地看看月亮。啊，可是我的辛苦白费了，因为外面太亮了，我不敢贸然打开窗户。另有一次，那还是在几个月前的一个晚上，我在楼上，窗户碰巧开着。我在那儿一直待到窗户要关上的时候。那是一个漆黑的雨夜，风猛烈地刮着，天上乌云滚滚，这景象一下子就迷住了我；这是我在一年半的时间里，第一次面对面地看到夜晚的景象。经过了那个晚上以后，我渴望再看到夜色的心情更强烈了，甚至压过了我对窃贼、老鼠和空袭的恐惧。我自己下楼，到厨房和私人办公室的窗户那里去眺望。许多人热爱美好的大自然，许多人有时睡在繁星满天的旷野里，许多住在医院和监狱里的人盼望着他们能自由地去到户外的那一天，去享受大自然馈赠给人类的一切。可是很少有人像我们这样与大自然的欢乐（富人和穷人共同拥有的）彻底地隔离开来。

这不只是我的想象——眺望着天空、云朵、月亮、星星，的确能使我平静，充满希望。这是一副比镇静剂和安眠药更好的药。大自然能使我感到谦恭，让我有勇气去承受所有的打击！

然而，很遗憾，我只能——除了几次打开窗户的机会——通过积满灰尘的窗台，从肮脏的窗帘后面，去看大自然。这样子看，观赏大自然的乐趣全没有了。大自然是唯一的，无可替代的。

有许多问题经常困扰着我，其中的一个是为什么妇女一直被认为，现在仍然被认为，是低男人一等的呢。说这不公平很容易，但仅仅如此并不能满足我，我想要知道造成这一极大的不平等的原因！

自有史以来，男人就凭借着他们有力气，恣意支配着女人。是男人在挣钱养家，抚养儿女，做他们高兴做的事情……直到最近，妇女还是在默默地忍受这一切，这是愚蠢的，因为忍耐的时间越长，它就越是根深蒂固。值得庆幸的是，教育、工作和社会的进步打开了妇女的眼界。在许多的国家，妇女都被赋予了同等的权利；许多人，主要是妇女，也有男人，开始认识到这么多世纪以来对这一现象的宽容态度，是多么的错误。现代妇女想要完全独立的权利！

但是，这还不是全部，妇女也应该受到尊重！从总体上来说，男人在社会上赢得更多的尊重，那么，为什么妇女不应该拥有她们的那一份呢？士兵和战斗英雄受到人们的尊重和缅怀，探险家们被赋予不朽的名声，烈士们常被人们悼念，可有多少人能将妇女也看作是士兵呢？

在《家庭战线上的士兵》一书中，我为作者指出的这样一个事实给打动了：仅拿生育孩子来说，妇女就比任何一个战斗英雄所忍受的痛苦、疾病和艰难多得多。可是，承受了这么多的痛苦，她们得到什么回报了吗？当她们因为生育身材变得不再苗条时，她们就被丢掷在了一边，不久孩子们也离她们而去，她们的容颜也不再美丽。比之于那些高喊着自由在战斗着的勇士们，确保人类得以繁衍、延续的女人们是更为坚强和更有勇气的士兵！

我并不是在暗示说，女人就不该生小孩了；恰恰相反，造化要她们这么做，这是自然之道。我所要谴责的是我们的社会价值观，男人们并没有真正懂得，妇女在我们的生活中有多么伟大，她们处境虽然艰难，但她们给社会最终会注入多少的美好。

我完全同意这部书的作者保尔·德·克里夫的这样一个观点：男人们必须懂得，在文明社会里生育不再被认为是必然的和不可避免的。男人们说说容易——他们不会，也永远不用去承受女人们的那种痛苦！

我相信，在下一个世纪，女人的责任就是生孩子的观念将会改变，取而代之的会是对所有妇女的尊重和钦佩，妇女们也将毫无怨言地（也无需豪言壮语）肩负起她们的职责。

安妮

1944年6月16日　星期五

亲爱的凯蒂：

新问题来了：凡·达恩太太精神方面的承受力已经到了极限。她说她会被子弹打中，会被送进监狱，会被吊死或是自杀。她嫉妒彼得把心里话告诉我，而不告诉她；杜塞尔对她的调情没有给以热情的回应，她也有怨气；她又担心丈夫把那件皮大衣的钱全买了烟抽。她吵闹、诅咒、哭喊，一会儿为自己难过，一会又大声地笑，临了，又重新来过。

对于这样一个愚蠢、爱哭闹的女人，你又能有什么办法？没有人能劝得了她，她毫无个性可言，冲所有的人发牢骚。你该看看她在屋子里到处走动的样子，步态举止像个女学生，衣服邋遢得不像样子。更糟的是，彼得也变得粗鲁了，凡·达恩先生变得焦躁，母亲是刻薄嘲讽。是的，每个人都变到一种异常的状态！在这里，你只要记住一条规则就行了：对一切报以嘲笑，忘记其他的任何人！这听起来太有点儿以自我为中心了，可它却是治愈那些受自怜之苦的人们的唯一良方。

　　库格勒先生又接到了叫他去奥克马尔挖四个星期战壕的召集令。他正在设法用医院的诊断证明和欧佩克公司的商务信函，来叫当局免除他的劳役。库格勒先生希望他的胃能够尽快地做手术。从昨天十一点开始，所有私用电话都被切断了。

安妮

1944年6月23日　星期五

亲爱的凯蒂：

　　这里没有什么特别的事情发生。英国人开始了对瑟堡的大举进攻。皮姆和凡·达恩先生认为，在十月十号之前，我们就一定能获得解放。苏联人也参加了这一战役，昨天他们在维切布斯克开始了他们的攻势，就在三年前的这一天，德国人入侵了苏联。

　　贝普的情绪低落到了极点。我们的土豆快吃完了；从现在开始，我们将数出土豆，然后按人头分配下去，各人的由各人支配。从星期一开始，梅普要休假一个星期。库格勒先生的医生在他的X光片上没有发现任何东西。他在做手术还是任由病情发展之间拿不定主意。

安妮

1944年6月27日　星期二

亲爱的凯蒂：

　　大家的情绪很振奋，战事进行得非常顺利。维切布斯克和斯洛宾今天都被攻克了，英国缴获许多战利品和俘虏。五个德军将领在瑟堡被击毙，两个被俘。现在英国人占领了一个港口，他们的物资可以运过来了。在反攻开始后的三个星期，瑟堡半岛就成了英国人的！漂亮的战役！

　　自反攻的这三个星期以来，无论是荷兰还是法国，没有一天没有暴风雨，然而这个倒霉的天气却没有阻止英国人和美国人发挥出他们巨大的力量。当然啦，德国人也使用了他们的神奇武器，可这种小型的火箭弹只给英国造成了很小的损失，不过，他们却在报纸的头版头条上大肆宣传。待他们知道苏联人真的已经离他们不远了时，他们的腿会在他们的靴子里打战的。

　　所有不为军队服务的德国妇女和她们的孩子们都在疏散，从沿海地带撤退到格罗宁根、弗里斯兰和格尔德兰。荷兰的纳粹领袖米塞宣布，如果英军攻到了这里，他将穿上军装。难道这个胖猪真要去参战？老早以前，在苏联他就有这样的机会，可他没有。在前一段时间，芬兰拒绝了一个和平协议，现在相应的谈判也中断了。这些呆瓜，看他们以后怎么后悔吧！

　　到了7月27日的时候，你觉得战事会进展到什么程度？

安妮

1944年6月30日　星期五

亲爱的凯蒂：

　　天气又不好，或者说 "Bad weather at a stretch to the 30th of June"（安妮的英语）。我说得对吗，凯蒂？噢，是的，我现在已经会一点儿英语了。为了证明这一点，我正在凭借着字典读一本《一个模范丈夫》的英文书！战争进行得非常顺利：博布鲁伊斯克、莫吉廖夫和奥尔沙相继被攻克，不少德军士兵被俘虏。

　　这里一切都好。大家的心情都在变好，我们这里的乐观主义者胜利了，贝普换了个新发型，梅普有一周假期。这是最新的消息。

　　最近我前面的一颗牙齿痛，杜塞尔给我做了根管治疗。太疼了！杜塞尔以为我疼得就要晕过去了，我几乎晕了过去。在我之后，凡·达恩太太马上也牙疼起来。

安妮

1944年7月6日　星期四

亲爱的凯蒂：

　　当彼得跟我讲将来要做个罪犯或是投机商时，我全身流动着的血液一下子变得冰凉；当然，他是在开玩笑，可是我仍然觉得他是不敢正视他的缺点。

玛格特和彼得总是对我说:"如果我有你那样的勇气、力量和自信就好了,如果我有你那样的锲而不舍的冲劲和不知疲倦的精力就好了,我就能……"

不让我自己受别人的影响和左右,真的就是一个那么值得人艳羡的特点吗?我听凭我自己的良心行事,是不是就是正确的呢?

老实说,我没法想象一个人怎么可以说自己软弱,而又固守自己的软弱呢。如果你知道那是你的缺点,为什么不努力地去战胜它,为什么不去培养你自己的性格力量呢?他们的回答总是:"因为保持原样,会容易得多!"这样的回答令我很沮丧。容易?这是不是在说欺骗和懒惰的人生也比较容易?噢,不对,这不可能是对的。人们这么轻易地俯就于安逸和金钱,是不可能对的。我做了很多的思考,想我该如何回答,想我怎样才能使彼得建立起自信,更重要的是,让他往好的方向发展。我不知道我这么做对还是不对。

我常常想,如果有人对我推心置腹,把他的心事都告诉我,那该有多好。可是,现在有人跟我说知心话了,我才意识到能站在别人的角度,设身处地地为别人考虑,为他找到正确的答案,有多难。尤其是因为"安逸"和"金钱"对我来说,都是新的、完全陌生的概念。

彼得开始依赖我了,我不想那样,无论如何也不想。你自己能够独立就足够难了,同时还要忠于自己的性格和灵魂,就更难了。

我一直在上下地求索,几天以来我都在寻找一个治愈"容易"这个可怕的字眼的办法。我要如何才能使彼得明白,那种容易而又美妙的人生很可能会将他拖进深渊,叫他再也找不到朋友、帮助和美好,深深地坠下去,再也到不了上面来。

我们大家都活着,但是我们不知道为什么活着,活着要干什么;我们都在寻求幸福,我们都在过着不同又相同的生活。我们三个人都出生、生长在良好的家庭,我们有机会受教育,使我们将来有出息。我们有很多的理由,认为我们将来会得到幸福,但是……这是需要我们自己去争取的。这是不能靠"安逸"获得的。争取幸福意味着要行善,要努力地工作,不是靠投机或偷懒。懒惰对人可能有吸引力,可只有工作能给予你真正的满足。

我无法理解不喜欢工作的人,不过这并不是彼得的问题所在。彼得只是没有目标,另外就是他认为自己笨,不如人,难有什么成绩。可怜的孩子,他从来不曾体会到让别人快乐的滋味,我恐怕也教不会他这一点。他没有宗教信仰,嘲笑基督耶稣,对上帝不敬,虽然我也不是正统的教徒,可看到他那么的孤独无助,那么的可怜,那么沉湎于嘲讽,我心里就特别的难受。

信奉宗教的人应该高兴,因为并不是每个人都有能力相信一个更高的秩序。你甚至不必有永久受罚的担心;炼狱、天国和地狱的观念,很多人难以接受,但是宗教本身,任何一种宗教,都会使一个人走正道。不是畏惧上帝,而是坚持自己的荣誉感,遵循你良心的指引。如果每个人在一天结束时都能审视一下自己的行为,衡量一下对错,那么,人人都会变得善良,变得高尚。每当新的一天开始时,他们就会去努力比昨天做得更好,一段时间之后,一定会取得不少的成绩。每个人都可以试试这一良方,它不损失你什么,却非常的有用。不知道的人们就得通过他们自己的体验,来懂得"一个静思、平和的良心给予你力量"!

安妮

1944年7月8日

亲爱的凯蒂:

公司的总代理布洛克斯先生到了贝弗维克,在农产品标售中购置了草莓。草莓运来了，满是沙土，可是数量很大，连同办公室和我们的，不少于二十四箱。运来的当天晚上，我们就密封了六大罐草莓，制作了了八大坛果酱。第二天，梅普开始为办公室的人员做果酱。

十二点半，外边的大门上了锁，装草莓的箱子被彼得、父亲和凡·达恩先生跌跌撞撞地搬上了楼，拖进了厨房。安妮从热水器那里提来热水，玛格特拿来一个桶，每个人都动手！我走进了挤满了人的办公室的厨房，草莓的味道让我的胃里有一种甜甜的感觉。梅普、贝普、库格勒先生、让、父亲，彼得，藏匿者和供给人员忙成了一片，而此时正是正午！窗帘拉了起来，窗户开着，人声鼎沸，还有哐哐的关门声——我因为激动身上有些发抖。我一直在问自己："我们真的是在藏匿吗？"当你最终从这里出去，再度走到外面世界的时候，你一定会这么想的。锅很快就装满了，于是我跑上楼去，家里其他的人都在这里围着厨房的桌子，摘草莓的梗。至少这是他们应该做的事，可人们大多是把摘过的草莓放到了嘴里，而不是桶里。不久就又需要一只桶了。彼得下楼去拿，正在这时门铃响了两次。彼得放下桶，跑上楼，掩上了身后的书架。我们坐下来焦躁地等着，草莓还需要清洗，可我们必须遵守密室的规则："楼下有陌生人时，不得开水龙头——以免听到响声。"

让在一点钟的时候上来告诉我们，刚才按门铃的是邮差。彼得才又急忙下楼去了。叮当，门铃又响了，我注意地听，听是否有人来了，先是站在书架那里，后又到了楼上。后来我和彼得倚在楼梯扶手上，像两个小偷一样，竖直了耳朵听着楼下的响声。没有陌生的声音。彼得蹑手蹑脚地走到楼梯上，喊："贝普！"

接着，彼得又喊了一声，他的声音被厨房里传出的喧嚷声淹没。于是，他只好下到厨房，我站着没动，在观察着。"即刻上楼，彼得，查账的人来了！"这是库格勒先生的声音。彼得叹了一口气，掩上书架，上楼去了。

库格勒先生在一点三十分终于上楼来了。"天啊，哪儿都是草莓。我早上吃的是草莓，让中午吃草莓，克莱曼先生把草莓当快餐食品吃，梅普在煮草莓，贝普在摘草莓的梗，我走到哪里，都能闻到草莓的味儿。我上楼来想要躲开这红红的东西，可我看到了什么？大家都在洗草莓！"

剩下的草莓都装在密封的瓶子里了。那天晚上，有两个瓶子裂开了，父亲很快地把它们煮成了果酱。第二天早晨有两个瓶子的盖子给爆开了，下午又有四个瓶子的盖子给爆了。凡·达恩先生在给瓶子消毒的时候，给瓶子加热的温度不够，这样弄得父亲整个晚上地做果酱。我们喝粥、喝牛奶的时候吃草莓，吃面包的时候吃草莓，用草莓做点心，在草莓里放上白糖吃，还有带沙子的草莓。整整两天的时间，我们吃的都是草莓、草莓、草莓，这样没有装瓶的，就都被我们给吃完了，装了瓶的我们把它们储存在了安全的地方，上了锁。

"喂，安妮。"玛格特有一天叫我，"蔬菜商卖给我们一些豌豆，二十磅呢！"

"哟，太好了。"我说。的确不错，可是这又要费我们大量的工夫……唉！

"星期六的时候，你们都来剥豌豆。"妈妈在吃饭时宣布道。

今天早晨吃完早饭后，果真我们这里的最大的盆子出现在桌子上，里面的豌豆溢到了盆沿上。如果你认为剥豌豆是一件乏味的活儿，你就试着去剥开它里面的那层嫩皮吧。我想许多人并不知道，你一旦剥掉那层嫩皮，里面的荚果又鲜嫩又软和，好吃着呢，而且含有丰富的维他命。最大的好处是，用这种方法吃到的份额几乎比只吃豌豆多出三倍。

这种剥豆皮的活儿需要格外的细致和耐心，也许更适合迂腐的牙科大夫和过于挑剔的专家们来做，可对于我这样一个没有耐心的十来岁的黄毛丫头来说，简直是再难熬也没有了。我们九点三十分开始，十点三十我休息，到了十一点接着干。我的耳旁一直在响着下面的这条口诀：掐掉两头，剥豆皮，抽去豆筋，把莢果放到盆里，等等。我的眼前直冒金星：绿的，绿的，虫子，豆筋，坏了的莢果，绿的，绿的。为了打发这无聊，有点儿事情可做，我整个上午嘴里都不闲着，想起什么，就叨叨着什么，大家听得挺乐的。我觉得这种单调在扼杀我的心智。当我每抽出一根豆筋时，我都更加地确信，我永远，永远也不想做一个家庭妇女！

到了十二点时，我们终于可以吃饭了，可是从十二点三十到一点十五分，我们又得剥豌豆。到最后停下的时候，我感到有点儿恶心，想吐，其他人也是这样。我一直睡到下午四点，脑子仍然感到有点晕，因为那讨厌的豌豆。

安妮

1944年7月15日　星期六

亲爱的凯蒂：

我们从图书馆里借到一本书，它的题目就很有挑战性：《你对现代少女有何看法？》。今天我想讨论一下这个问题。

本书的作者把"今天的青少年"从头到脚地批评了个够，尽管还没有对他们冠之以"无可救药"的名号，统统地打发掉。她相信今天的青少年有能力建设一个更强大、更美好的世界，只是他们满脑子里装的都是浅薄无聊的东西，根本没有去想真正的美。读到一些段落时，我就有一种强烈的感觉，觉得作者批评的是我，因此我想向你袒露心怀，就这一指责，为自己进行辩解。

在我的性格里有一个很显著的特征，认识我一段时间的人都知道：

我很有自知之明。在我所做的每一件事情上，我都能像个陌生人一样看自己。我能站在这个平时的安妮对面，不带偏见、不找任何借口地看着她的言行，无论她是做好事还是做坏事。这一对自我的清醒认识从来没有离开过我，每次当我开口要说话的时候，我就想，"你应该有一种不同的说法"或者"这样已经很不错了"。我在方方面面都这样地苛责自己，以至于我开始渐渐明白父亲这句格言的正确性："每个孩子都得自己成长起来。"父母们只能给孩子忠告，或是为他们指出一个正确的方向。最终，人们的性格只能由他们自己来塑造。另外，我怀着非比寻常的勇气面对生活。我觉得自己很坚强，能以肩负重担，我充满青春的活力，内心非常的自由！当我领悟到了这一点时，我很高兴，因为这意味着我将能更好地去承受生活中可能会出现的各种打击。

不过，我谈这些事情已经谈得够多了。现在想说说"父母亲并不了解我"这一章节。我的父母很惯我，他们宠坏了我，在凡·达恩夫妇面前总是护着我，只要父母能做的，他们都为我做了。可是很长时间以来，我一直感到孤独，感到被冷落，被疏忽和误解。父亲尽他所能，来遏止我的叛逆精神，但是没有用。通过审视自己的行为，反思我做错的地方，我自己治愈了自己。

在这一过程中，父亲为什么不帮助我？为什么在他想向我伸出援手时，却帮不到我？答案是：他使用了错误的方法。他跟我谈话的时候，总是把我当成正在一个困难的过渡阶段上的孩子。这听起来有点儿怪，因为在这么多人里，只有父亲给予过我信任，使我觉得自己是一个懂事的孩子。但是他忽略了一件事：他没有看出，这一战胜我自己心理困难的斗争，对我来说，比其他的任何事情都重要。我不要听什么"典型的青春期问题"，或是"别的女孩子"，或是"你会长大走出那个阶段"的话。我不想让我与别的女孩子一样被对待，而是要被当成安妮本身。皮姆不了解这一点。另外，我不愿意跟任何人讲出我的心事，除非是他们对我讲了他们自己的许多事，因为我对父亲的事知之甚少，所以也就不可能和父亲处得特别亲密。皮姆总是装出长者的样子（他虽然像我们一样也曾有过冲动的时候），因此我很难把他当成朋友，无论他多努力地尝试。因此，我总是把我的人生观和长期思考的一些理论，跟我的日记分享，有时也跟玛格特分享。我把我的一切事情都瞒着父亲，从来没有跟他谈过我的理想，有意地让自己疏远他。

我只能这么做。我让我完全受自己感觉的指引。这有点儿以自我为中心了，可是这能最有效地使我的头脑保持平静。如果我对自己的批评半途而废，那么，我不仅要失去平静，而且会失去我已经努力获得的自信。这听起来也许无情，我不能接受来自父亲的批评，因为我从来没有告诉过他我内心最深处的思想，而且，由于自己表现得急躁易怒，使父亲离得我远远的。

这是我经常在思考的一点：为什么偏偏是皮姆让我有时候感到非常的懊恼？我几乎忍受不了他教授我功课，他对我的关爱似乎很勉强。我不想让别人管我，我宁可希望他有一段时间不要理我，等到我对自己更有自信以后，我会找他谈！我仍然为我烦恼时写给他的那封不近人情的信，感到深深的愧疚。噢，要处处坚强和勇敢，真难！

不过，这还不是我最失望的。因为比起父亲，我想到彼得的时候更多。我十分清楚彼得已是我的俘虏，而不是相反。在我的头脑中，我创造出一个彼得的形象，我把他刻画成安静、甜美、善解人意、迫切需要友谊和爱情的男孩！我需要有一个人倾听我的心声。我想有个朋友，能帮助我再次找到我自己的路。我达到了我的目标，慢慢地然而是稳稳地把他吸引到了我的身边。在我最终把他变成了我的朋友时，我们之间自然而然地发展起一种亲密，这亲密我现在想起来未免荒唐。我们谈到了一些最为私密的事情，不过却不曾涉及我心灵最深处的东西。我现在仍然不是十分地明白彼得。彼得浅薄吗？是他的害羞妨碍了他的交流，甚至跟我的交流吗？权且把这些放在一边，我还是犯了一个错误：我利用我们之间的亲密，走进了他的心里，在这样做的同时，我祛除掉了任何其他形式的友谊。他渴望被爱，我能看出他开始一天比一天地喜欢我。我们在一起的时光让他很满足，可是却使我更想重新来过。我从来没有提及我渴望铺开来谈的话题。在他还没有意识到的时候，我已经叫他走近了我，现在更是离不开我。我真的看不出有什么有效的方法摆脱他，让他自己能重新站稳。我不久便意识到我和他永远不会有相同的志趣和共同的思想，不过，我还是在极力地帮助他挣脱他那个狭隘的世界，扩展他的年轻的视野。

"在内心深处，年轻人比老年人更孤独。"我在一本书中读到了这句话，它至今还深深地留在我的脑子里。依我看，这话是真实的。

所以，如果你想知道大人在这里的日子是不是比小孩的更为艰难，回答无疑是否定的。成年人对任何事情都有自己的见解，对他们自己和他们的行为是确信的。在这样一个理想被摧毁，人性的恶的一面主宰世界，每个人都对真理、正义和上帝产生怀疑的时代中，我们年轻人想要坚持自己的见解，比之于成年人要加倍的困难。

任何一个声称大人在密室里要比我们更为艰难的人，都是没有意识到，这些时代的问题对我们的冲击要远远地大于成年人。我们还太年轻，无法正确对待这些问题，可是它们却不断地向我们袭来，逼迫着我们想出解决的办法，尽管在大多数的情况下，一旦面对事实，我们的方法就会土崩瓦解。在现在这样的时代，的确很难：理想、梦想、希冀，在我们内心升腾，可到头来只能被残酷的现实碾压得粉碎。至今，我没有抛弃我的那些理想，这也是奇事，它们显得那么荒诞，那么不切实际。然而，我仍然坚守着它们，因为尽管世界是这样，我相信人的内心其实都是善良的。

在这浩劫、苦难和死亡之中，我不可能建立起我的人生。我看见世界正变成一片荒野，我听到有一天可能将毁灭掉我们的雷声在临近，我感受到千百万人在受苦受难。可是，当我抬头仰望天空的时候，我不由得觉得世界将会变好，这残暴的战争会结束，和平与祥和会重新到来。

与此同时，我必须执着于我的理想。也许有那么一天，我将能实现我所有的理想！

安妮

1944年7月21日 星期五

亲爱的凯蒂：

我终于也变得乐观起来。现在，情况真的特别的好！惊人的消息！有人刺杀希特勒，这一次不是被犹太人共产党，也不是英国的资本家，而是德军的一个将领，他是个伯爵，还很年轻。是"天意"救了希特勒的命：他逃脱了，只是有一些擦伤和小面积的烧伤。当时在场的一些军官和将领们或被打死，或被打伤。这次刺杀的组织者被枪杀。

这是迄今为止最好的证明：很多的德国军官和将军们都厌倦了战争，想看到希特勒尽快地落入万丈深渊，这样他们就能建立起军人专政，好与盟国缔结和约，几十年以后东山再起。或许"天意"有意让希特勒晚死几天，因为对于盟国来说，如果德国人自相残杀，那会对他们容易和便宜得多。那样的话，苏联人和英国人也可以省点事，能让他们更早地开始建设他们自己的国家。可我们现在还没有到达那个阶段，我也不愿预想那一伟大时刻的到来。但是你或许也注意到了，我说的都是事实，实实在在的大真话。终于有一次我例外地没有去夸夸其谈我的崇高的理想。

此外，希特勒还真算是好心，他向那些顺从、忠诚于他的人们宣布，从今天起，所有军队均在盖世太保的领导之下，如果士兵知道了他的上司参与了谋害领袖的卑劣行为，都有权将其就地处决！

　　这一下可就有好听的故事了。士兵约翰尼长途跋涉，脚走疼了，他的上司训斥他。约翰尼拿起枪大声喊道："你想谋杀领袖，你去死吧！"一枪就把这个高傲的责骂他的军官送上了西天。到后来，只要一个军官看到一个士兵并给他发布了命令，他就会吓得尿到裤子里，因为士兵比他有更大的权利。

　　你能跟得上我说的吗，或者说我又从一件事跳到另一件事，显得杂乱无章了？我有点儿太激动了，在十月份重返学校的前景让我太高兴，顾不上条理了。噢，亲爱的，我刚才不是才告诉你，我不喜欢预见事情吗？请原谅我，凯蒂，大家说我是"一连串的矛盾"，也并非没有一点儿道理！

安妮

1944年8月1日　星期二

亲爱的凯蒂：

　　"一连串的矛盾"是我上封信的结尾，也是我这一封信的开头。你能确切地告诉我，凯蒂，什么是"一连串的矛盾"吗？而"矛盾"又怎么解释呢？像很多的词汇一样，这个词可以从两个方面来解释：外在的矛盾和内在的矛盾。前者是指不接受别人的意见：我知道得最清楚，我说了算；简言之，这些都是我安妮出了名的令人不快的特征。至于后者呢，大家还不知道，是我自己的秘密。

　　正如我跟你说过许多次的，我这个人是分裂为二的。一面是我的活蹦乱跳的高兴劲儿，我的轻率，我对生活的快乐的感受，最重要的是，欣赏事物之轻松面的能力，我的撒娇卖乖、拥抱、亲吻，还有不太正经的玩笑等，在我看这些并没有什么不对的。我的这一面总是伺机等待着偷袭我的另一面，更纯洁、深刻、优秀的一面。没有人知道安妮还有这么好的一面，这也是多数人忍受不了我的主要原因。噢，在一个下午里，我可以是让大家开心的小丑，可这之后的一个月里，大家再看到我，都会觉得我讨厌。实际上，在一个深刻的思想家的眼里，我只是一部浪漫电影——一种消遣，一段滑稽的插曲，一种很快就会被人们忘记的东西：不坏，可也不是那么特别的好。我不想告诉你这一点，但既然我知道这是实情，为什么我不能向你承认呢？我的较为轻松的、较为肤浅的一面时常在偷袭我更深沉的那一面，而且总是得逞。你无法想象我常常是如何尝试着想推开这个轻浮的安妮，把她打下去，藏起来。可每每做不到，而且我知道这是为什么。

我担心通常了解我这一面的人会发现我还有另一面，更好、更美的一面。我担心他们会取笑我，认为我荒唐可笑、多愁善感，再也不把我当回事了。我已经习惯了不被当回事，可那只是那个"轻浮"的安妮习惯了这一点，能忍受这一点；那个"深刻"的安妮太弱了，她不行。如果我强迫这个好的安妮上台亮相，哪怕只是十五分钟，一到该她说话的时候，她会像一只蚌一样闭合起来，而让那个轻浮的安妮来表演。在我还没有意识到的时候，她就已经不见踪影了。

所以，这个好安妮在有人时，永远看不见。她从来也不肯露面，尽管在我一个人的时候她几乎总是在台上。我确切地知道，我想成为什么样的，我的内心是个什么样的。可不幸的是，我只有在一个人时才是那个样子。我认为自己的内心快乐，而别人却从外在认为我快乐，其原因也许就在这里，不，我确信这就是原因。我是受着那个内在的、更为纯洁的安妮的指引，但是在外表上，我只是一只喜欢嬉闹的小山羊，在被拴着的时候，不断拉扯着绳索的小山羊。

就像我告诉你的，我说出来的常常并不是我真实的感受，所以我就有了追男孩子、卖弄风情、耍小聪明和爱读浪漫故事的名声。乐天派的安妮在那里大笑，给出轻率的回答，耸耸肩膀，装作她什么也不在乎的样子。而那个好静的安妮的反应则刚好相反。如果我是完全诚实的话，我就得承认我是在乎的，我正在非常努力地改变自己，可是我总是碰到一个更为强大的敌人。

　　我的内心在哭泣，"你看看吧，这就是你的下场。你被反对的意见、不满的目光、嘲讽的脸色和讨厌你的人包围着，这都是因为你不听你好的一面的劝告。"请相信我，凯蒂，我想去听，可并不奏效，因为如果我静下来，认真起来，每个人都会认为我又在演戏，于是我不得不用玩笑的话来替自己解围。那个时候，我甚至不敢跟我自己家里的人说话，他们会以为我病了，给我拿来阿司匹林和镇静剂，摸摸我的前额和脖子，看是不是发烧了，问我是不是肚子难受，数落我又在闹情绪，直到我再也忍受不住了，因为每当人们一围着我不放时，我就生气，就伤心，最后我的整个人就反了过来，我的坏安妮到了外面，好安妮到了里面。不过，我还是在一直努力寻找着我自己的路，立志成长为自己所憧憬、所想望的，假如……假如这世界上没有别人，只有我，能让我拿出我的真我。

安妮

后　记

　　1944 年 8 月 4 日，大约在 10 点到 10 点半之间，一辆轿车停在了普林森葛拉赫特街 263 号门前，车里走下几个人：有穿着军服的纳粹党卫队中士卡尔·约瑟夫·希尔柏鲍尔，以及至少 3 名荷兰籍安全警察，带着武器，穿着便服。一定是有人告发了他们。

　　他们逮捕了藏在密室里的 8 个人，还有 2 个帮助了他们的人，维克多·库格勒和约翰斯·克莱曼——没有抓住梅普·吉斯和伊丽莎白（贝普）——拿走了所有的现金和有价值的东西。

　　库格勒和克莱曼被捕后，被送到了阿姆斯特丹的一所监狱。1944 年 9 月 11 日，他们未经审判，被运往荷兰阿默斯福特一处集中营。克莱曼因为健康原因，在 1944 年 9 月 18 日获释。他从此住在阿姆斯特丹，于 1959 年逝世。

　　库格勒于 1945 年 3 月 28 日被送往德国强制性劳动时，和几名狱友一起逃脱。他后来移民加拿大，1989 年在多伦多去世。

　　伊丽莎白（贝普）·福斯库吉尔·维杰克 1983 年在阿姆斯特丹去世。

　　梅普·桑特洛席兹·吉斯目前还住在阿姆斯特丹，她丈夫让在 1993 年逝世。

　　密室里的 8 人被捕后，立即送往阿姆斯特丹的一处监狱，然后转往威斯特波克，此地在荷兰北部，是专门监禁犹太人的一个中转站。他们于 1944 年 9 月 3 日最后一批离开威斯特波克，在三天后到达奥斯维辛集中营（波兰）。

凡·达恩先生，根据奥托·弗兰克的证词，在 1944 年 10 月或是 11 月于奥斯维辛集中营中的毒气室被毒死，就在毒气室被拆除前不久。

佩特伦爱拉·凡·达恩从奥斯维辛被解往贝根贝尔森，以后又被解往布亨瓦德；1945 年 4 月 9 日被送到特雷西恩市，后来又转到另一处集中营。确定她没有活下来，但遇害日期不详。

彼得·凡·达恩于 1945 年 1 月 16 日被迫参加从奥斯维辛到毛特豪森（奥地利）的"死亡行军"。1945 年 5 月 5 日在那里丧生，3 天之后，这个集中营获得解放。

福利兹·杜塞尔从布亨瓦德或萨克森豪森运往纽恩加姆集中营，1944 年 12 月 20 日死于集中营。

艾蒂斯·弗兰克 1945 年 1 月 16 日，在饥寒交迫中死于奥斯维辛-柏克瑙。

玛格特和安妮·弗兰克在那一年的 10 月底，从奥斯维辛押往德国汉诺威附近的贝根贝尔森集中营。1944 年至 1945 年期间，由于卫生条件极差，爆发斑疹伤寒，夺走几千人的性命，玛格特也在其中。数天之后，安妮也未能幸免。这个集中营 1945 年 4 月 12 日被英军解放。

奥托·弗兰克是 8 个人里唯一一个活着走出集中营的人。在奥斯维辛被苏联军队解放以后，弗兰克经由奥德萨和马赛被送回到阿姆斯特丹。他在 1945 年 6 月 3 日抵达阿姆斯特丹，在那里住到 1953 年，后移居瑞士巴塞尔，他的一个妹妹及其家人，后来还有他的一个弟弟，也住在那里。他后来与埃尔弗里德·马科维兹·盖林格结婚，后者原住维也纳，也进过奥斯维辛集中营，其丈夫和儿子在毛特豪森遇害。奥托·弗兰克在 1980 年 8 月 19 日去世，死前一直住在巴塞尔城外的柏斯费尔登，在这里致力于宣传女儿的日记，让全世界的人共享这笔精神财富。